서울대학교 출판문화원 73년 史

1947 - 2020

1947 - 2020

서울대학교 출판문화원 73년 史

서울대학교출판문화원73년사 편찬위원회

서울대학교출판문화원

발간사

우리 서울대학교출판문화원의 역사는 1947년 한국 최초의 대학출판부로 설립된 이래, "서울대학교 교수의 학술 연구와 대학 학사의 지원 및 출판문화의 향상·발전을 도모"하는 것을 목적으로, 우리 대학의 학술 진흥과 대한민국 문화의 성장을 위한 헌신의 발자취였습니다. 서울대학교출판문화원은 그간 3천 종에 달하는 학술서와 전자책 500여 종 이상을 출판했으며, 도서 콘텐츠를 국내 유수의 온라인 포털사이트에 판매하기도 했습니다. 이런 양적 성과와 함께 출간 도서 가운데 약 600종이 대한민국학술원 우수도서 등으로 선정되어 질적으로도 국내 최고 수준임을 인정받았습니다.

학문과 문화의 진보를 위해 끊임없이 정진해 온 출판문화원은 『서울대학교출판문화원73년사』 발간으로 그간의 노력과 성과를 돌아보고 지난 시간을 성찰해 보는 기회를 삼으려 합니다. 설립 50주년을 기념하여 이러한 작업이 이루어졌다면 좋았겠지만 상황이 여의치 않아 20년도 더 지난 올해에야 추진할 수 있게 되었습니다. '만시지탄(晩時之歎)'이 없지 않으나 지금이라도 역사를 잊지 않고 정리하게 된 것을 다행스럽게 생각합니다.

전 세계적으로 큰 영향을 끼치고 있는 코로나19 팬데믹은 출판 분야에도 급격한 변화를 요구하고 있습니다. 이러한 시기에 서울대학교출판문화원은 출판과 책의 본질에 집중하는 한편 뉴미디어와 디지털 기술을 접목해 시대의 흐름을 선도해 나가야 합니다. 그리고 이러한 일련의 과정은 과거의 역사를 오롯이 느끼며 깊이 되돌아보는 데에서 시작합니다. 역사의 정립은 곧 정체성과 미래상을 확고히 하는 것입니다. 걸어온 길을 되돌아봄으로써 서울대학교출판문화원의 사명은 무엇이고 어떤 비전으로 도약해 나가야 하는지 더욱 선명해질 것입니다. 이러한 과정을 통해 앞으로 서울대학교출판문화원이 사회와 학계가 필요로 하는 지식을 창출하고, 최고의 지식을 전파하는 일에 앞장서는 기관으로 발전을 거듭해 나갈 것으로 기대합니다.

『서울대학교출판문화원73년사』 발간을 다시 한번 축하드리며, 노고를 아끼지 않고 열정으로 헌신하시는 전·현직 이사, 원장, 직원 및 저자 여러분들께 찬사를 보냅니다. 감사합니다.

서울대학교 총장 겸 출판문화원 이사장

오 세 정

축사

『서울대학교출판문화원73년사』의 발간을 진심으로 축하드립니다. 우리 출판문화원은 서울대학교 건학 이듬해인 1947년, 해방 공간의 정치적 혼란 속에 창설되어, 한국전쟁의 참상 속에서도 명맥을 이어왔고, 1962년 미국의 원조로 인쇄공장을 설립하며 본궤도에 오른 이후 1983년에는 국내의 대학출판부로는 처음으로 전산조판을 도입하는 등 한국의 학술출판을 주도해 왔습니다. 그동안 서울대학교의 사명인 인재 양성과 지식 창조에 기여하는 중심축으로의 역할을 묵묵히 수행하면서 한국의 학술계는 물론 사회발전에도 작지 않은 기여를 했다고 자부합니다. 이제 그 73년의 역사를 집성하게 된 것을 축하드리며, 이 책이 우리 학술계와 출판계에 작은 울림을 만들 수 있기를 희망합니다.

한 권의 책은 그냥 찍혀 나오지 않습니다. 저자의 노고는 물론이고 출판위원과 심사위원의 도움이 있고 편집자, 디자이너, 제작처 등의 협력이 있어야 오래 남을 문화재와 방불한 학술 저서가 탄생합니다. 우리 출판문화원이 넉넉하지 못한 환경과 지원 속에서도 우수한 저서들을 지속적으로 펴낼 수 있었던 것은 쉬지 않고 연구하며 보석과 같은 결과물을 엮어 주신 서울대학교의 교수님들이 계셨기 때문입니다. 저자로 또한 독자로 출판문화원을 지원해 주신 교수님들께 큰 감사를 드립니다. 또한 훌륭한 원고를 더욱 단단한 책으로 펴낼 수 있도록 출판위원과 심사위원으로 참여해 주신 교수님들께도 각별하게 감사의 말씀을 드립니다.

우리 출판문화원은 과거를 잊지 않으면서도 늘 미래를 준비할 것입니다. 미래를 위한 과거의 정리를 위해 힘을 내주신 출판문화원 정병설 원장과 곽진희 실장 이하 여러 직원들에게 심심한 감사를 드리며 격려와 축하의 말을 마치겠습니다.

서울대학교 기획부총장 겸 출판위원회 위원장

여 정 성

차례

04 출판전산화와 디자인 개선 |1991-2008|

05 출판문화원의 오늘 |2009-2020|

부록

들어가기

출판부는 도서관과 함께 전통적으로 대학 학술의 보루이다. 학술은 출판을 통해 유포되고 장서를 통해 전승되기 때문에 대학은 일찍부터 자체에 출판부를 보유했다. 대학출판부의 효시로 불리는 옥스퍼드대학출판부는 금속활자 인쇄기술이 영국에 도입된 지 불과 2년 후인 1478년에 설립되었다. 그런데 이는 정확히 말하면 대학도시 옥스퍼드에서 처음으로 책을 찍은 때이다.[1] 이어 1521년 케임브리지대학에 출판부가 생겼고, 이후 미국, 일본 등 세계 각지의 대학에 출판부가 설립되었다.

한국은 세계에서 가장 오래된 목판 인쇄물을 보유하고 있을 뿐만 아니라 세계에서 가장 먼저 금속활자를 사용한 인쇄 선진국이지만 출판의 성장은 그에 상응하지 못했다. 정부가 출판을 주도하고 억압하면서 민간 출판 부문이 활성화하지 못했던 것이다. 근대적 인쇄 출판은 일반적으로 1883년 조선 정부에서 인쇄시설을 수입하여 설립한 박문국(博文局)으로 잡고 있으며, 학교 출판사로는 1891년 최초의 근대적 사립학교인 배재학당에 설치한 삼문출판사를 든다.[2] 20세기 들어서 근대적 민간 출판사와 각급 학교 출판사가 속속 설립되었지만, 광복 전까지 최고 교육기관인 대학에는 실질적인 의미의 출판부가 설립되지 않았다.

종전의 연구에 의하면 대학출판부의 설립을 1906년 보성전문학교 재단에서 운영한 보성관(普成館)에서 찾기도 하고,[3] 성균관출판부 등을 들기도 하지만, 대체로 1949년 설립된 이화여자대학출판부를 출발점으로 보아 왔다.[4] 그런데 최근 연구에서 1947년에 국립서울대학교출판부가 설립된 것을 확인하면서 이를 한국 최초의 대학출판부로 보게 되었다.[5] 전문학교 출판부와 실질적 실적이 없는 곳을 제외하면, 서울대학교가 가장 먼저 출판부를 설립했던 것이다. 서울대학교에 이어서 1949년 이화여자대학교,[6] 그리고 1955년 연세[연희]대학교,[7] 1956년 고려대학교[8]와 서라벌예대,[9] 1958년 세종대학교의 전신인 수도여자사범대학[10] 등에 출판부가 설립되었다.

설립 초기의 대학출판부는 제대로 된 조직이 없었고 따라서 제대로 역할을 하지 못했다. 직원이 있었는지, 있었다면 얼마나 되었는지는 알려져 있지 않고, 다만 대학본부에 소속되어 대학의 출판 수요에 맞추어 책이 간행되도록 돕는 역할을 했을 것으로 짐작할 뿐이다. 인쇄나 판매는 외부 인쇄소나 서점에 맡기고 외부 출판사를 통해 발행하는 등 대학출판부는 출판 기획을 맡는 정도에 불과했다. 1940년대와 1950년대의 한국 대학출판부는 대부분 그런 방식으로

운영되었고, 이는 서울대학교출판부도 예외가 아니었다.

1947년 설립된 서울대학교출판부는 첫 책으로 1948년 11월 번역서 『신세기(新世紀)의 원자세력(原子勢力)』을 출간했다. 이 책은 후에 한국 '원자력의 아버지'로 불린 물리학자 박철재(朴哲在) 교수가 데이비드 디츠(David Dietz)의 *Atomic Energy in the Coming Era*(1945)를 번역한 것이다. 같은 시기에 서울대학교 신문사에도 출판부가 있었는데 '서울대학신문사출판부'에서 1948년 5월 『사회주의정당사론(社會主義政黨史論)』이라는 책을 출간했다. 이는 슘페터(Joseph Schumpeter)의 *Capitalism, Socialism and Democracy* 제2판(1946)의 제5부(A Historical Sketch of Socialist Parties)를 번역한 것이다. 이처럼 초기에 서울대학교에는 출판사가 두 곳이 있었는데, 대학의 공식 출판부라고 할 곳은 서울대학교 제2대 총장인 수학자 이춘호(李春昊)가 서문을 써서 격려한 『신세기의 원자세력』을 출판한 출판부이다.

이후 서울대학교출판부는 복잡한 정치 상황과 열악한 경제 상황으로 더 활발히 활동하지 못하다가, 6.25전쟁 중이던 1952년 출판위원회를 신설하여 대학의 출판 활동을 장려하고자 했다. 그러나 위원회를 구성하여 자금을 확보하고 번역 출판 목록까지 선정한 출판위원회는 무슨 이유에서인지 해당 도서를 간행하는 데까지는 이르지 못했다. 대신에 대학의 교양교재출판위원회가 국어, 자연과학, 독어독본, 철학, 체육 등의 교재를 간행했다. 1950년대에는 대학 출판위원회와 교양교재출판위원회가 종전의 출판부 역할을 대신했던 것이다.

서울대학교출판부가 규모를 갖추고 본격적으로 출판 활동에 들어간 시기는 1960년대 이후이다. 1956년부터 미국의 원조를 받아 서울대학교에 인쇄공장을 설립하려는 논의가 시작되었는데, 1961년 서울대학교출판부를 사단법인으로 독립시켜 등기하고, 또 1962년에는 법대 구내에 인쇄공장을 두어 비로소 본격적인 출판 활동을 시작할 수 있었다. 인쇄공장이 문을 열면서 대학에서 필요로 하는 시험지, 교재 등을 학내에서 인쇄할 수 있게 되었을 뿐만 아니라 학술서도 대학 내에서 간행할 수 있게 되었다. 1963년 고황경 등이 쓴『한국농촌가족의 연구』는 이렇게 나온 첫 책이다.

이후 서울대학교출판부의 출판 활동은 크게 둘로 나뉘는데, 하나는 자체 출판이고 다른 하나는 출판 대행이다. 전자는 출판부가 능동적으로 출판부의 성격에 맞는 원고를 찾아 책으로 간행하는 것이고, 후자는 교내외로부터 의뢰를 받아 제작(인쇄·제본)을 대행해 주는 것이다. 전자는 학술서, 교재, 교양서 등이 중심이고, 후자는 학회지, 소식지, 시험지 등이 주를 이룬다. 이런 이원화된 구조는 지금까지도 이어지고 있다. 인쇄공장이 들어선 이후에도 자체 출판은 크게 성장하지는 못했다. 직접 출판을 하기에는 아직 재정적으로 여력이 미치지 못했던 것이다.

대학에서는 학술 출판의 부진을 타개하기 위해 1975년 관악캠퍼스로의 이전에 맞추어 출판실을 따로 두고 교수를 실장으로 임명했다. 1975년 동숭동과 공릉동 등에 흩어져 있던 서울대학교 캠퍼스를 관악산 아래로 옮겨 오는 종합화안에 따라 출판부의 이전을 추진했는데, 이 무렵 인쇄공장 중심의 출판부에 교수를 출판실장으로 두어 학술출판 역량을 강화하고자 했다. 초대 출판실장은 사범대학 독어교육과의 이동승 교수였다. 관악캠퍼스로 옮겨 온 출판부는 출판 부문에서 비약적 성장을 꾀했는데, 1977년 독점으로 해외 저작권을 수입하여 '문학비평총서'를 간행한 것이 그 대표적인 출판 사업이다.

1970년 중후반부터 1990년대까지는 서울대학교출판부에 있어서 도약기라고 해도 과언이 아니다. 이 시기에 고전, 교양, 한국학 관련 기획이 시도되어 성공을 거두었으며, 수많은 교재들이 출판되어 읽혔다. 여기에다 1970년대 초반에 신설된 한국방송통신대학의 교재를 맡아 제작했다는 것도 특기할 만한 일이다. 한국방송통신대학은 설립 초기에 서울대학교에 부설되어 있었는데 많은 수의 학생을 선발하여 교재 수요가 대단했다. 이후 1982년 한국방송통신대학에 출판부가 설립되어 한국방송통신대학출판부에서 교재를 자체적으로 출판하게 된 1990년대 초반까지 한국방송통신대학 교재가 서울대학교출판부의 수익에서 차지하는 비중은 매우 높았다.

활판(活版) 인쇄를 하던 당시에 서울대학교출판부에는 문선(文選), 식자(植字), 인쇄 등을 담당한 기술자까지 있어서 현재와 비교할 때 규모가 엄청나게 컸다. 100명을 훨씬 넘는 인원이 인쇄공장과 그 주변에 있었던 것이다. 1980년에 '출판실'을 '출판부'로 개칭하면서 제2대 출판실장이 출판부장이 되었고, 이로써 출판부장이 출판부 전체를 관리하게 되었다. 제2대 출판실장을 맡았던 불어불문학과 이환 교수는 초대 출판부장이 되면서 1977년부터 1984년까지 근 7년 가까이 출판부를 맡아 관리했다. 이 시기에 있었던 중요한 일로는 1983년 한국 대학 최초로 전산조판기를 설치한 것을 꼽을 수 있다. 이는 서울대학교출판부 출판전산화의 출발을 알리는 일이었다. 출판전산화는 이후 지속적으로 진행되어 1990년대에 이르러 전산조판이 대세로 자리잡았다.

전산조판을 주도적으로 하던 시기에도 이미 판이 만들어져 있는 책의 중판(重版)은 종전과 같이 활판으로 제작했는데, 1998년에 이르러 활자 등 활판 인쇄 시설을 모두 처분하여 활판 인쇄가 종언을 고하게 되었다. 이는 곧 출판부가 자체 인쇄를 종료했음을 의미하는데, 출판사와 대학출판부에서 인쇄 부문을 외주로 돌린 것은 서울대학교출판부만의 일은 아니었다. 세계 대학출판부의 대표 격인 옥스퍼드대학출판부도 1989년 자체 인쇄를 종료하는 결정을 내렸으며, 『옥스퍼드대학출판부사』는 이를 기념비적 결정이며 한 시대의 종언을 알리는 것이라고 중대한 의미를 부여한 바 있다. 이로써 출판부는 기획, 편집, 디자인, 홍보, 마케팅 업무에 주력하게 되었다. 아울러 서울대학교출판부는 2009년 ERP 시스템을 도입하여 제작, 물류, 유통 외에 회계 부문까지 전산화를 이루었다.

서울대학교출판부는 내외형적으로 크게 성장하면서 더 큰 변화와 혁신을 요구받았는데, 이에 부응하여 내린 결정이 출판부를 출판문화원으로 격상시키고 외부에서 전문관리자를 영입한 것이다. 당시 출판부 상임이사였던 사회복지학과 최성재 교수는 출판부 운영책임자인 상임이사(출판부장)의 임기를 4년에서 2년으로 하고 중임이 가능하도록 정관을 개정하는 한편 기관명을 '문화원'으로 승격시키는 일을 진행했는데, 2009년 영어영문학과 김성곤 교수가 취임하면서 초대 출판문화원장이 되었다. 이는 대학의 학술출판 문화를 선도하겠다는 포부를 담은 개명이었다.

외부 전문관리자의 영입은 조직에 큰 변화를 가져왔다. 출판문화원장 아래에 운영본부를 두었고, 현암사 전무까지 지낸 형난옥이 운영본부장을 맡았다. 새로운 관리 시스템 아래에서 대대적인 조직 개편이 있었으며, 운영본부장이 주도하여 다양한 출판 기획을 시도했으나 결실을 채 거두지 못한 채 사직하였다. 한편 이 무렵 회계 담당자의 부정 사건이 밝혀지면서 관리 문제가 새롭게 대두되기도 했다.

2010년대에 출판문화원은 안팎으로 다시 큰 변화에 직면했다. 인터넷과 스마트폰 이용이 폭발적으로 증가하면서 독서 환경과 출판 시장의 판도가 완전히 바뀐 것이다. 급증하는 정보량에 비해 인쇄량은 늘지 않았고 스마트폰 등을 통해 콘텐츠를 소비하게 되면서 책은 더욱 외면받기 시작했다. 온라인 포털사이트인 '네이버'와 '다음카카오'에 출판문화원의 도서 콘텐츠를 판매한 것은 그런 시대적 변화에 대한 대응이었다.

열악해진 출판 환경에도 불구하고 출판문화원은 성장을 멈추지 않았는데, 여기에는 의과대학의 우종인·이동영 교수팀이 개발한 치매 진단평가 도구인 세라드케이(CERAD-K)의 판매 호조가 크게 기여했다. 세라드케이는 2003년 초판이 출간된 이후 꾸준히 판매되었지만, 한국이 고령화사회로 접어들면서 노인들의 인지장애가 심각한 사회문제로 대두되고, 2017년 정부에서 치매국가책임제를 시행함에 따라 치매검사 의료비를 국가에서 지원하게 되면서 판매가 크게 늘었다. 여기에는 출판문화원의 발 빠른 대응도 주효했는데, 2014년부터 시대의 흐름에 부응하고, 평가 결과의 활용도와 보관 편이성을 높이기 위해 앱 개발에 착수하여 이를 출시함으로써 시장에서 호평을 받았다. 이와 함께 대학 교재를 비롯하여 수목(樹木) 교육 관련서와 『대항해시대』, 『패권의 비밀』 등 역사 분야의 단행본이 베스트셀러가 되면서 채산성이 낮은 학술서를 출간할 수 있는 재정적 기반을 마련할 수 있었다.

출판문화원은 적은 인력으로 대학출판부 본연의 역할을 수행하기 위해 최선을 다하고 있는데, 2015년에는 서울대학교언어교육원과 한국어 교재 개발 관련 계약을 체결하여 '서울대 학문 목적 한국어+(말하기, 듣기, 읽기, 쓰기)' 시리즈 외에 단기반 교재로 『사랑해요 한국어』(전 12권)를 종이책과 전자책으로 완간했다. 전 세계적인 한류 열풍으로 한국어에 대한 관심이 커짐에 따라 『사랑해요 한국어』는 일본어판과 중국어판을 출간한 데 이어 중국과는 저작권 수출 계약까지 마친 상태이다. 또 학술과 출판의 진흥을 위해 '서울대학교출판문화원아카데미'를 개설하고 대중강연을 개최하여 그 결과가 출판으로 이어지게 했다. 2019년 '고대근동'을 주제로 한 첫 강연 기획은 학교 안팎에서 뜨거운 반응을 거둔 바 있다.

서울대학교출판문화원은 한국학술출판사(韓國學術出版史)의 살아 있는 역사이다. 한국 최초의 대학출판부이며, 가장 먼저 인쇄공장을 설립한 곳인데, 자체 인쇄공장 보유는 다른 대학에서는 찾아볼 수 없는 점이다. 또한 한국 대학출판부 최초로 전산조판기를 설치했으며, 현재까지 약 3천 종을 출간하는 등 한국을 대표하는 대학출판부이다.

일러두기

- 서울대학교출판문화원은 2009년 명칭이 바뀌기 전까지 오랫동안 서울대학교출판부였다. 따라서 명칭이 바뀌기 이전은 '출판부', 이후는 '출판문화원'으로 부르되 통칭은 '출판문화원'으로 한다.
- 기관장의 명칭도 실장, 부장, 원장으로 바뀌었으나 통칭은 현재의 '원장'으로 한다.
- 신문 기사를 인용할 때는 띄어쓰기 등 현재 맞춤법을 적용했으며, 가능하면 한글로 표기하였다.

1947

01

초창기

1960

1948년 11월 30일에 발행된

『신세기의 원자세력』은 서울대학교출판부에서

발행한 첫 번째 책일 뿐만 아니라

한국의 대학출판부에서 발행한

첫 책이다.

국립서울대학교출판부의 창설

1948년에 발행된 『신세기의 원자세력』은 서울대학교출판부에서 펴낸 첫 번째 책일 뿐만 아니라 국내 대학출판부에서 발행한 첫 책이다. 이 책의 앞표지 하단에는 '국립서울대학교출판부'라는 글자 다음에 두 칸 정도 띄우고 '건문사(建文社) 발행'이라고 적혀 있으며, 판권지에는 1948년 11월 25일 인쇄, 같은 날 30일 발행으로 되어 있다. 이 책은 번역서로, 1937년 퓰리처상을 받은 과학 저널리스트 데이비드 디츠(David Dietz)의 *Atomic Energy in the Coming Era*(1945)가 원저이다. 원자무기에 대한 공포가 절정에 달했던 1945년에 그 위력을 과학적으로 밝힌 책이다. 표지에 '국립서울대학교 교수 이학박사(理學博士) 박철재(朴哲在)'라고 역자를 밝히고 있으며, 책 첫 장을 열면 1947년 12월 30일 자로 '국립서울대학교총장 이춘호(李春昊)'가 쓴 '서(序)'가 나오는데, 이춘호(총장 재임: 1947. 10. 25-1948. 5. 12)는 수학자로 미군정하에서 미국인 총장에 이어 한국인으로는 최초로 총장이 된 분이다. 그는 서문에서 "과학의 성쇠가 곧 민족국가의 흥망을 좌우함은 바야흐로 신세기의 뚜렷한 사실이라 하겠다."라고 하여 현

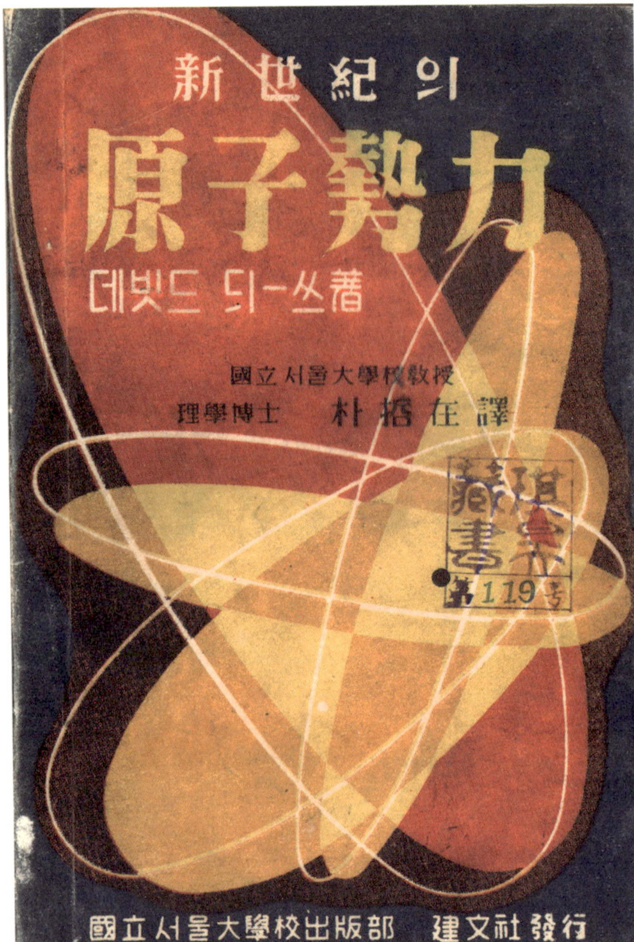

『신세기의 원자세력』 표지

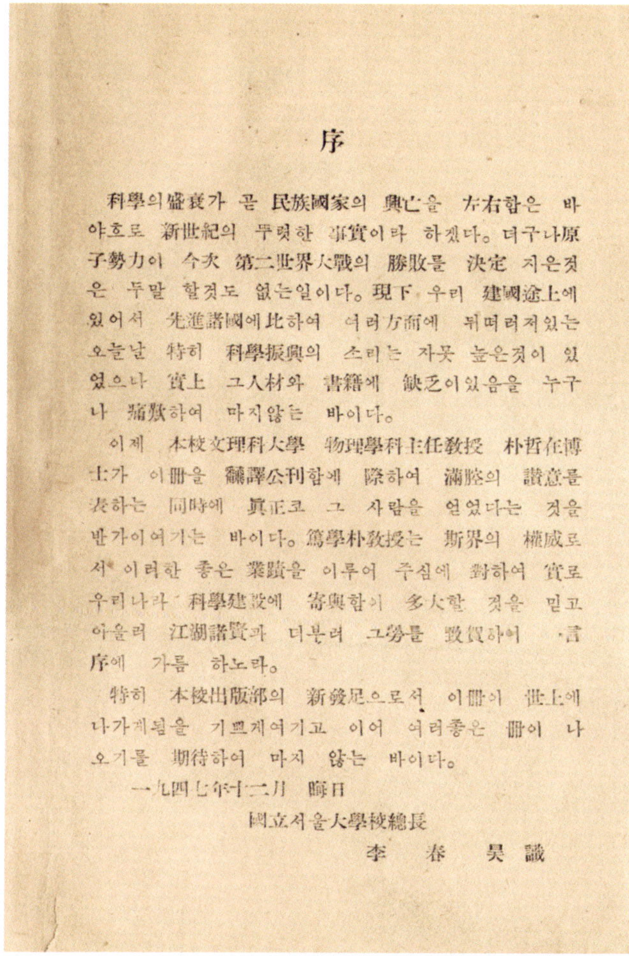

序

科學의盛衰가 곧 民族國家의 興亡을 左右함은 바야흐로 新世紀의 뚜렷한 事實이라 하겠다。더구나原子勢力이 今次 第二世界大戰의 勝敗를 決定 지은것은 두말 할것도 없는일이다。現下 우리 建國途上에 있어서 先進諸國에比하여 여러方面에 뒤떨러저있는 오늘날 特히 科學振興의 소리는 자못 높은것이 있었으나 實上 그人材와 書籍에 缺乏이있음을 누구나 痛歎하여 마지않는 바이다。

이제 本校文理科大學 物理學科主任敎授 朴哲在博士가 이冊을 飜譯公刊함에 際하여 滿腔의 讚意를 表하는 同時에 眞正코 그 사람을 얻었다는 것을 반가이여기는 바이다。篤學朴敎授는 斯界의 權威로서 이러한 좋은 業蹟을 이루어 주심에 對하여 實로 우리나라 科學建設에 寄與함이 多大할 것을 믿고 아울러 江湖諸賢과 더불러 그勞를 致賀하여 一言 序에 가름 하노라。

特히 本校出版部의 新發足으로서 이冊이 世上에 나가게됨을 기쁘게여기고 이어 여러좋은 冊이 나오기를 期待하여 마지 않는 바이다。

一九四七年十二月 晦日

國立서울大學校總長

李 春 昊 識

『신세기의 원자세력』 서(序)

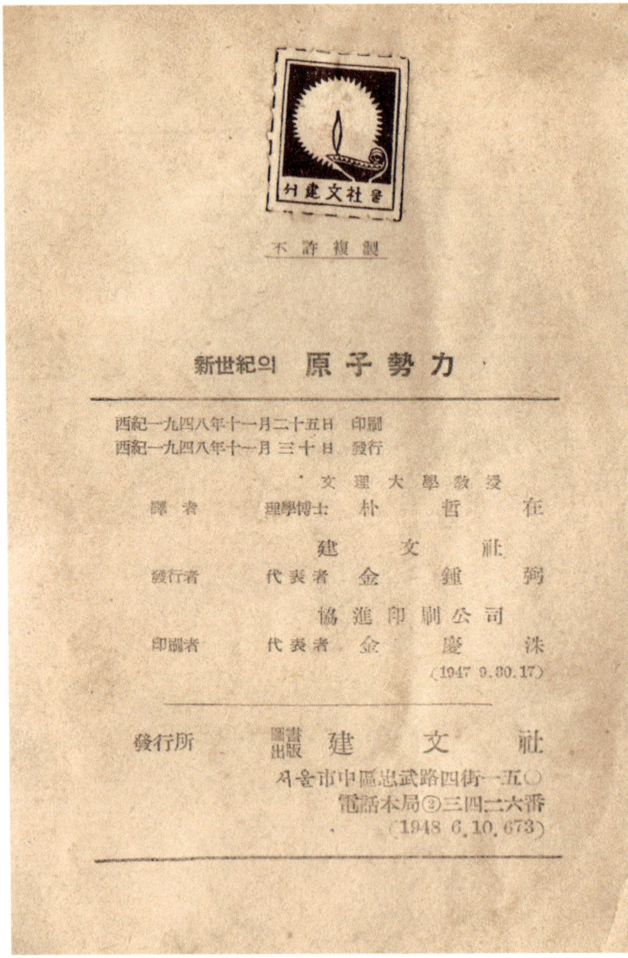

서建文社울

不許複製

新世紀의 原子勢力

西紀一九四八年十一月二十五日 印刷
西紀一九四八年十一月 三十日 發行

文理大學敎授
譯者 理學博士 朴 哲 在

建 文 社
發行者 代表者 金 鍾 弼

協進印刷公司
印刷者 代表者 金 慶 洙
(1947 9.30.17)

發行所 圖書出版 建 文 社
서울市中區忠武路四街一五〇
電話本局②三四二六番
(1948 6.10.673)

『신세기의 원자세력』 판권지

대에 있어서 과학의 중요성을 강조하면서, "특히 본교 출판부의 신발족으로서 이 책이 세상에 나가게 됨을 기쁘게 여기고 이어 여러 좋은 책이 나오기를 기대하여 마지않는 바이다."라고 했다. 여기서 주목할 부분은 책이 나오기 거의 1년 전인 1947년 12월 30일에 이춘호 총장의 서문이 작성되었다는 사실인데, 이로써 1947년에 서울대학교출판부가 설립되었음을 알 수 있다.[1]

판권지에 발행소는 '도서출판 건문사'라고 했고 인쇄자는 '협진인쇄공사(協進印刷公司) 대표자 김경수(金慶洙)'라고 적었는데, 인쇄와 발행을 다른 곳에서 했다면 '국립서울대학교출판부'는 어떤 역할을 했을까? 인쇄와 발행 이외의 업무로는 원고를 기획·편집하여 인쇄·발행소에 넘기는 일이 있을 것인데, 그것을 출판부에서 맡아 했다고 볼 수 있지 않을까 한다. 이로써 한국 대학출판부의 초기 역할이 대개 기획에 있었으리라는 사실을 짐작할 수 있다. 이는 이 책에 실린 '역자 서문'을 통해 좀 더 구체적으로 볼 수 있다. 표지에 박철재의 개인 번역인 것처럼 표시한 것과 달리, 역자 서문에는 공동 번역으로 볼 수 있게 하는 "이 번역은 국립서울대학교 문리과대학 물리학과 교직원 제씨의 협력에 의하여 완성된 것임을 부언하여 둔다."라는 언급이 나온다. 이로써 출판부가 출간 도서를 기획하고 공역자의 원고를 모아 편집하여 인쇄소로 넘기는 일을 했으리라 짐작하게 한다.

역자 서문 마지막에는 "출판에 제(際)하여 국립서울대학교 전(前) 학생처장 김성덕(金聖德) 선생께서 여러 가지로 수고하여 주신 데 대하여 감사의 뜻을 표하여 마지않는다."라고도 했는데, 김성덕은 '국립서울대학교 설립에 관한 법령'(미군정 법령 제102호)에 따라 초대 총장에 미국인 엔스테드(Harry Bidwell Ansted)[2]가 임명될 때 교무처장 언더우드(Horace G. Underwood)[3]와 함께 초대 학생처장(재임 1946. 8-1947. 11)에 임명되었다. 김성덕 역시 미국 시민권을 가진 목사였다는 점에서 초기 서울대학교 본부의 주요 관리자가 모두 미국인이었음을 알 수 있는데,[4] 역자 서문은 당시 출판부가 학생처장에 의해 관리되었을 것으로 짐작하게 한다.

박철재는 "한국 역사상 세 번째의 물리학 박사이며 최초의 과학행정가"였는데, 1945년 10월 일본에서 귀국한 그는 서울대학교 물리학과 주임교수로 일하다가 정부 수립과 함께 1948년 문교부 관리로 들어갔다. "그의 첫 보직은 문교부 기술교육국 부국장이었으나 1950년 국장이 되었다. 말하자면 그는 한국 최초의 과학기술 관료로 활동하게 된 것이었다."[5] 생고무의 결정화를 연구하여 박사학위를 받은 물리학자가 어떻게 원자력연구소 초대 소장을 지냈으며 원자력의 아버지로 불리게 되었는지 정확히 알 수는 없지만, 서울대학교출판부에서 처음 간행한 이 책이 그 실마리를 제공한다고 볼 수 있다. 물리학자로서 서울대학교에 재직할 당시부터 원자력에 관심을 가졌던 것이다. 국내 최초의 대학출판부인 서울대학교출판부가 첫 번째로 간행한 서적이 과학서라는 사실은 '과학의 성쇠가 국가의 흥망을 좌우'할 것이라는 이춘호 총장의 판단만큼이나 의미심장하다.

또 하나의 대학출판부, '서울대학신문사출판부'

이 무렵 서울대학교의 출판 활동은 여기에 그치지 않았다. 1948년 5월에 '서울대학신문사출판부'에서 '쑴페-타 저, 한춘섭(韓春燮) 역'의 『사회주의정당사론』을 발행한 것이다. 이 책은 신문사출판부에서 간행된 것이긴 하지만 이 역시 대학의 출판 활동을 맡아 온 기관이라는 점에서 대학출판부 활동의 일부로 포괄하여 논할 수 있을 것이다.

『사회주의정당사론』은 역자 후기 끝부분에 "1948년 3월 문리대에서 역자 지(識)"라고 적었고, 판권지에는 1948년 5월에 발행하고 인쇄했으며, 정가는 230원이라고 했다. 발행소는 '서울대학신문사출판부', 인쇄소는 '문화인쇄소', '총취매소(總取賣所)'는 '화신서적'이라고 되어 있다. 판권지에는 표제와 달리 책제목을 '사회주의정당론'으로 표기했는데, 역자 후기에서 슘페터(Joseph Schumpeter)의 *Capitalism, Socialism and Democracy* 제2판(1946)의 제5부 "A Historical Sketch of Socialist Parties"를 번역했다고 했으니, 표제가 적절하다고 볼 수 있다. 이 책의 출간에 대해서는 같은 해 5월 21일 자 『동아일보』

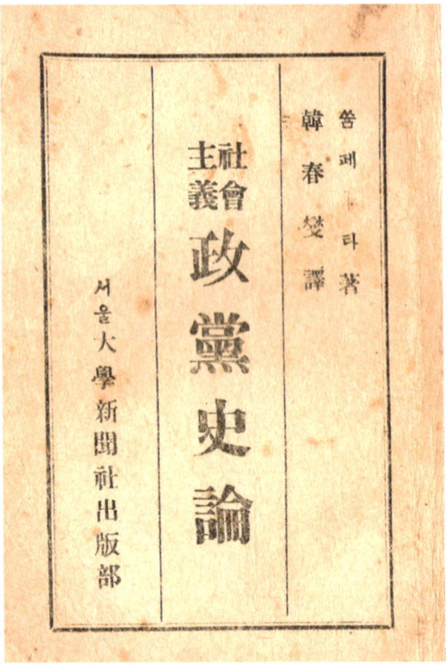

『사회주의정당사론』

신간소개란에 “사회주의정당사론, 슘페터 저, 한춘섭 역, 서울대학신문사출판부 발행, 가(價) 230원”이라고 했다.

이로써 해방 공간의 서울대학교에 출판부가 두 곳이 있었음을 알 수 있는데, 한 대학에 두 군데의 출판부가 있었던 이유는 무엇일까? 『신세기의 원자세력』과 『사회주의정당사론』은 책의 외형부터 같은 곳에서 나온 것으로 보기 힘들다. 『신세기의 원자세력』은 채색의 표지화에 종이도 깨끗한 것을 쓴 반면, 『사회주의정당사론』은 누런 표지에 잡물이 많이 섞인 황지(黃紙)를 본문 종이로 썼다. 두 책은 교명 표기에서도 차이를 보이는데, 전자는 줄곧 ‘국립서울대학교'를 강조한 반면, 후자는 '서울대학'이라고만 적었다. '서울대학'을 '국립서울대학교'의 줄임말이라고 볼 수도 있지만 책 표지에는 대개 공식 명칭을 쓰는 법이니 그렇게 한 것은 이해하기 어렵다. 또 『신세기의 원자세력』에서 '국립'이라는 설립 주체를 강조한 것도 특이하게 보인다. 이런 교명 표기의 차이는 당시 정치 상황과 일정하게 연관되어 있지 않을까 짐작하는데, 당시 한국에서 가장 중요한 정치적 사건이 '국립서울대학교 설립안'(이하 '국대안')에 대한 반대운동, 즉 국대안 반대운동이었기 때문이다.

'국대안'은 1946년 7월 미군정청이 발표한 것으로 서울대학교의 전신인 경성대학을 비롯하여 경성의학전문학교, 경성치과의학전문학교, 경성법학전문학교, 경성고등공업학교, 경성고등상업학교, 수원농림전문학교 등을 통합하여 국립서울대학교를 신설하는 것을 말한다. 총장과 처장 등 서울대학교 운영진을 미국인으로 둔 것을 자치권 박탈로 보고, 또 이들 학교의 통합을 고등교육 축소로 간주하여, 해당 대학의 좌파 계열 교수들과 학생들이 크게 반발했다. 시위는 서울을 넘어서 지방까지, 대학에서 중등학교까지, 동맹휴학 등의 방법을 총동원하며 격렬해졌다. 미군정 당국은 마침내 1947년 5월 수정 법령을 공포했고, 8월에 이 일로 제적당한 학생 3,500여 명의 복학을 허용하면서 해결의 실마리를 잡았다. 그 여파가 한쪽에서는 '국립서울대학교'라고 '국립'을 강조하는 방향으로 나타났고, 다른 쪽에서는 줄여서 '서울대학'으로 표기하게 된 것이 아닐까 짐작한다.

서울대학신문이 이런 정치적 논란 속에 있었음은 그 설립 취지문을 통해서도 볼 수 있다. 이 신문은 서울대학교 최초의 통합 교내 신문으로, 이 신문이 발행되기 전에는 몇몇 단과대학에서 자체 신문을 발행했는데, 문리과대학을 중심으로 통합 신문의 필요성이 제기되면서 1948년 3월 1일 창간되었다.[6] 이 신문의 초대 발행인은 이선근 교수였으며, 주간 서중석과 편집인 최찬영은 모두 학생으로 짐작된다. 이 신문은 창간 취지로 "국립서울대학교 학생의 사색과 감정과 생활을 표현하는 신문"이 되겠다고 했고, 서울대학교의 원만한 종합을 추진하기 위해 "일체의 비민주적 요소를 배제하고자 노력할 것이며, 특히 여러 가지 형태로 나타나는 독선주의적 경향에 대해서는 단호한 시정을 전개할 것"이라고 적었다. 창간호에 이춘호 총장의 축사가 실리긴 했지만, 기본적으로 상명하복식의 국립대학화에 대한 반대를 분명히 했고 대학 본부의 지시를 그대로 따르지도 않겠다고 했다. 국대안에 대해 비판적 시각을 유지한 신문이었던 것이다.

『사회주의정당사론』은 책 자체로도 진보적 정치 성향을 보여 준다. 역자인 한춘섭은 도쿄대학을 졸업하고 보성전문학교 강사와 고려대학교 교수를 역임한 경제학자로, 1947년에는 카를 딜(Karl Diehl)의 *Über Sozialismus, Kommunismus und Anarchismus*(1920)를 번역하여 『사회주의·공산주의·무정부주의』를 펴내고, 1950년에는 「무산정당의 진출」이라는 논문을 발표하기도 했다. 이 번역서에서 역자는 학술적 성격을 강조하고 있으나 『신세기의 원자세력』과 달리 정치적 색채를 일정하게 노출하고 있다고 볼 수 있다.

이 시기에 다른 대학도 사정이 다르지 않지만, 서울대학교출판부는 아직 조직과 체제를 제대로 갖추지 못했다. 서울대학교의 공식 출판 기구인 '국립서울대학교출판부'조차도 기관을 전담한 사람을 볼 수 없을 정도로 영세한 조직이었다. 다만 뒤이어 설립된 타 대학출판부에서 설립 후 학생 교지를 출판하고 또 첫 책으로 시집을 출간한 것과 비교하면, 서울대학교출판부는 번역서이긴 하지만 대학출판의 핵심 영역인 학술서를 간행했다는 점에서 의미를 부여할 수 있을 것이다.

출판위원회와 교양교재 발간

1948년 첫 책을 출간한 이후 상당 기간 동안 서울대학교출판부의 활동은 확인되지 않는다. 아마 대학 본부의 지원을 제대로 받지 못해 개점휴업 상태를 이어갔을 것이다. 이로부터 3년 반이 지나 서울대학교에 출판위원회가 구성되었다는 기사가 보이는데, 1952년 5월 14일 자 『동아일보』에 "국립서울대학교에서는 외국 저명한 학술서적을 번역 출판하여 대학 교재의 쇄신을 기하고자 금번 사계의 권위 교수를 망라한 출판위원회를 구성하였다고 한다."라는 내용이 실려 있다.

1952년은 6.25전쟁이 한창인 때였는데, 부산 등에 피란을 온 대학들이 공동으로 전시연합대학을 운영했고, 1952년 2월 4일에는 전시연합대학의 신문으로 『대학신문』이 창간되었다.[7] 전쟁의 와중에 대학을 정상화하는 조치의 일환으로 신문을 창간하고 이어 출판위원회를 두었던 것이다. 출판위원회 설치에 대해서는 1952년 5월 12일 자 『대학신문』에 규정과 함께 자세한 내용이 실려 있다. 다음은 기사의 전문이다.

대망의 외국 서적 출판계획! 출판위 드디어 발족
금년 내에 10권 이상 번역 예정

외국 서적의 수입 및 외국 양서의 번역 출판은 민주국가 건설을 지향하여 부단한 노력을 계속하고 있는 우리 학계와 문화 부문에 있어서 초미의 급무가 되어 있는 바이지만, 금번 서울대학교에서는 이러한 사업의 첫 단계로서 출판위원회를 구성하고 외국 서적의 번역 출판을 위시하여 국내 학술서적의 간행 등 제반 문화출판사업에 드디어 첫걸음을 내딛었다고 한다.

그런데 금년도의 사업계획으로는 연구비 5천 5백만 원을 출판비에 충당하여 우선 외국 양서 10권을 번역 출판하리라 하며 외국 서적의 선택 및 번역자의 선정도 신중을 기하기 위하여 각 대학장으로 하여금 각 대학에서 5권 이내의 양서와 5인 이내의 번역 적임자를 추천케 하여 출판위원회에서 심의하고 최종 결정은 대학 총장이 내리리라 한다. 출판위원회의 규정과 멤버는 다음과 같다.

◇ 서울대학교 출판위원회 규정

제1조 본회는 서울대학교 출판위원회라 칭함.

제2조 본회는 상설위원회로서 서울대학교 도서 출판을 목적으로 함.

제3조 본회 위원은 서울대학교 총장이 임명하고 위원 수 10인 이하 그 임기는 2년으로 함. 단, 재임할 수 있음.

제4조 본회에 위원장급 부위원장을 두되 그 선출은 위원 호선(互選)으로 함.

제5조 본위원회는 다음의 일을 심리(審理) 기획함.

(가) 외국 서적의 번역 출판에 관한 건

(나) 대학 관계 도서 출판에 관한 건

제6조 본규정은 단기 4285년 5월 10일부터 시행함.

- 위원장 신태환
- 부위원장 김선기
- 위원 최윤식, 김선기, 권중휘, 이종수, 고광만, 이하윤, 신태환, 전풍진, 한심석, 홍문화

원대한 포부를 표방하면서 출범한 서울대학교 출판위원회는 17종의 번역 대상 도서까지 발표했지만 결국 한 종도 간행하지 못했다. 다만 유사한 이름의, 어쩌면 상기 출판위원회의 하위 분과인지도 모를 '서울대학교 교양과목교재출판위원회'에서 국문, 독일어, 자연과학, 체육, 철학 등의 교재를 1954년부터 간행했다. 그 구체적인 도서 목록은 아래와 같다.

1-1. 『대학국문선』, 서울대학교 교양과목교재출판위원회 국어과분과위원회 편, 을유문화사, 1954.

1-2. 『신판 대학국문선』, 서울대학교 교양과목교재출판위원회 국어과분과위원회 편, 을유문화사, 1955.

1-3. 『新稿 대학국문선』, 서울대학교 교양과목교재출판위원회 국어과분과위원회 편, 을유문화사, 1960.

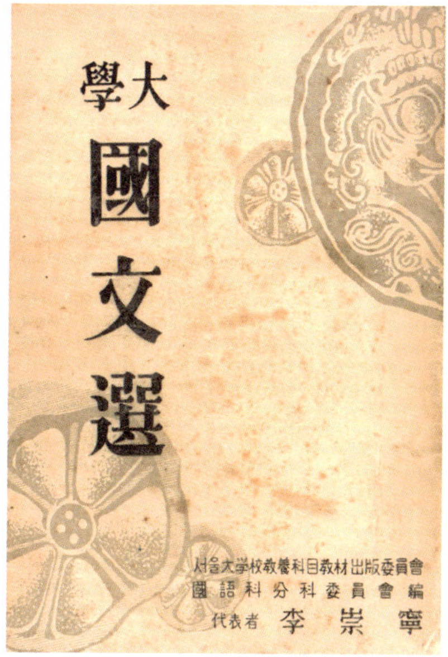

『대학국문선』

2. *Deutsches Lesebuch für Hochschulen*(대학 독일어 독본), 서울대학교 교양과목교재출판위원회 독어분과위원회 편, 신구문화사, 1956.
3-1. 『대학교양 자연과학』, 서울대학교 교양과목교재출판위원회 자연과학분과위원회 편, 을유문화사, 1956.
3-2. 『자연과학』, 서울대학교 교양과목교재출판위원회 자연과학분과위원회 편, 을유문화사, 1962.
4. 『대학체육』, 서울대학교 교양과목교재출판위원회 체육분과위원회 편, 을유문화사, 1957.

5-1. 『대학교양과정 철학』, 서울대학교 교양과목교재출판위원회 철학과분과위원회 편, 대동당, 1958.

5-2. 『대학교양과정 철학』, 서울대학교 교양과목교재출판위원회 철학과분과위원회 편, 문영사, 1960.

위의 목록에서 볼 수 있는 것처럼 교양과목교재출판위원회는 1950년대까지 유지된 듯하고, 이후는 대개 을유문화사, 신구문화사, 대동당, 문영사 등 외부 출판사에서 임의로 중판을 진행한 것으로 보인다. 지금까지 살펴본 것처럼 출판위원회는 기획을 맡고 편집·제작·인쇄는 외부 출판사가 맡았음을 알 수 있다. 다른 대학출판부도 대부분 자체적으로는 기획을 맡고, 인쇄와 발행은 외부 출판사에 맡겼음을 볼 때, 이 당시에는 출판위원회가 실질적으로 대학출판부의 역할을 했다고 할 수 있다.

1961

02

인쇄소 가동과 본격적인 출판

1974

1956년부터 인쇄공장 설립을 준비하였고,
1961년 서울대학교출판부를 독립법인으로
등기하였으며, 1962년 인쇄공장을 준공하여
본격적인 출판 활동에 나섰다.

법인 등기와 인쇄공장 개소[1]

6.25전쟁 휴전 이후 서울대학교는 미국 정부의 지원을 받아 재건을 시작했다. 재건은 미네소타대학이 주도했는데 서울대학교 담당 수석 고문인 슈나이더(Arthur E. Schneider)[2] 박사가 1956년부터 대학 내 인쇄공장 설립에 대해 논의하기 시작했다. 본격적인 의미의 서울대학교출판부의 설립 경과에 대해서는 『대학신문』 1962년 5월 21일자 1면에 실린 "인쇄공장 내일(22일) 문 열어, 금년 내로 정상운영, 학술진흥에 공헌 클 터"라는 제목의 기사가 자세하다.

인쇄공장 내일(22일) 문 열어,
금년 내로 정상운영, 학술진흥에 공헌 클 터

1956년도부터 준비되어 온 서울대학교출판부의 인쇄공장이 내일 22일(화) 상오 10시에 드디어 문을 열게 된다. ICA 원조자금을 기초로 하여 공장 설치에 필요한 각종 기계 자재의 발주·반입을 끝내고 행정대학원 서쪽에 설치된 이 인쇄공장은 앞으로 교내간행물 및 일반출판물을 취급함으로써 학술진흥에 크게 기여할 것으로 기대된다.

22일의 공장 개소식에는 출판부 이사장인 권중휘 총장을 비롯하여 출판위원회 위원 및 관계 교수, 교직원이 다수 참석할 것이며 공장 설치에 공헌이 큰 '윌리암스' 박사(USOM 교육과장), '아일러' 씨(아세아재단), '훠커스' 씨(USOM 시설관계책임자) 등도 함께 참석하여 개소 '테-프'를 끊을 것이다.

ICA 원조자금 4만 3천 불 및 원화 9백 80만 원을 가지고 설치된 인쇄공장의 경과를 살펴보면 1956년 당시 고문관 '슈나이더' 박사와 공장 설치할 것에 합의를 본 후, 1959년에 2차에 걸쳐 인쇄기 등 기계류를 반입, 1960년 12월 25일에 공장 건축 공사에 착공, 1961년에 옵세트 등 제3차로 기계가 반입되었으며, 1961년 7월 22일에는 운영위원회 창립총회를 열어 운영 업무의 토대를 닦고 금년 4월 11일엔 다시 자모(字母)를 반입하였던 것이다. 이 공장은 오는 6월 말까지 활자 주조, 문선(文選) 케이스 정리 등 시설 보충을 완료하고 금년 말일까지 정상적 운영을 시작하도록 계획하고 있다.

이 기사에서는 1956년부터 인쇄공장 설립 준비에 착수해서 1959년에 비로소 인쇄시설이 들어오기 시작했고 1962년에 인쇄공장이 준공되었음을 설명하고 있다. 미국 국제협력처(ICA)와 미국 대외원조처(USOM) 등의 도움을 받아 인쇄시설이 완비되어 감에 따라 출판부를 독립법인으로 등록했던 것이다. 오랜 준비 기간 끝에 문을 연 인쇄공장은 대학본부로부터 운영자금 1,603,753원을 기부받

[표 1] 출판부에서 도입한 인쇄 기계 내역(1960)

품명	규격	수량	금액
印刷機	全紙機	1대	1,637,154원
	半切機	1대	1,415,939원
鑄字機		2대	335,000원
옵셋트機		1대	414,125원
裁斷機		1대	314,320원
綴鐵機		1대	48,900원
謄寫機		1대	35,200원
校正機		1대	29,000원
折紙機		1대	54,120원
뽄치		1대	9,400원
鎖孔機		1대	10,115원
字母		35,510자	$5,985

출처: 서울대학교20년사 편찬위원회 편, 『서울대학교20년사』(서울대학교출판부, 1966), 237면.

고 조흥은행으로부터 80만 원을 대부받아 도합 2,403,753원의 자금으로 동숭동 법과대학 구내의 104평 면적을 보수하고 각종 기자재를 설치했다. 이후 계속해서 시설을 확충하여 1962년 11월 15일 비로소 인쇄기를 가동했다. 『서울대학교20년사』에 의하면 오프셋 인쇄시설은 이미 1961년에 들어왔음에도 1966년 5월 인쇄공장 건물을 확장하여 편집실과 소형 오프셋실을 신설한 다음에야 비로소 가동하기 시작했다고 한다.[3]

한편 서울대학교출판부가 독립법인으로 공식 출범한 것은 『대학신문』 1961년 8월 14일 자 1면에 "서울대학교출판부 발족, 학술연구에 박차, 사단법인체로 인가신청중"이라는 제목의 기사에서 볼 수 있다.

서울대학교출판부 발족,
학술연구에 박차, 사단법인체로 인가신청중

오랫동안 태동되어 오던 '서울대학교출판부'의 설립이 드디어 실현될 단계에 이르러 지난 8월 3일 자로 사단법인체 인가신청을 하는 한편 운영위원회를 구성하고 정관을 작성하는 등 그 발족을 서두르고 있다.

'서울대학교출판부'는 원조자금에 의해 이미 도입된 인쇄기재로 공장을 설치하여 앞으로 각종 학술논문 및 기타 간행물을 저렴하고 우수하게 출판, 보급함으로써 학술연구 및 출판문화 향상에 커다란 기여를 하게 될 것이다.

동출판부는 1인의 이사장 및 이사 약간인, 감사 1인과 다수 부원으로 조직되는데 현재 활동 중인 인쇄공장 운영위원회 회원은 류홍열(교무처장), 심상황(학생처장), 윤태림(사대학장), 정광현(도서관장), 최문환(상대학장), 김인수(사무국장) 등 6인이다. 또한 이미 도입된 인쇄기재 품목은 다음과 같으며 부족분에 대해서는 주문을 완료하여 금월 말까지 전량이 수급될 것인데 공장은 교양학부 뒤쪽에 건립될 것이다.

인쇄기 2대(사륙판, 국판), 주조기 2대, 교정기 1대, 절단기 1대, 뽄치 1대, 스티차 1대, 자모 37,398자, 자모상 2개, 목마 6대, 문선 케이스 360매.

1961년 서울대학교는 출판부의 설립을 준비하며 그 최종 단계로 사단법인으로 법인 허가 신청을 했다. 교내 기구이던 출판부를

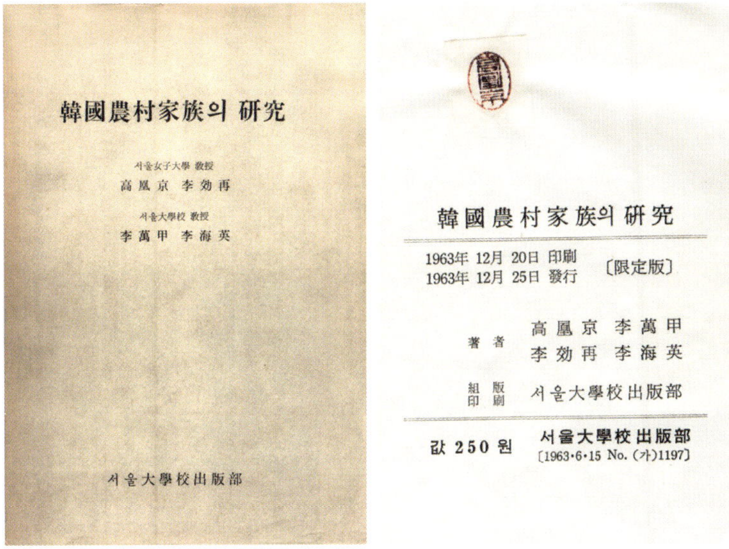
韓國農村家族의 研究

서울女子大學 敎授
高凰京 李効再
서울大學校 敎授
李萬甲 李海英

서울大學校出版部

韓國農村家族의 研究

1963年 12月 20日 印刷
1963年 12月 25日 發行 〔限定版〕

著者 高凰京 李萬甲
李効再 李海英

組版
印刷 서울大學校出版部

값 250 원 서울大學校出版部
〔1963·6·15 No. (가)1197〕

『한국농촌가족의 연구』의 표지와 판권지

독립된 법인체로 둔 것을 '발족'이라고 표현한 것이다. 서울대학교출판부의 등기부 등본을 보면, 등기일은 1961년 10월 11일이다. 또한 현재 서울대학교출판문화원의 사업자등록증(관악세무서장 발행)을 보면 개업 연월일을 1962년 5월 30일로 표시하고 있으며, 서울대학교출판부가 등기와 등록을 마치고 펴낸 첫 책인 『한국농촌가족의 연구』(고황경 외, 1963)의 판권지에는 '서울대학교출판부'라고 표시한 아래에 '1963. 6. 15. No.(가)1197'이라는 등록번호가 적혀 있는데, 이는 서울시에서 부여받은 것이다.

본격적인 출판

『대학신문』 1963년 7월 4일 자 기사에는 1963년 출판부에서 간행한 책을 소개하고 있는데, "법대 잡지 『휘데스』 1·2호, 『법대 논문집』, 『행정대학원 논문집』, 『동물학회지』 등 학술지와 『민주정치의 길』(유진오), 『서울대 학과 안내』(학생지도연구소), 『계절의 향기』(김형규), 『민족과 자유와 언론』(고재욱선생회갑논문집) 등 여러 책을 간행한 바 있다."라고 했다. 서울대학교출판부는 1963년부터 본격적으로 활동했던 것이다. 이후 『박종홍 박사 환력기념 논문집』(철학연구회, 1963) 등의 책이 연이어 간행되었는데, 전기한 『한국농촌가족의 연구』는 판권지에 '조판·인쇄 서울대학교출판부'라고 적고 표지 하단에도 '서울대학교출판부'를 크게 표시하고 있어서 서울대학교출판부의 출판물이 분명하지만, 『박종홍 박사 환력기념 논문집』은 발행자를 '철학연구회'라 했고 '서울대학교출판부'는 인쇄소로만 나와 있다. 후자는 서울대학교출판부에서 인쇄만 담당한 책인 것이다. 서울대학교출판부는 이처럼 설립 초기부터 자체 출판과 출판 대행이라는 두 방향의 인쇄출판이 이루어졌는데, 이런 틀은 현재까지 이어지고

주석 한국판례집 『민사법 I』(서울대학교판례연구회 편)

있다. 이어서 1965년에는 '주석 한국판례집' 『민사법 I』과 『민사법 II』가 간행되었다.

1966년을 전후한 시기의 서울대학교출판부 출판 현황은 『서울대학교20년사』의 '출판부 주요 학내 간행물 일람표'에 자세하게 나와 있는데, 그 내용은 [표 2]와 같다. 표에서 보는 바와 같이 출판부는 학내의 출판·인쇄 수요에 맞추어 다양한 책을 출판했으니 이는 당시 서울대학교 교내 간행물의 약 80%에 해당되는 양이었다.[4] 다양한 학술지, 학회지, 학위논문집 등을 간행하며 우리나라 학술 발전에 크게 공헌한 것이다.

이 시기에는 아직 본격적인 학술출판은 미미해서 연간 두세 권을 출판하는 데 그쳤다. 대표적으로 1965년부터 미국의 비영리 민

[표 2] 출판부 주요 학내 간행물 일람표

서적명	규격	부수	발행처	비고
行政學論叢	46倍版	年 2回 各 1,000部	行政大學院	
法學誌	46倍版	年 2回 各 1,500部	法學大學	
駱山文苑	46倍版	500部	法學大學	
論文集	46倍版	1,000部	大學院	理工系, 生農系, 醫藥系
年次報告	46倍版	1,000部	學生指導研究所	
서울大學校案內	46倍版	2,000部	學生指導研究所	
Fides	46倍版	年 4回 各 1,200部	法科大學	
Bulletin	46倍版	1,000部	師大, 本部	
統計年報	46倍版	年 1回 1,000部	本部總務課	
諸規定集	46倍版	500部	總務課	
學生研究	46倍版	年 2回 各 1,500部	學聯	
볼케노	46倍版	年 2回 各 500部	文理大地質學科	
圖書館報	菊版	年 1回 500部	中央圖書館	
文理大學報	46倍版	年 2回 各 2,000部	文理大	
動物學全誌	46倍版	500部	動物學會	
國際政治論叢	46倍版	500部	國際政治學會	
哲學論文集	46倍版	500部	哲學會	
東亞文化	菊版	500部	東亞文化研究所	
奎章閣韓國本總目錄	46倍版	1,000部	東亞文化研究所	
研究報告	46倍版	年 2回 各 1,000部	工科大學	
서울工大	46倍版	年 2回 各 2,000部	工科大學	
清凉苑	46倍版	年 4回 各 1,800部	師大	
商大評論	菊版	年 1回 1,500部	商大	
經濟論集	46倍版	年 4回 各 1,000部	商大	

[표 2] (계속)

서적명	규격	부수	발행처	비고
要覽	菊版	年 1回 1,000部	本部敎務科	
師大學報	46倍版	年 1回 2,000部	師大	
藥苑	46倍版	年 1回 1,300部	藥大	
年報	46倍版	年 1回 1,000部	大學病院	
大學國語	46倍版	年 1回 1,500部	出版部	
韓國新劇史	菊版	500部	出版部	
國樂論巧	菊版	500部	出版部	
漢江下流의 地形硏究	菊版	500部	出版部	亞細亞財團 援助에 의하여 發刊
韓國의 진디	46倍版	500部	出版部	
韓國民間藥	菊版	500部	出版部	

注: 아래의 두 종(『한국의 진디』, 『한국민간약』)은 위의 표에는 번역 제목으로 실렸으나 실은 영문 출판물이며, 『漢江下流의 地形硏究』의 실제 출판된 책명은 『한강하류의 저위침식면 지형연구』였다.

출처: 서울대학교20년사 편찬위원회 편, 『서울대학교20년사』(서울대학교출판부, 1966), 238면.

간 원조 기구인 아세아재단으로부터 1만 5천 달러를 지원받아 다음 해에 『국악논고』(장사훈), 『한국신극사연구』(이두현), 『한강하류의 저위침식면 지형연구』(김상호), *Aphids of Korea*(백운하), *Korean Folk Medicine*(이선주) 등 다섯 권을 출판했다. 이런 출판 활동에 대해 그 해에 간행된 『서울대학교20년사』에서는 "종래까지 출판부 발행물로서 논문집류를 넘어서지 못하던 것이, 금년 들어 아세아재단 원조에 의하여 '서울대학교 학술총서'가 제5권까지 간행되었다는 것은 크게 경하할 일이며, 이 방면에 더욱 힘쓴다는 것이 대학출판부의 사명에 접근하는 길일 것이다."[5]라고 특기했다. 이후 아세아재단

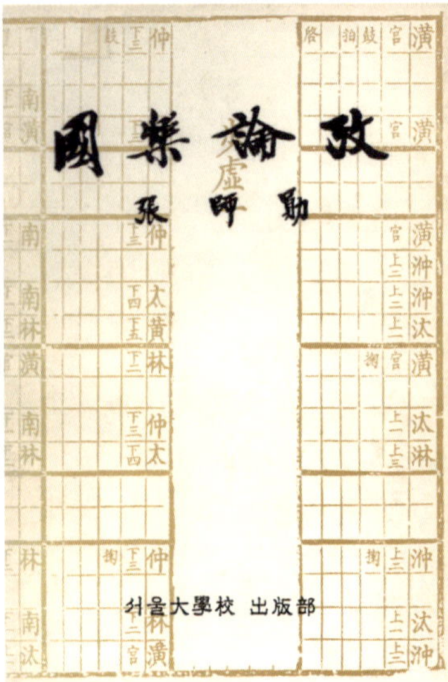

『국악논고』(1966)

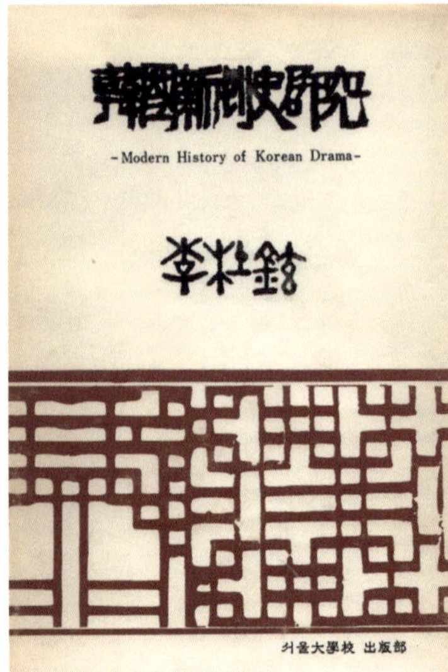

『한국신극사연구』(1966)

『일성록』(1967)

동숭동 서울대학교출판부
출처: 『서울대학교20년사』

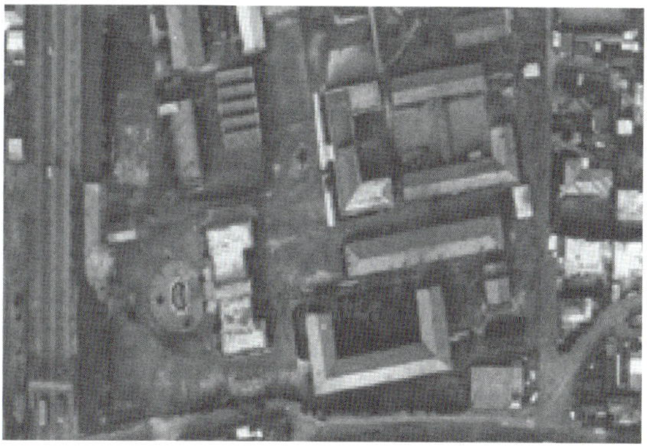

동숭동 법대 캠퍼스 사진
(항공지도)

으로부터 지원받은 출판기금을 통해 1967년까지 학술도서 14종이 간행되었다.[6] 이 밖에 규장각에 소장된 고전 자료를 영인하여, 이덕무의 『청장관전서(靑莊館全書)』(총 3권), 서유구의 『임원십육지(林園十六志)』(총 6권) 외에 정조의 『일성록(日省錄)』 등을 간행했다.

당시 출판부의 출판 활동은 『대학신문』에 실린 광고를 통해 확인할 수 있는데, 1968년 11월 25일 자 『대학신문』에 '서울대학교 학술서적 출판목록'으로 실려 있는 광고를 보면, 앞서 언급했던 책

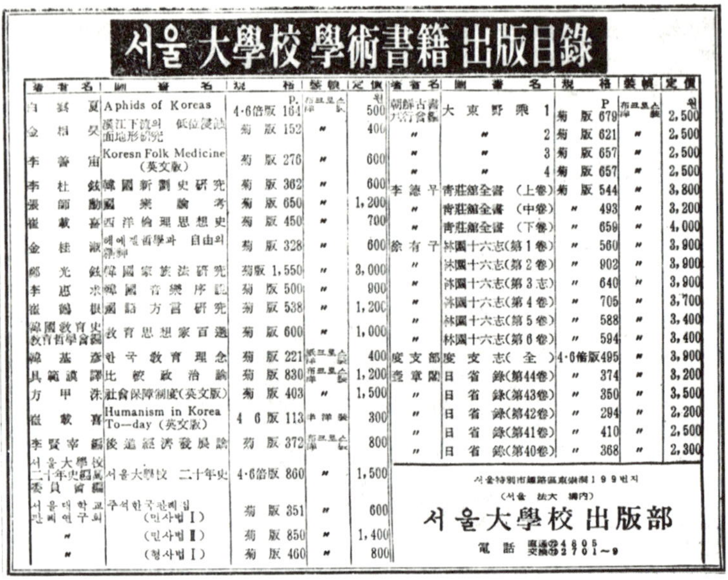

서울 大學校 學術書籍 出版目錄

著者名	圖書名	規格	裝幀	定價
[illegible] 夏	Aphids of Koreas	4·6倍版 P. 164	[illegible]	원 500
金 [illegible]	漢江下流의 低位侵蝕面地形硏究	菊 版 152	〃	400
李 [illegible]	Koresn Folk Medicine (英文版)	菊 版 276	〃	600
李 杜 鉉	韓國新劇史硏究	菊 版 362	〃	600
張 師 勳	國 樂 論 考	菊 版 650	〃	1,200
崔 載 喜	西洋倫理思想史	菊 版 450	〃	700
金 桂 淑	헤에겔哲學과 自由의 精神	菊 版 328	〃	600
鄭 光 鉉	韓國家族法硏究	菊版 1,550	〃	3,000
李 惠 求	韓國音樂序說	菊 版 500	〃	900
崔 鶴 根	國語方言硏究	菊 版 538	〃	1,200
韓國敎育史 敎育哲學會編	敎育思想家百選	菊 版 600	〃	1,000
韓 基 彦	한국 敎育理念	菊 版 221	[illegible]	400
具範謨 譯	比較政治論	菊 版 830	[illegible]	1,200
方 甲 洙	社會保障制度(英文版)	菊 版 403	〃	1,500
崔 載 喜	Humanism in Korea To—day (英文版)	4 6 版 113	[illegible]	300
李賢宰 編	後進經濟發展論	菊 版 372	[illegible]	800
서울大學校 二十年史編纂委員會編	서울大學校 二十年史	4·6倍版 860	〃	1,500
서울대학교 판례연구회	주석한국판례집 (민사법 I)	菊 版 351	〃	600
〃	(민사법 II)	菊 版 850	〃	1,400
〃	(형사법 I)	菊 版 460	〃	800
朝鮮古書刊行會編	大東野乘 1	菊 版 P 679	[illegible]	원 2,500
〃	〃 2	菊 版 621	〃	2,500
〃	〃 3	菊 版 657	〃	2,500
〃	〃 4	菊 版 657	〃	2,500
李 [illegible]	靑莊館全書 (上卷)	菊 版 544	〃	3,800
〃	靑莊館全書 (中卷)	〃 493	〃	3,200
〃	靑莊館全書 (下卷)	〃 659	〃	4,000
徐 有 [illegible]	林園十六志(第1卷)	〃 560	〃	3,900
〃	林園十六志(第2卷)	〃 902	〃	3,900
〃	林園十六志(第3志)	〃 640	〃	3,900
〃	林園十六志(第4卷)	〃 705	〃	3,700
〃	林園十六志(第5卷)	〃 588	〃	3,400
〃	林園十六志(第6卷)	〃 594	〃	3,400
度支部	度支志(全)	4·6倍版 495	〃	3,900
奎章閣	日省錄(第44卷)	〃 374	〃	3,200
〃	日省錄(第43卷)	〃 350	〃	3,500
〃	日省錄(第42卷)	〃 294	〃	2,200
〃	日省錄(第41卷)	〃 410	〃	2,500
〃	日省錄(第40卷)	〃 368	〃	2,300

(서울 法大 構內)

서울大學校 出版部

『대학신문』 1968년 11월 25일 자에 실린 광고

들 외에 『헤에겔 철학과 자유의 정신』(김계숙), 『한국가족법연구』(정광현), 『한국음악서설』(이혜구), 『서양윤리사상사』(최재희), 『국어방언연구』(최학근), 『한국교육이념』(한기언)[7] 등이 보인다. 또한 영문서로 *Humanism in Korea To-day*(최재희), *Korean Folk Medicine*(이선주)과 『사회보장제도』(방갑수)[8] 등이 있고, 서울대학교판례연구회의 '주석한국판례집'으로 『민사법 I』에 이어 『민사법 II』와 『형사법 I』까지 출간되었다. 영인의 경우에도 『대동야승(大東野乘)』(총 4권)을 비롯하여 『탁지지(度支志)』가 보인다.

이 광고에는 책명 외에도 정가, 장정(裝幀), 규격(規格), 면수(面數)

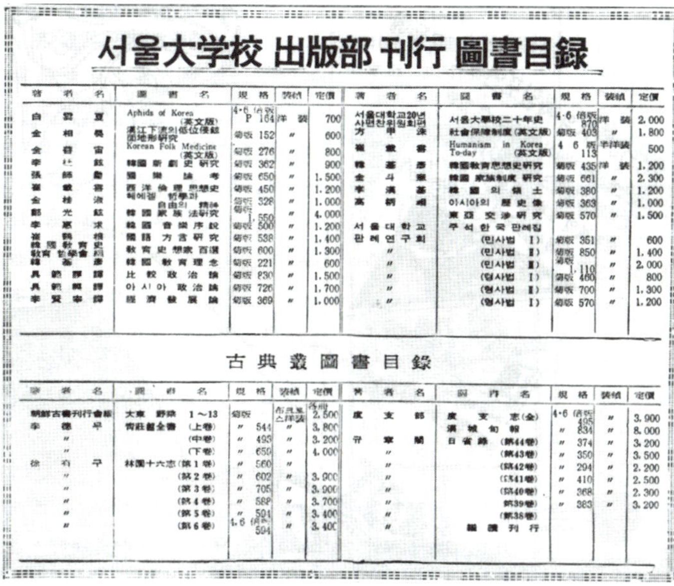

서울大学校 出版部 刊行 圖書目錄

著者名	圖書名	規格	裝幀	定價
[illegible]	Aphids of Korea (英文版)	4·6倍版 P 164	洋裝	700
金相[illegible]	漢江下流의低位侵蝕面地形研究	菊版 152	〃	600
[illegible]	Korean Folk Medicine (英文版)	菊版 276	〃	800
李杜鉉	韓國新劇史研究	菊版 362	〃	900
張師勛	國樂論考	菊版 650	〃	1.500
崔載喜	西洋倫理思想史	菊版 450	〃	1.200
[illegible]	헤에겔 哲學과 自由의 精神	菊版 328	〃	1.000
鄭光鉉	韓國家族法研究	菊版 1.550	〃	4.000
李惠求	韓國音樂序說	菊版 500	〃	1.200
崔鶴根	國語方言研究	菊版 538	〃	1.400
韓國教育史 教育哲學會 編	教育史想家百選	菊版 600	〃	1.300
韓基彦	韓國教育理念	菊版 221	〃	600
具範模 譯	比較政治論	菊版 830	〃	1.500
具範模 譯	아시아 政治論	菊版 726	〃	1.700
李賢宰 譯	經濟發展論	菊版 369	〃	1.000

著者名	圖書名	規格	裝幀	定價
서울대학교20년사편찬위원회편	서울大學校二十年史	4·6倍版 870	洋裝	2.000
方甲洙	社會保障制度(英文版)	菊版 403	〃	1.800
崔載喜	Humanism in Korea To-day (英文版)	4·6版 113	半洋裝	500
韓基彦	韓國教育思想史研究	菊版 435	洋裝	1.200
金斗憲	韓國家族制度研究	菊版 661	〃	2.300
李漢基	韓國의領土	菊版 380	〃	1.200
高柄翊	아시아의 歷史像	菊版 363	〃	1.000
	東亞交涉研究	菊版 570	〃	1.500
서울대학교 판례연구회	주석한국판례집			
	(민사법 I)	菊版 351	〃	600
〃	(민사법 II)	菊版 850	〃	1.400
〃	(민사법 III)	菊版 1.110	〃	2.000
〃	(형사법 I)	菊版 460	〃	800
〃	(형사법 II)	菊版 700	〃	1.300
〃	(형사법 I)	菊版 570	〃	1.200

古典叢圖書目錄

著者名	圖書名	規格	裝幀	定價
朝鮮古書刊行會編	大東野乘 1~13	菊版	布크로스洋裝	各冊 2.500
李德懋	靑莊館全書 (上卷)	〃 544	〃	3.800
〃	(中卷)	〃 493	〃	3.200
〃	(下卷)	〃 659	〃	4.000
徐有榘	林園十六志 (第1卷)	〃 560	〃	
〃	(第2卷)	〃 602	〃	3.900
〃	(第3卷)	〃 705	〃	3.900
〃	(第4卷)	〃 588	〃	3.700
〃	(第5卷)	〃 501	〃	3.400
〃	(第6卷)	4·6倍版 504	〃	3.400

著者名	圖書名	規格	裝幀	定價
度支部	度支志(全)	4·6倍版 495	〃	3.900
	漢城旬報	〃 834	〃	8.000
규章閣	日省錄 (第44卷)	〃 374	〃	3.200
〃	(第43卷)	〃 350	〃	3.500
〃	(第42卷)	〃 294	〃	2.200
〃	(第41卷)	〃 410	〃	2.500
〃	(第40卷)	〃 368	〃	2.300
〃	(第39卷)	〃 383	〃	3.200
〃	(第38卷)			
〃	繼續刊行			

『대학신문』 1970년 6월 8일 자에 실린 광고

등을 한눈에 알 수 있으며, 도서와 관련된 정보 외에 출판부의 주소(서울특별시 종로구 동숭동 199번지, 서울법대 구내)와 전화번호(직통 ㉲ 4805, 교환 ㉲ 2701-9)도 나와 있다. 당시 규격은 대개 '4·6배판(倍版)'과 '국판(菊版)' 두 가지가 사용되었으며, 장정으로는 천으로 표지를 양장하는 '포(布)크로스 양장(洋裝)'이 대부분이고, 종이로 표지를 양장하는 '지(紙)크로스 양장'과 표지의 재질을 부드러운 종이로 하는 '반양장(半洋裝)'도 사용되었던 사실이 확인된다.

또한 1970년 6월 8일 자 『대학신문』에 실린 광고(서울大學校出版部刊行 圖書目錄)를 보면, 5년 동안 출간 도서에 큰 변화가 없음을 볼 수 있는데, 번역서인 『아시아 정치론』(구범모 역)과 『경제발전론』(이현재·김수행 편역)을 제외하면 저서는 『한국의 영토』(이한기), 『아시아의 역사상』(고병익), 『동아교섭사의 연구』(고병익), 『한국 가족제도 연구』(김두헌) 등이 있다. 다만 서울대학교판례연구회의 '주석 한국판례집'이 『민사법 III』에 이어 『형사법 II』와 『공법 I』[9]까지 출간되었고, 영인으로는 『한성순보(漢城旬報)』가 새로 나왔다. 『동아일보』 1970년 3월 13일 자 5면에는 당시 출판부의 활동을 다음과 같이 소개하고 있다.

> **우량 도서의 산실 대학출판부**
> **수지 외면 '중량급' 발간 학술·논문집에서 영인까지**
>
> 일반 독자로부터는 거의 소외되고 있는 이들 대학출판부는 학보, 교지 등 학생들의 정기간행물로부터 논문집, 학술지, 연구저서 그리고 고전의 역간, 영인 등 광범위하게 뻗치고 있어 국내 학자는 물론 해외 학계에 더욱 환영받고 있다.
>
> 서울대학교출판부는 수년 전부터 우리나라 고전의 영인본 간행을 시작 『대동야승(大東野乘)』 전 13권을 비롯해서 『청장관전서(靑莊館全書)』(李德懋) 3권, 『임원십육지(林園十六志)』(徐有榘) 전 6권, 『탁지지(度支志)』 1권, 규장각 도서인 『일성록(日省錄)』 등 희귀 도서를 내어 전문학자 및 전국 도서관에 기증, 일반인까지 이 희귀한 책들에 접할 수 있게 했다. 또한 근년 문젯거리가 되고 있는 우리나라 영

토에 대한 시비를 역사적·법률적 측면에서 명쾌하게 해명한 이한기(李漢基) 박사의 『한국의 영토』를 출판했고 한기언(韓基彦) 교수의 『한국 교육사상사 연구』, 정광현(鄭光鉉) 교수의 『한국가족법연구』, 장사훈(張師勛) 교수의 『국악논고』 등 모두 일반 출판사에서는 수지 관계로 출판을 꺼리고 있는 한국 관계 연구 서적 20여 권을 작년 한 해 동안에 출판했다.

이 기사문을 통해 알 수 있듯이 당시 서울대학교출판부는 논문집, 학술지, 연구서적에서부터 고전 도서 영인에 이르기까지 다양한 출판 활동을 하고 있었다. 특히 고전 영인본 간행은 희귀 도서를 출판하여 선분학자와 도서관에 기증함으로써 학술 활동에 크게 기여하고, 일반 출판사들이 수지 타산이 맞지 않아 꺼리는 한국학 관련 책들을 20여 권이나 출판하는 등 한국학 분야 학술 활동을 도왔다.

1973년 6월 11일 자 『대학신문』 기사에는 우리 출판부의 위상에 대한 내용이 실려 있는데, "한국에 있는 대학출판부 전체에서 당시까지 모두 700여 종의 책이 출간되었는데, 그중 학술서적 출판은 서울대학교출판부가 총 100여 종으로 으뜸을 차지하고 있다."라고 했다. 당시 국내 다른 대학 출판부가 교양 교재 위주의 출판에 집중하고 있는 상황에서 우리 출판부는 100여 종의 학술서적을 출판했던 것이다.

『대학신문』 1973년 6월 11일 자

『대학신문』 1974년 11월 11일 자에 실린 광고

1974년 11월 11일 자 『대학신문』 광고에도 도서 목록이 실려 있는데, 이를 통해서 당시에 서울대학교출판부가 발간한 도서를 확인할 수 있다.

조직과 직원

출판부 설립 초기부터 지금까지 서울대학교출판문화원의 이사장은 총장이 맡아 왔다. 그러나 실질적인 운영은 원장이나 실무 책임자가 맡았는데, 법인 설립 초기에는 교수 신분의 원장을 두지 않고 실무 책임자가 운영을 전담했다. 출판부 내부 자료인 「직원 신상조사 카드」를 통해서 당시 직원들의 상황을 알 수 있다. 「직원 신상조사 카드」에는 담당 업무를 알 수 있는 과(課)와 계(係)에 대한 사항이 있고, 그 아래에 성명, 생년월일, 본적, 현주소 등이 적혀 있으며, 그 밑으로는 친지의 주소, 성명, 관계, 직업 외에도 재산 상황을 알 수 있도록 동산과 부동산, 월수입, 보증인 등을 기록하도록 했다. 또 직원의 출신 학교와 입사 및 퇴사 시기, 병사(兵事) 관계에 대한 내용이 있다. 「직원 신상조사 카드」에서 1965-1970년 기간 동안 입사한 직원 23명의 기록을 볼 수 있는데, 과와 계에 대한 항목이 비어 있는 6명을 제외하고 17명의 업무를 나누어 보면 다음과 같다.

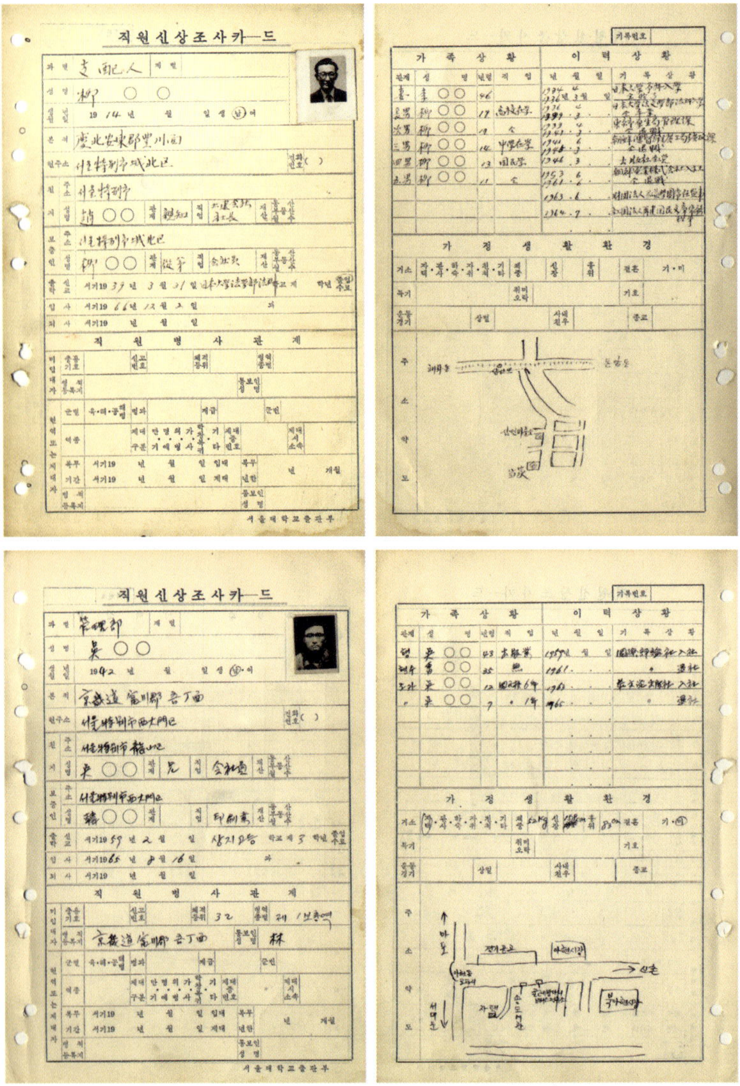

직원 신상조사 카드

지배인(支配人) 1명

관리부(管理部) 1명

문선(文選) 4명

식자(植字) 11명

이 중에 지배인과 관리부를 제외하면 가장 많은 인원이 문선과 식자에 배치되었는데, 문선(文選)은 활판 인쇄에서 원고의 내용대로 필요한 활자를 골라 뽑는 일이다. 이들은 16세 중졸 남성, 40세 대졸 남성, 22세 고졸 여성, 18세 중졸 여성으로 학력은 최저 중졸 이상으로, 특히 1968년 무렵 입사한[10] 여성 직원 2명은 모두 영문부에 소속되었다. 식자(植字)는 뽑아 놓은 활자를 가지고 원고에 맞추어 판(版)을 짜는 일로 가장 많은 인원인 11명이 담당하고 있었으며,[11] 다양한 연령대의 남성으로 구성되어 있었다.

지배인과 관리부가 따로 적혀 있는 것은 지배인 아래에 관리부 직원 1명이 있었음을 보여 주는 것으로 해석된다. 지배인 류시부(柳時溥)는 1914년 12월 20일생이며 1939년 3월 31일에 니혼대학 법학부를 졸업하고 1966년 12월 2일에 지배인으로 입사한 것으로 되어 있다. 관리부 직원은 1942년생으로 1965년에 입사했는데 최종 학력은 고졸이다. 이와 같은 기록은 법인 설립 초기에 지배인이 상당 기간 실질적으로 출판부를 운영했음을 보여 준다.

「직원 신상조사 카드」에는 직원 수가 불과 20여 명으로 나타나지만 내부 문건인 직원 명부에는 훨씬 많은 직원 수가 보인다. 다

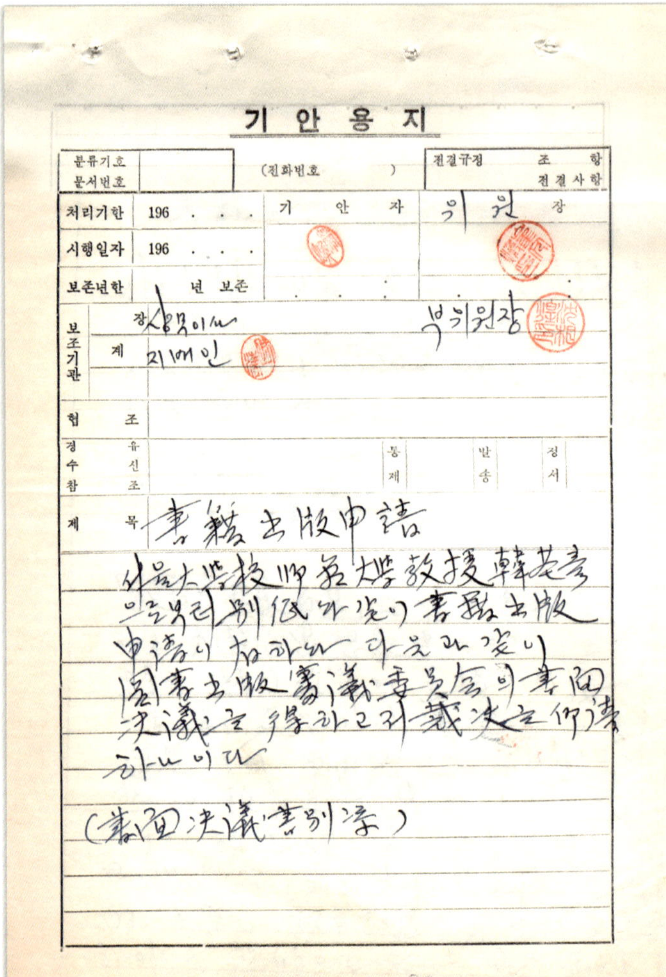

기안용지

분류기호 문서번호		(전화번호)	전결규정 조 항 전결사항
처리기한	196 . . .	기안자	위원장
시행일자	196 . . .		
보존년한	년 보존		
보조기관	장 상무이사		부위원장
	계 지배인		
협조			
경유 수신 참조		통제 발송 정서	
제목	書籍出版申請		

서울大學校 師範大學 敎授 韓基彦으로부터 別紙와 같이 書籍出版 申請이 有하와 다음과 같이 圖書出版審議委員會의 書面 決議를 得하고자 裁決을 仰禱하나이다

(書面決議書別添)

당시 '지배인'이라는 직제가 있었음을
보여 주는 문서(1967)

만 동 시기에 몇 명이 근무했는지는 정확하게 파악하기 어려운데, 1973년 7월 3일 자 『동아일보』에 실린 서울대학교출판부 인쇄공장의 파업 기사를 보면 그 규모를 짐작할 수 있다.

> **서울대학출판부 인쇄공 일당 15% 인상 요구 파업**
>
> 사단법인 서울대학교출판부 소속 인쇄공 71명이 현행 일당을 880원에서 15% 이상 인상해 줄 것을 요구, 지난달 25일부터 3일까지 출근은 하면서 일은 하지 않고 있다.
>
> 대학당국은 2일 오후 한심석 총장 주재로 출판부 이사회를 열고 "인쇄공들이 3일 중으로 정상근무에 들어가지 않을 경우 출판부를 폐쇄하겠다"고 결정, 이들에게 통보했으나 3일 오전 11시 현재 인쇄공들이 이에 응하지 않고 있어 학교 측과 정면으로 대립하고 있다.
>
> 인쇄공 대표 전득년(田得年) 씨(59, 기계과장)는 "학교 측이 매년 4월 2%씩 인상해 주던 것을 올해 7월까지 미루어 오다 말썽이 나자 뒤늦게 1%를 인상해 주겠다고 제의했으나, 이를 인쇄공들이 받아들일 수 없어 그 이상선을 요구한 것이다"고 말했다.

임금 인상률에 불만을 품은 인쇄공들이 파업에 돌입했다는 내용의 기사인데, 이때 가담한 인쇄공만 71명이라고 했다. 인쇄공 거의 전원이 파업에 참가한 것으로 보이는데, 여기에다 관리 부서 인원을 추가하면 전체 규모는 대략 80명 내외로 짐작된다. 임금 인상과 관련한 직원 파업은 1980년대 후반에도 한 차례 있었는데, 당시

노측인 '고충처리위원회'와 사측 간에 팽팽하게 진행된 협상은 큰 사고 없이 일단락되었다.

한국방송통신대학 교재 출판

법인 설립 초기 서울대학교출판부의 주요 출판 활동 중 하나는 한국방송통신대학 교재의 출판이었다. 한국방송통신대학은 1968년 제14차 개정교육법에 관련 조항(제114조의 2)에 근거하여 설립되었다. "국립의 대학교에 방송통신대학을 둘 수 있다. 전항의 방송통신대학의 설치·교육과정·교육방법·수업연한 및 자격과 기타 그 운영에 관하여 필요한 사항은 대통령령으로 정한다."라는 조문을 삽입한 것이다. 개정교육법은 입법 과정을 거친 후, 서울대학교의 주관하에 심의 과정을 거쳐 시행요강이 1972년 3월 9일에 확정되었고, 이날 '한국방송통신대학설치령'(대통령령 제6106호)이 공포, 시행되었다. 우리나라 최초의 평생교육기관으로 개교한 서울대학교 부설 한국방송통신대학은 2년제 초급대학과정의 5과로 가정학과, 경영학과, 농학과, 초등교육과, 행정학과를 두었다.[12]

한국방송통신대학 설치위원회는 1971년 3월 1일 개교에 대비하여 1970년 7월에 교재 집필을 의뢰했는데, 이때 교재 출판을 서울대학교출판부가 담당하기로 했다. 10만 권이 넘는 교재의 포장과

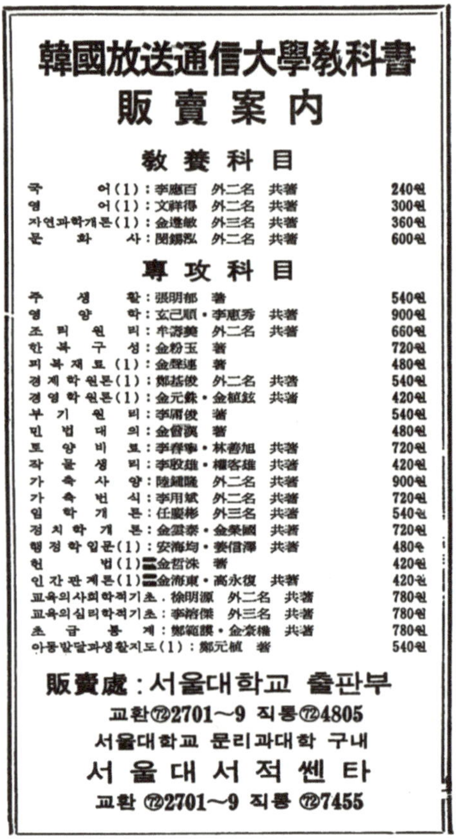

韓國放送通信大學敎科書 販賣案內

敎養科目

국어(1)	李應百 外二名 共著	240원
영어(1)	文祥得 外二名 共著	300원
자연과학개론(1)	金達敏 外三名 共著	360원
문화사	閔錫泓 外二名 共著	600원

專攻科目

주생활	張明郁 著	540원
영양학	玄己順・李惠秀 共著	900원
조리원리	牟壽美 外二名 共著	660원
한복구성	金粉玉 著	720원
피복재료(1)	金聲連 著	480원
경제학원론(1)	鄭道俊 外二名 共著	540원
경영학원론(1)	金元銖・金植鉉 共著	420원
부기원리	李刷俊 著	540원
민법대의	金曾漢 著	480원
토양비료	李春寧・林善旭 共著	720원
작물생리	李殷雄・權客雄 共著	420원
가축사양	陸鍾隆 外二名 共著	900원
가축번식	李用斌 外二名 共著	720원
임학개론	任慶彬 外三名 共著	540원
정치학개론	金雲泰・金榮國 共著	720원
행정학입문(1)	安海均・姜信澤 共著	480원
헌법(1)	金哲洙 著	420원
인간관계론(1)	金海東・高永復 共著	420원
교육의사회학적기초	徐明源 外二名 共著	780원
교육의심리학적기초	李浩傑 外三名 共著	780원
초급통계	鄭範謨・金奈權 共著	780원
아동발달과생활지도(1)	鄭元植 著	540원

販賣處 : 서울대학교 출판부

교환⑫2701~9 직통⑫4805

서울대학교 문리과대학 구내

서울대서적쎈타

교환 ⑫2701~9 직통 ⑫7455

『경향신문』
1972년 6월 14일 자에 실린 광고

운송은 대한해운에 의뢰했다. 1학년 1학기 교재 출간에 이어 숨 돌릴 틈도 없이 2학기 교재 편찬이 추진되어야 했기 때문에, 교재 편찬을 관장할 교재편찬위원회가 1972년 5월 말 구성되었다. 또 교재를 3년 주기로 개정한다는 결정에 따라 본격적인 제2차 교재 편찬 준비 작업이 1974년 2월 28일 제1회 졸업식 직후에 착수되었다. 한국방송통신대학 교육의 특수성을 고려한 교재 집필 요강이 본격적으로 연구되기 시작한 것도 이때부터였는데, 제2차 편찬 시기에는 1969년에 개교한 영국 개방대학의 교재가 중점적으로 참고되었다.[13]

설립 초기 서울대학교에 부설되어 있었던 한국방송통신대학 교과서의 출판 대행은 서울대학교출판부의 간행 활동에서 큰 비중을 차지했는데, 당시 출판된 교재는 1972년 6월 14일 자 『경향신문』에 실린 "한국방송통신대학 교과서 판매 안내"라는 광고를 통해 살필 수 있다. 그러다가 한국방송통신대학이 서울대학교에서 분리됨에 따라 한국방송통신대학출판부가 1982년 7월 설립되었다. 한국방송통신대학이 교재를 자체 출판부에서 간행하게 되면서 서울대학교출판부의 출판 규모가 줄어들 수밖에 없었다. 서울대학교출판부 출판물 중에 한국방송통신대학 교재가 차지하는 비중은 『서울대학교 40년사』를 통해 확인할 수 있는데, 서울대학교출판부 도서가 20-30종 간행될 때 한국방송통신대학 교재는 100종에 약간 못 미치는 수로 출간되었다. 서울대학교 출판물보다 한국방송통신대학 교재의 출판 종수가 더 많았고, 한국방송통신대학출판부가 설립된 이후에도 1990년대 초까지 서울대학교출판부에서 한국방송통신대학 출판물의 일부를 출판했다.

1975

03

기획출판의 시작

1990

국내에서 처음 시도되는
'법학전서'와 '경제학전서'의 발간을 비롯하여
'문학비평총서'와 '대학교양총서' 등
기획출판물을 본격적으로 발간하기 시작했고,
외국 대학출판부와 공동으로 출판 및 판매를
모색하면서 외연을 확대해 나갔다.

관악캠퍼스로의 이전

1975년에는 서울대학교에 중대한 변화가 있었다. 동숭동, 공릉동 등에 흩어져 있던 서울대학교의 단과대학들이 관악산 아래의 종합 캠퍼스로 이전해 온 일이다. 서울대학교가 관악캠퍼스로 옮겨 오면서 출판실은 이전했지만 인쇄공장은 한동안 동숭동 건물에 있었는데, 같은 해 6월 관악캠퍼스 내에 서울대학교출판부 신사옥 건축을 시작하여 같은 해 12월 준공함에 따라 1979년 4월 1일 관악캠퍼스로 이전을 완료할 수 있었다.

관악캠퍼스의 신사옥(1979)

[표 3] 연도별 출판부 기부금 내역(1976-1985) (단위 : 원)

연도	서울대학교 학술연구재단	서울대학교 장학회	서울대학교 (건물)	기타	계
1976	–	–	–	264,799	264,799
1977	700,000	–	–	9,537,494	10,237,494
1978	500,000	–	105,452,862	115,911,822	221,864,684
1979	5,000,000	5,000,000	–	18,864,425	28,864,425
1980	–	–	–	41,552,622	41,552,622
1981	25,000,000	25,000,000	–	66,369,644	116,369,644
1982	150,000,000	50,000,000	–	270,890,079	470,890,079
1983	20,000,000	10,000,000	56,416,427	26,025,506	112,441,933
1984	10,000,000	5,000,000	–	30,245,518	45,245,518
1985	10,000,000	5,000,000	–	37,142,853	52,142,853
계	221,200,000	100,000,000	161,869,289	616,804,762	1,099,874,051

주: '기타'란의 금액은 학술연구재단, 장학회, 건물 이외 유관처에의 기부금과 발간도서 현물기부의 합계임.
출처: 서울대학교40년사 편찬위원회, 『서울대학교40년사』(서울대학교출판부, 1986), 451면.

출판부가 종합캠퍼스인 관악캠퍼스 한가운데에 들어오면서 다수의 유능하고 권위 있는 저자들과 2만 명에 달하는 엘리트 독자들을 확보하게 되었지만 1961년에 도입한 낙후된 인쇄 시설에 대한 개선책은 마련되지 않았다. 당시의 상황은 『대학신문』 1979년 3월 26일 자에 실린 "인쇄소 관악 이전으로 새 전기 맞아, 대학교양총서 전 10권 중 3권 발간"이라는 기사 내용과 함께 "재정·양질 원고 확보에 어려움 … 인쇄기도 낡아"라는 내용을 통해 짐작할 수 있다. 이런 상황에서도 수익의 일부를 서울대학교에 기부했는데 기부금 액수는 1976년부터 10년간 10억 원이 넘었다(표 3). 이는 어려운 출판 여건 속에서도 수익을 내기 시작했음을 보여 준다.

조직 개편과 세계화

관악캠퍼스로 이전하는 시기에 출판부는 큰 어려움에 봉착해 있었다. 1975년 9월 15일 자 『대학신문』 기사에 따르면 1965년부터 1973년까지 9년 동안 "학술서적 출판 실적은 50여 책 정도였고, 서울대학교의 경우 부설 연구소나 자체 내의 기획으로 체제를 정비하고 있는 데 비해 서울대학교출판부는 양적으로 미약할 뿐 아니라 출판 도서의 내용에 있어서도 뚜렷한 기획 없이 임기응변적인 것이 대부분"이어서 학생이나 교수들의 요구에 부응하지 못하고 있다고 했다.

이런 문제를 타개하기 위해 서울대학교출판부는 1975년 그동안 대학 내의 인쇄물을 주문출판으로 제작하여 납품하는 일에 주력하던 데서 벗어나 출판을 전담할 부서로 '출판실'을 개설하고, 출판실장에 교수를 임명했다. 교수를 운영 책임자로 둠으로써 적극적인 학술 출판 활동을 벌이도록 한 것이다. 초대 출판실장에는 사범대학 독어교육과의 이동승 교수가 취임함으로써 서울대학교출판부가 학내 교수 사회와 긴밀한 협조 체제를 유지할 수 있게 되었다. 관악캠퍼스 이전 초기에 출판실은 관악캠퍼스 행정관 5층에 자리를 잡았지만 인쇄공장은 바로 이전하지 못했고 1979년에서야 관악캠퍼스로 이전했다.

1975년도 출판부의 「직제규정」 제2조를 보면 '업무이사'를 두고 그 밑에 '출판실'과 '인쇄소'를 두었음을 알 수 있다. 출판실과 인쇄소에는 각각 이사장이 임명한 실장과 소장 1인을 책임자로 두었는데, 출판실장은 서울대학교 교원으로 임기는 2년이었다. 또 「직제규정」 제3조에는 출판실의 조직과 업무가 나와 있는데, 출판실은 업무과와 기획편집과로 구성되어 있었고, 각 과의 과장은 이사장이 임명했다. 그중 업무과는 도서의 판매, 계약, 섭외 및 기타 출판실 내의 다른 과에 속하지 않는 업무를 담당했고, 기획편집과는 출판 기획, 조사와 연구, 출판물의 편집·교정과 관련된 업무를 담당했다.

「직제규정」 제4조에는 출판위원회의 구성과 업무를 정하고 있다. 이에 따르면 출판위원회의 설치 목적은 출판실의 업무 중 특히 출판과 직접적으로 관련 있는 사항을 심의하기 위한 것으로, 출판위원회는 위원장을 포함하여 몇 명의 위원들로 구성되는데, 출판실장이 위원장을 맡았고 위원들은 2년을 임기로 서울대학교 교원 중에서 이사장이 위촉했다. 1976년 3월 22일 자 『대학신문』의 출판부 관련 기사문에 "1975년 인문대('사범대'의 오기로 보인다 - 인용자) 이동승 교수를 출판실장으로, 고병익, 이해영, 이택식, 고윤석 교수 등을 출판위원으로 위촉"했다는 내용이 나온다.

출판위원회의 심의 사항은 「직제규정」 제4조 5항에 다음과 같이 나와 있다.

가. 도서 출판에 대한 정책 수립 및 종합계획

나. 판권 결정

다. 출판 도서 저·역서의 선정·발간

라. 인세, 원고료 및 번역료의 결정

마. 탁월한 출판물의 포장

바. 출판물의 보급 및 판매

사. 기타 도서 출판

이처럼 출판위원회에서는 출판물 심의 외에도 유통 및 판매까지 포괄하여 출판 전체에 대해 종합적으로 심의했음을 볼 수 있다.

인쇄소의 조직과 업무는 「직제규정」 제5조에 나와 있는데, 인쇄소 역시 출판실과 마찬가지로 2과(서무과, 공무과)로 구성되었으며, 각 과장은 이사장이 임명한다고 했다. 그중 서무과의 경우에는 인쇄소에 필요한 서무, 회계, 주문, 계약, 물품 관리·구매 및 기타 인쇄소 내 다른 과에 속하지 않는 업무를 담당했고, 공무과는 제본, 연판, 기계, 주조, 조판, 문선 등 출판물 인쇄에 관한 사항을 주로 담당했다.

한편 1980년 12월 1일 출판부는 인쇄 부문과 별도로 출판을 전담해 온 '출판실'의 명칭을 '출판부'로 변경하면서 인쇄소까지 관장하게 했다. 또 출판위원회를 격상시켜 부이사장을 위원장으로 하

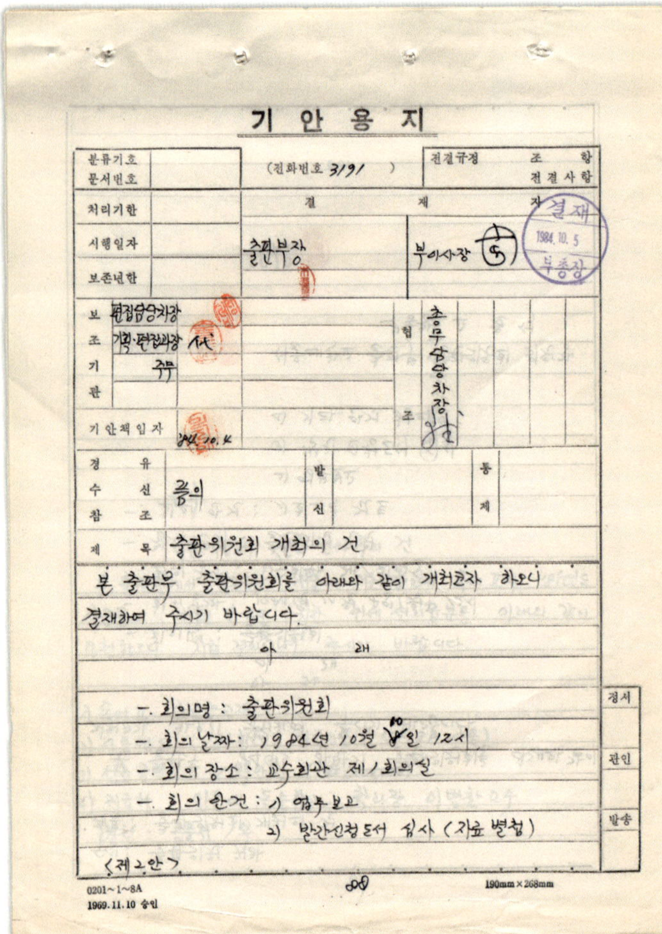

기 안 용 지

분류기호 문서번호		(전화번호 3191)	전결규정 조 항 전결사항
처리기한		결 재 자	
시행일자		출판부장	부이사장 (결재 1984. 10. 5 부총장)
보존년한			

보조기관	편집담당차장 기획·편집과장 주무	협조	총무담당차장
기안책임자	1984. 10. 4		

경유 수신 참조	품의	발신		통제	
제목	출판위원회 개최의 건				

본 출판부 출판위원회를 아래와 같이 개최코자 하오니 결재하여 주시기 바랍니다.

아 래

一. 회의명 : 출판위원회

一. 회의 날짜 : 1984년 10월 10일 12시

一. 회의 장소 : 교수회관 제1회의실

一. 회의 안건 : 1) 업무보고

2) 발간신청도서 심사 (자료 별첨)

<제2안>

정서 관인 발송

0201~1~8A 1969. 11. 10 승인 190mm×268mm

출판위원회 개최 관련 서류(1984)

였다. 1982년 5월 3일 자 『대학신문』과 1982년부터 시행된 「업무분장 규정」, 그리고 1986년 2월 1일에 발행된 『대학출판부협회보』에 수록되어 있는 내용을 통해 이 시기의 서울대학교출판부 상황을 파악할 수 있다.

먼저 1982년 5월 3일 자 『대학신문』에는 "서울대학교출판부 최근의 활동과 앞으로의 전망을 진단한다"라는 제목으로 대학출판부의 장단점, 서울대학교출판부의 활동 영역, 출판 실적과 여건, 외국과의 비교, 그리고 문제점을 구체적으로 살펴보는 기사가 실려 있다.

「업무분장 규정」에서는 출판부와 인쇄소의 세부 조직과 담당 업무를 확인할 수 있는데, 1975년의 「직제규정」과 달라진 부분은 업무과와 기획편집과로 구성되었던 출판실이 업무과, 서무과, 기획편집과, 그리고 제작과로 세분화된 것이다.[1] 업무과는 출판 도서 공급 및 수금, 서울대학교 및 한국방송통신대학 교재 공급량 계산, 교육용 도서 배부 대행, 도서 판매 촉진, 기타 도서 공급에 관한 업무를 담당했다. 이전 조직에서 서울대학교출판부 운영과 관련된 제반 업무를 담당했던 업무과가 도서 유통에 관한 업무를 주로 맡게 된 것이다. 이는 출간 종수가 급격히 늘어나면서 유통이 중요한 업무 영역이 된 결과로 짐작된다.

신설된 서무과는 법인 사무, 인사 사무, 규정 및 자산 관리, 직원 복무 및 교육훈련에 관한 사항, 도서 외주에 관한 제반 사항, 예산 및 결산 업무에 관한 사항, 회계와 세무에 관한 사항, 창고 관리, 물품 구입, 기증도서 및 기타 일반 서무에 관한 업무를 담당하게 되었다. 기

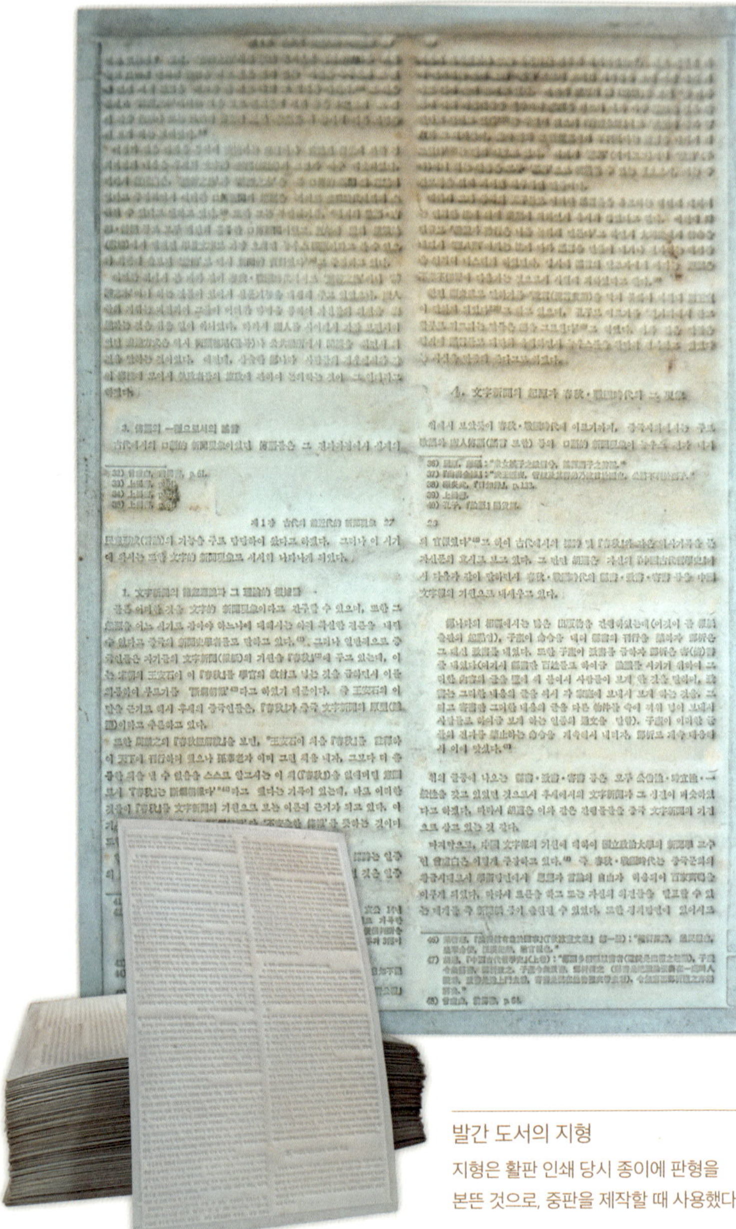

발간 도서의 지형

지형은 활판 인쇄 당시 종이에 판형을 본뜬 것으로, 중판을 제작할 때 사용했다.

존에 업무과에서 담당했던 사무 중에서 도서 공급과 관련된 사항을 제외하고 서울대학교출판부의 주요 업무를 담당하게 한 것이다.

이 외에 기획편집과에서는 출판위원회 운영에 관한 사항, 출판위원회의 결정 사항에 대한 집행, 도서의 발간 기획 및 출판계약, 원고 수합, 편집·교정, 발간 도서의 부수 확정 및 정가 책정, 출판물 검열, 인세·원고료·번역료 산출 등의 업무를 담당하게 되었다. 이는 출판위원회를 격상시켜 부이사장을 위원장으로 하고 위원 수를 증원하는 등 추천기구에서 심의기구로 위상을 정립하여 보다 효율적인 기획출판을 도모하기 위한 움직임으로 보인다. 기획편집과에서 담당한 업무 가운데 출판물 검열은 독재정권하의 출판 통제에 대응하기 위한 것이라고 할 수 있다. 제작과에서는 도서 제작 발의, 출판 도서의 공정 계획, 제작 진행 도서의 공정 관리·감독, 제작 도서의 내용 검수, 발간 도서 대장 관리, 발간 도서의 지형(紙型)[2] 보관 및 관리 등을 담당했다.

인쇄소 업무는 인쇄물 수주 견적, 작업 계획, 인쇄물 편집, 인쇄 공정의 작업 관리, 인쇄 수주물 외주 관리, 납품 및 수금, 자모 관리, 작업일지 보관·통계, 인쇄요금의 조정 품신, 공원 채용에 관한 품신, 복무 관리 등이었다. 인쇄소는 채용 및 복무 관리를 따로 한 것으로 보아 출판부와는 상당히 독립적으로 운영되고 있음을 알 수 있다.

당시의 서울대학교출판부 사업 실적은 『서울대학교40년사』에 자세히 나와 있는데, 1961년부터 1985년까지의 도서 발간 및 인쇄 현황을 소개하면 [표 4], [표 5]와 같다.

[표 4] 출판부 도서 발간 현황(1961-1985)

(단위 : 책)

연도	학술 및 기획 도서		교양교과서		통신대 교재	
	신간	중간	신간	중간	신간	중간
1961-1975	124	–	–	12	111	–
1976	2	–	–	12	–	111
1977	4	–	7	–	–	111
1978	16	4	1	8	–	111
1979	19	16	1	8	–	111
1980	22	17	1	8	1	111
1981	23	51	1	8	94	174
1982	15	44	1	11	112	36
1983	22	22	3	9	56	7
1984	19	35	2	9	71	3
1985	49	46	2	6	83	3

출처: 서울대학교40년사 편찬위원회 편, 『서울대학교40년사』(서울대학교출판부, 1986), 451면.

[표 5] 출판부 인쇄 작업 현황(1961-1985)

(단위 : 책)

연도	학술 및 기획 도서	교양교과서	통신대 교재	국고분 수주	일반물 수주
1961-1975	124	12	111	1,000여 종	1,000여 종
1976	2	12	111	83	95
1977	4	7	111	75	98
1978	20	9	111	70	200
1979	35	9	111	80	98
1980	39	9	112	75	83
1981	74	11	268	91	91
1982	59	12	112	98	98
1983	44	12	63	91	91
1984	54	11	74	83	83
1985	95	8	86	83	83

출처: 서울대학교40년사 편찬위원회 편, 『서울대학교40년사』(서울대학교출판부, 1986), 451면.

국제화에도 박차를 가해 1982년 10월에는 하와이대학출판부와 공동으로 *Postwar Korean Short Stories*(김종운)를 출판하고,[3] 1983년

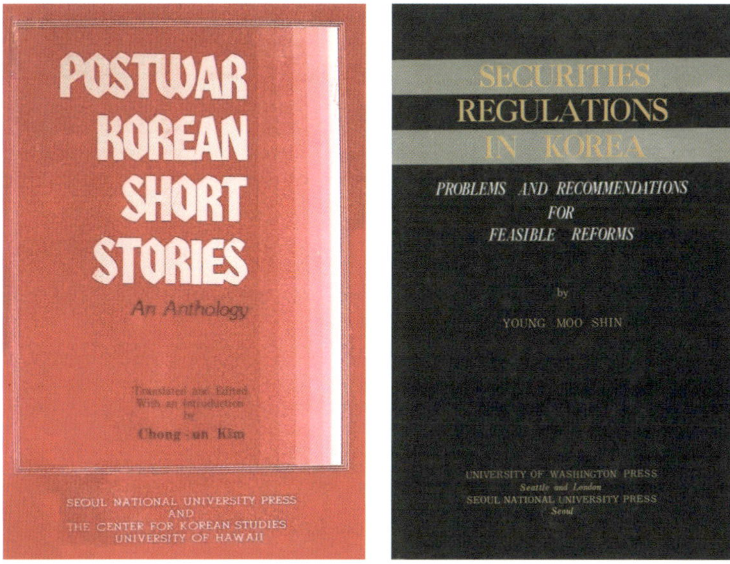

하와이대학출판부·워싱턴대학출판부와
공동 출판한 영문 도서

1월에는 하와이대학출판부와 구미 지역 도서 위탁판매 계약을 체결하고 미국 내 도서 판매에 나섰다. 이어서 같은 해 4월에는 워싱턴대학출판부와 공동으로 *Securities Regulations in Korea*(신영무)를 출판했다.

서울대학교출판부는 학술도서 출간에도 지속적으로 관심을 기울였고, 1983년에는 서울대학교 인문과학연구소와 공동으로 '대학고전총서'를 발간한다는 계획을 발표하기도 했다. 1983년 4월 25일자 『대학신문』 기사에 따르면 총 100권 발간을 목표로 하여 문학, 동양철학, 서양철학, 역사, 사회과학, 자연과학으로 나누어 각 담당

교수들의 토의를 거쳐 일차적으로 중요하다고 판단되는 고전 40권을 1983년 말에 발간하겠다고 밝혔다.[4]

이와 함께 출판전산화를 시도하여 1983년 12월부터는 컴퓨터 조판 방식을 도입했다. 1983년 11월 21일 자 『대학신문』에는 "출판부전산화"라는 제목으로 "문선에서 조판까지 타이핑 하나로 단순화"라는 내용을 골자로 하는 기사가 실려 있다. 전산조판은 미국이나 일본에서는 널리 보급되어 있었는데, 서울대학교출판부는 대학출판부 최초로 한국일보사 연구부에서 개발한 전산조판기를 구입·설치함으로써 조판전산화를 시작했다.

조판의 전산화를 통해 그동안 문선과 조판에 쏟았던 비용과 노력을 획기적으로 절감할 수 있게 되었다. 다만 초기에는 전산조판기 한 대 가격이 천만 원 정도였고, 전산조판기뿐만 아니라 프린터 등 기기 구입에 많은 비용이 들었기 때문에 시설 확대에 어려움이 있었다.

1986년 2월에 간행된 『대학출판부협회보』 제15호에 당시 출판부장 임종철 교수가 쓴 「학술출판의 요람」이라는 글에는 상임이사인 출판부장 외에 약 100여 명의 직원이 있다고 했다. 전체 조직은 2국(총무국, 편집국), 5과(총무과, 판매과, 기획과, 편집과, 공무과)로 편성되어 있었다. 1985년에는 도서 51종을 발간하고 주문출판으로 200종 가까운 학술논문집과 학회지 등을 출판했다. 당시에 인쇄소는 외국어 자모 5만 종과 특수기호 자모 4천 종을 구비하고 있었다. 학술출판물의 제작을 위한 특별한 시설과 능력을 갖춘 특수 인쇄소 역할을

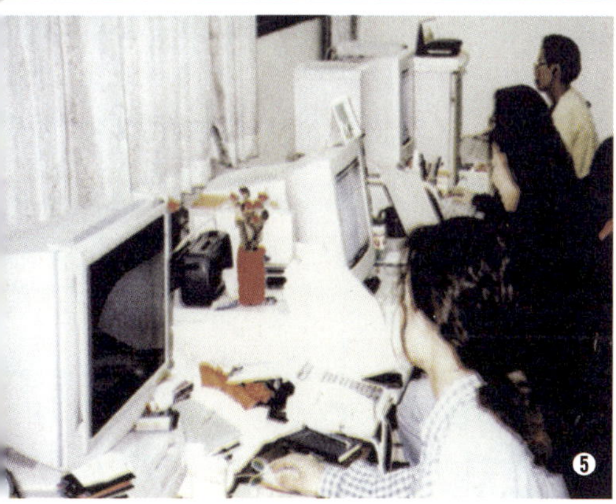

❶~❹ 활판 조판 및 인쇄 과정
❺ 컴퓨터 조판 모습

수행한 것이다. 다만 종전에는 출판부 역할 중에서 가장 큰 비중을 차지하던 인쇄소가 독립된 과로 자리잡지 못하고 5개 과 중 하나인 공무과 아래에 편제되었다는 사실은 인쇄 업무의 비중이 크게 줄어들었음을 단적으로 보여 준다.

기획출판

1975년 조직 개편을 마친 출판부는 1976년에 본격적인 활동을 위한 운영계획을 발표했는데, 『대학신문』 1976년 3월 22일 자 2면에 "본격적인 기획출판 준비"라는 제목 아래 대규모 기획출판의 착수, 교과서 개편, 교양도서 발간을 중점적으로 소개하고 있다.[5] 먼저 대규모 기획출판으로 백 년에 이르는 근대법제사의 정리 및 체계화를 위한 '법학전서'(전 60권) 및 '경제학전서'(전 30권) 발간 계획이 발표되었다.

> **본격적인 기획출판 준비**
>
> 법대 김철수(金哲洙) 교수 등이 준비작업을 진행 중에 있는 '법학전서'(가칭)는 전 60권을 간행할 예정이며 금년 4월경부터 착수 5-10년 동안 계속 간행한다. 현재 계획에 의하면 법철학, 법학개론, 헌법, 행정법, 민법, 상법, 형법, 민사소송법, 형사소송법, 노동법, 경제관계법, 국제법 및 외국법 법제사 등을 예정하고 있다.
>
> 한편 이와 같은 대규모 기획출판에서 국내 유능한 집필진의 확보

와 이들의 성의가 성패를 좌우할 것으로 보이는데 타 대학 교수들이 얼마나 호응할지의 여부 및 원고료 문제 등이 숙제로 남아 있다. 이와 같은 기획출판에 참여를 유도하기 위해 한국법학회나 법학교수회와의 공동 기획도 모색 중에 있다. [중략]

'경제학전서'(가칭)도 전 30권을 예정하고 있으며 금년 중에 계획을 완성, 내년부터 착수하여 역시 5-10년 동안 계속 간행하게 되는데 현재 경제학문제연구소 이현재(李賢宰) 교수 등이 중심, 구체안을 마련 중이다.

이러한 법학 및 경제학 전서(全書) 발간은 국내에서 처음 시도된 것으로, 이를 통해 당시 서울대학교출판부가 가지고 있었던 본격적인 기획출판에 대한 의지를 확인할 수 있다.

교과서 개편은 당시 서울대학교가 계열별 모집을 시작하여 기초과정교육이 강화된 배경에서 진행되었다. 같은 기사에 나와 있는 교과서 개편에 대한 내용은 다음과 같다.

계열별 모집으로 기초과정교육이 강화됨에 따라 종래 교과서를 연차적으로 대폭 개편, 금년에는 우선 총 8종 중 국어와 수학을 선정, 각 학과별로 대학당국의 지원을 받아 분담집필하고 있다. 이 밖에 1, 2학년용 개론류 교재도 작년에 발간된 『정치학개론』 외에 『사회학개론』 등이 속간(續刊)된다. 이번 교과서 개편은 종래의 얄팍한 장정을 일신(一新)하여 '크로스양장'의 체재로 꾸며지게 된다.

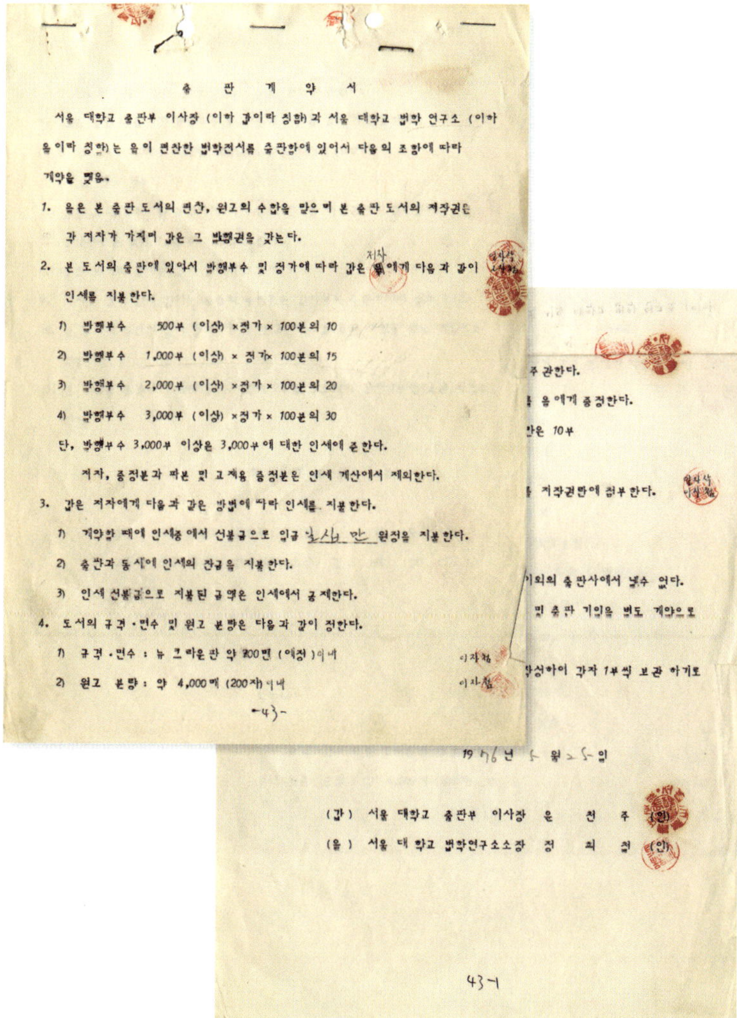
출 판 계 약 서

서울 대학교 출판부 이사장 (이하 갑이라 칭함)과 서울 대학교 법학 연구소 (이하 을이라 칭함)는 을이 편찬한 법학전서를 출판함에 있어서 다음의 조항에 따라 계약을 맺음.

1. 을은 본 출판 도서의 편찬, 원고의 수합을 맡으며 본 출판 도서의 저작권은 각 저자가 가지며 갑은 그 발행권을 갖는다.
2. 본 도서의 출판에 있어서 발행부수 및 정가에 따라 갑은 저자에게 다음과 같이 인세를 지불한다.
   1) 발행부수 500부 (이상) ×정가 × 100분의 10
   2) 발행부수 1,000부 (이상) × 정가× 100분의 15
   3) 발행부수 2,000부 (이상) ×정가 × 100분의 20
   4) 발행부수 3,000부 (이상) ×정가 × 100분의 30
   단, 발행부수 3,000부 이상은 3,000부에 대한 인세에 준한다.
   저자, 증정본과 파본 및 교재용 증정본은 인세 계산에서 제외한다.
3. 갑은 저자에게 다음과 같은 방법에 따라 인세를 지불한다.
   1) 계약할 때에 인세중에서 선불금으로 일금 오십 만 원정을 지불한다.
   2) 출판과 동시에 인세의 잔금을 지불한다.
   3) 인세 선불금으로 지불된 금액은 인세에서 공제한다.
4. 도서의 규격·면수 및 원고 분량은 다음과 같이 정한다.
   1) 규격·면수 : 뉴 크라운판 약 200면 (예정) 이내
   2) 원고 분량 : 약 4,000매 (200자) 이내

-43-

…주 관한다.

…을 을에게 증정한다.

…만은 10부

…를 저작권란에 첨부한다.

…이외의 출판사에서 낼수 없다.

… 및 출판 기일을 별도 계약으로

…작성하여 각자 1부씩 보관 하기로

1976년 5월 25일

(갑) 서울 대학교 출판부 이사장 윤 천 주 (인)

(을) 서울 대학교 법학연구소소장 정 희 철 (인)

43-1

법학전서 계약서(1976)

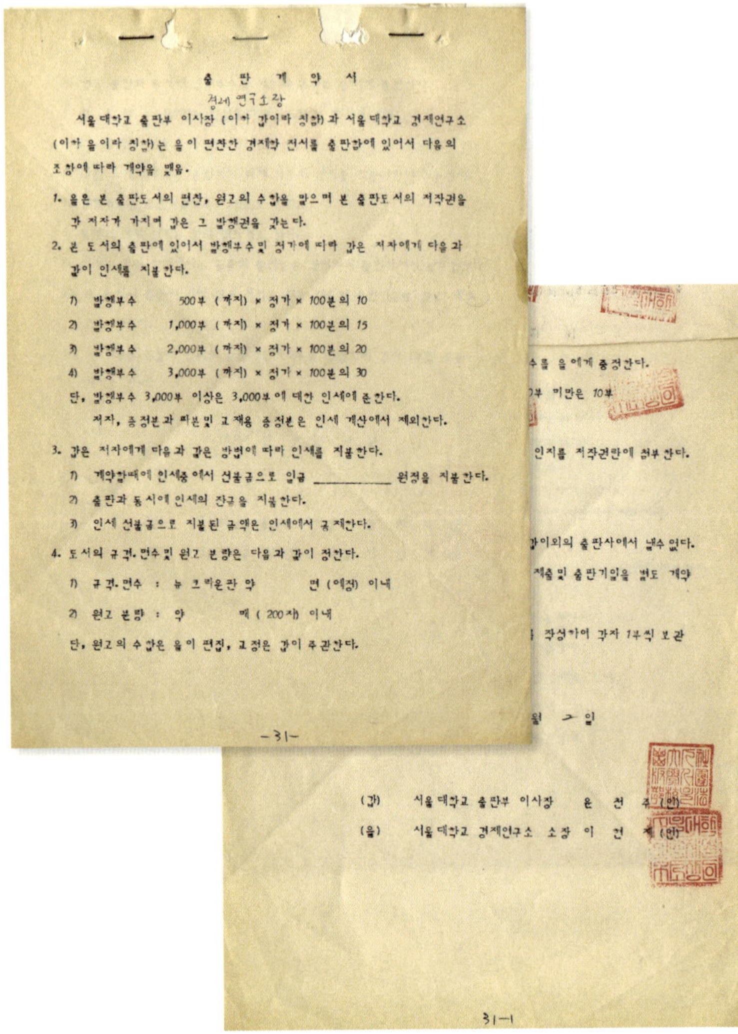

출 판 계 약 서

경제 연구소장

서울대학교 출판부 이사장 (이하 갑이라 칭함)과 서울대학교 경제연구소 (이하 을이라 칭함)는 을이 편찬한 경제학 전서를 출판함에 있어서 다음의 조항에 따라 계약을 맺음.

1. 을은 본 출판도서의 편찬, 원고의 수합을 맡으며 본 출판도서의 저작권을 각 저자가 가지며 갑은 그 발행권을 갖는다.
2. 본 도서의 출판에 있어서 발행부수 및 정가에 따라 갑은 저자에게 다음과 같이 인세를 지불한다.
   1) 발행부수 500부 (까지) × 정가 × 100분의 10
   2) 발행부수 1,000부 (까지) × 정가 × 100분의 15
   3) 발행부수 2,000부 (까지) × 정가 × 100분의 20
   4) 발행부수 3,000부 (까지) × 정가 × 100분의 30

   단, 발행부수 3,000부 이상은 3,000부에 대한 인세에 준한다.
   저자, 증정본과 파본 및 교재용 증정본은 인세 계산에서 제외한다.
3. 갑은 저자에게 다음과 같은 방법에 따라 인세를 지불한다.
   1) 계약할때에 인세중에서 선불금으로 일금 ________ 원정을 지불한다.
   2) 출판과 동시에 인세의 잔금을 지불한다.
   3) 인세 선불금으로 지불된 금액은 인세에서 공제한다.
4. 도서의 규격, 면수 및 원고 분량은 다음과 같이 정한다.
   1) 규격, 면수 : 뉴 크라운판 약 면 (예정) 이내
   2) 원고 분량 : 약 매 (200자) 이내

   단, 원고의 수합은 을이 편집, 교정은 갑이 주관한다.

-31-

수를 을에게 증정한다.

부 미만은 10부

인지를 저작권란에 첨부한다.

갑이외의 출판사에서 낼수 없다.

제출 및 출판기일을 별도 계약

작성하여 각자 1부씩 보관

월 2 일

(갑) 서울대학교 출판부 이사장 윤 천 주 (인)

(을) 서울대학교 경제연구소 소장 이 현 재 (인)

31-1

경제학전서 계약서(1976)

역시 같은 기사의 끝부분에는 교양도서 발간에 대해 다음과 같은 내용이 실려 있다.

> 체계적인 선정과 기획에 의해 출간하게 되는 대학생 필수교양도서는 금명년 출판위원회를 통해 구체안을 마련할 예정이다. 현재 약 1백 권 정도를 계획하고 있는 이 시리즈는 이미 시중에 나와 있는 유사 시리즈보다 격을 높이고 원문과 주해를 살리는 방향으로 특색 있는 기획물이 될 것 같다.

이러한 방대한 계획은 재원이 확보되지 않으면 실현되기 어려운 것으로, 당시 출판 실적 연간 20-30권 정도인 서울대학교출판부로서는 쉽사리 달성할 수 있는 목표가 아니었다. 도쿄대학의 연 150권이라는 출판 실적이나 미국 하버드대학의 연간 100만 달러에 달하는 출판 예산과는 비교할 수 없는 상황이었다. 대학이나 정부의 지원이 아니면 교재 출판을 통한 수익금으로 감당할 수밖에 없었으나 그것도 여의치 않았다.

이런 난점에도 기획출판의 활성화를 도모한 것은 큰 변화였다. 우선 각 연구소와 연계하여 기획도서를 발간하기 시작했는데, 그 주요 목록은 다음과 같다.

- 한국문화연구총서(한국문화연구소)
- 대학고전총서(인문과학연구소)

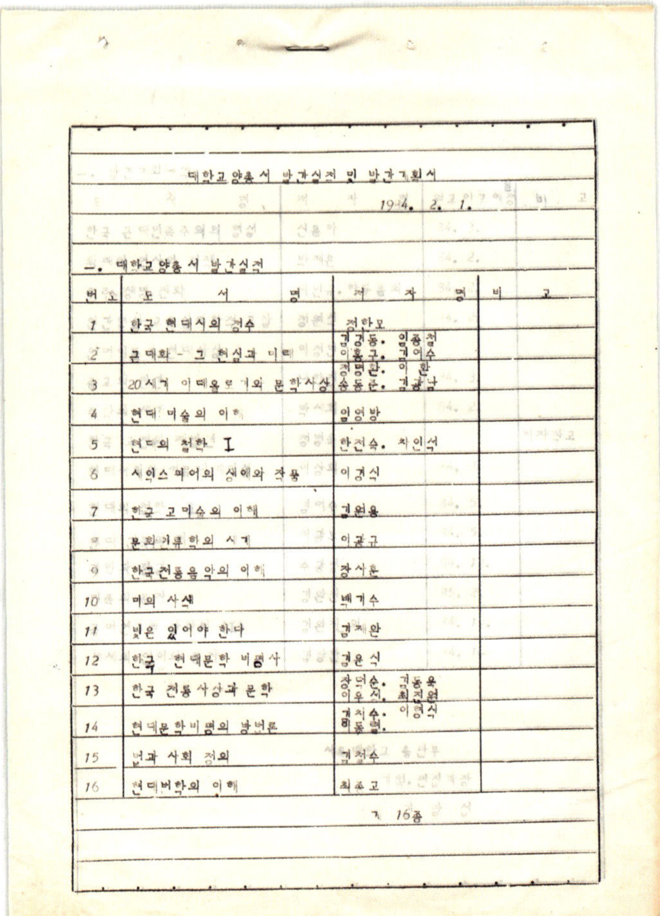

대학교양총서 발간실적 및 발간기획서

1984. 2. 1.

一. 대학교양총서 발간실적

번호	도 서 명	저 자 명	비 고
1	한국 현대시의 정수	정한모	
2	근대화 - 그 현실과 미래	김경동. 임종철 이홍구. 김여수	
3	20세기 이데올로기와 문학사상	정명환. 이 환 송동준. 김광남	
4	현대 미술의 이해	임영방	
5	현대의 철학 I	한전숙. 차인석	
6	셰익스피어의 생애와 작품	이경식	
7	한국 고미술의 이해	김원용	
8	문화기류학의 시거	이광규	
9	한국전통음악의 이해	장사훈	
10	미의 사색	백기수	
11	빛은 있어야 한다	김재완	
12	한국 현대문학 비평사	김윤식	
13	한국 전통사상과 문학	장덕순. 김동욱 이우성. 최진원	
14	현대문학비평의 방법론	김치수. 이형식 이동렬.	
15	법과 사회 정의	김철수	
16	현대법학의 이해	최종고	

계 16종

대학교양총서 발간 실적 및 발간 계획서(1984)

- 법학전서(법학연구소)
- 사회과학총서(사회과학연구소)
- 교육학총서(사범대 교육연수원)
- 문학비평총서(인문대 영어영문학과)
- Korean Studies Series(사회과학연구소, 영문)

1971년에 서울대학교 한국문화연구소(현 규장각한국학연구원)와 함께 '한국문화연구총서'를 발간한 이후, 1977년에는 영국 메듀엔(Methuen)사가 발행한 '문학비평총서'의 독점 번역권을 획득하여 번역 출간을 진행했다.[6] 같은 해 서울대학교 법학연구소와 제휴하여 '법학전서'를 발간하고, 1979년에는 대학 신입생과 일반인을 대상으로 한 교양도서로 '대학교양총서'를 기획하기도 했다. 그리고 서울대학교 사회과학연구소의 'Korean Studies Series'로 영문 도서를 발간하기 시작했다.

1975년에는 『응급처치』를 시작으로 '의학연수교육총서'를, 1985년에는 의과대학 김용일 교수가 기획·제안한 블록강좌로 『혈액학』 등 의과대학통합교재(1998년까지 총 17종 발간)를 발간하기 시작했으며, 1989년에는 『기본간호실습』을 시작으로 간호학강의(2000년까지 총 18종 발간) 시리즈를 발간했다(표 6 참고).

이 무렵 국제화에 대한 모색도 있었는데 1976년에는 세계학술도서출판협회(International Association of Scholarly Publishers)에 가입했고, 1977년에는 미국대학출판부협회(Association of American University Presses)

[표 6] 의과대학통합교재와 간호학강의

	의과대학통합교재	간호학강의
1	혈액학(1985)	기본간호실습(1989)
2	종양학(1985)	간호학개론(1989)
3	내분비학(1985)	인체의 구조와 기능(1989)
4	신장학(1985)	간호과정론(1992)
5	심장학(1985)	신경계간호학(1992)
6	소화기학(1985)	간호진단과 중재(1992)
7	생식의학 및 가족계획(1986)	기초간호과학(1993)
8	임상총론(1986)	간호학 연구방법론입문(1993)
9	지역사회의학(1986)	재활의 이론과 실제(1993)
10	면역학(1986)	지역사회간호학 실습지침서(1994)
11	신경학(1986)	노인간호학(1995)
12	호흡기학(1986)	가정간호(1995)
13	행동과학(1986)	간호정보관리(1996)
14	세포생물학(1990)	건강사정(1996)
15	임상약리학(1995)	노인간호의 연구와 전망(1997)
16	소화기학원론(1997)	간호중재(1997)
17	내분비학원론(1998)	아동간호중재(1999)
18		간호진단 중재 결과 분류체계(2000)

에 국제회원으로 가입했다. 1978년에는 서울대학교 학술연구재단에서 출판보조비 800만 원(8종)을 지원받기도 했다.

당시 상황은 1978년 5월 22일 자 『대학신문』 광고를 통해 엿볼 수 있다. 광고의 첫머리에는 '법학전서' 중 일부가 발간되었음을 전하고 있으며, 이 외에도 '문학비평총서'에 대해서도 6월 완간 예정(전 11권)임을 소개하고 있다. '문학비평총서'는 이전에 거의 완성된 원

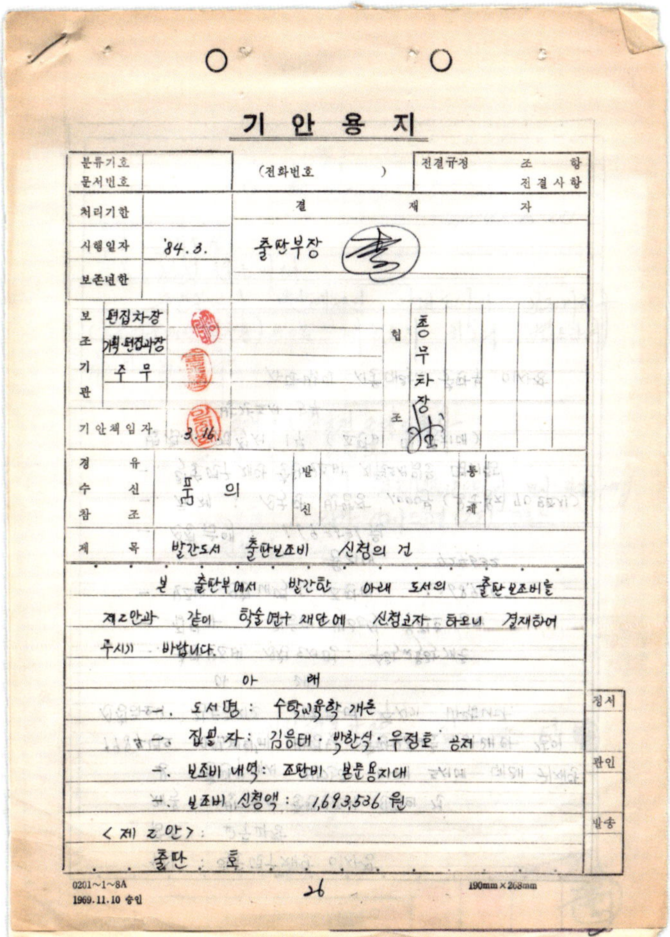
기 안 용 지

분류기호 문서번호 (전화번호) 전결규정 조 항 전결사항

처리기한 결 재 자

시행일자 '84.3. 출판부장

보존년한

보조기관: 편집차장, 기획·편집과장, 주무

기안책임자 3.16.

협조: 총무차장

경유 수신 참조: 품의 발신 통제

제목: 발간도서 출판보조비 신청의 건

본 출판부에서 발간한 아래 도서의 출판보조비를 제2안과 같이 학술연구재단에 신청코자 하오니 결재하여 주시기 바랍니다.

아 래

一. 도서명: 수학교육학 개론
집필자: 김응태·박한식·우정호 공저
二. 보조비 내역: 조판비 본문용지대
三. 보조비 신청액: 1,693,536원

<제 2 안>:

출판: 호

정서 판인 발송

0201~1~8A 1969.11.10 승인 26 190mm×268mm

발간도서 출판보조비 신청 서류(1984)

『대학신문』 1978년 5월 22일 자에 실린 광고

고를 받아 출판하던 출판부가 능동적으로 기획 출판 활동을 벌였음을 보여 준다. 위의 광고에 제시된 판매 서점이나 주문 방법을 통해 당시 도서 배급 방식을 파악할 수 있으니, 서울대학교 구내 서적부 외에도 서울, 부산, 대구, 대전, 전주, 광주 등 6개 도시에 판매 서점을 두고 있었음을 볼 수 있다.

1986년 1월까지 출판부에서 발간한 책은 총 321종으로,[7] 발간 도서의 확대에 발맞추어 출판부의 판매 활동 역시 신장되었다.[8] 전국 43개 직거래 특약서점을 비롯하여 각 대학의 구내 서점까지 적극적인 홍보 및 판매 활동을 벌였다. 또한 홍보 없이는 도서 판매가 불가능하다는 판단에 따라 일간신문 광고를 확대했다. 각 대학신문에 광고하고 우편 발송을 통해 주요 학술도서 구매자에게 신간 정보를 제공했다.

당시의 판매 방법은 서점을 통해 판매되는 경로 외에도 크게 인적 판매와 통신 판매로 구분되었다. 인적 판매에는 전화로 판매

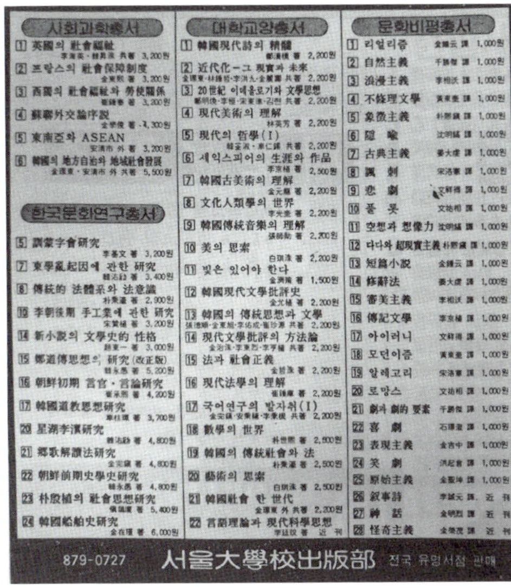

『대학신문』 1986년 3월 3일 자에 실린 광고

하는 내근 판매원과 학교나 기업체, 도서관 등을 순회하며 판매하는 외근 판매원이 동원되었다. 통신 판매는 도서 전단이나 간행물, 혹은 기타 광고매체를 통해 홍보하여 도서를 주문받아서 우편으로 판매하는 방법이다. 당시에 대학출판물의 판매 촉진에는 통신 판매가 효과적인 방법으로 여겨졌고, 서울대학교출판부에서도 통신 판매를 중요한 도서 판매 방법으로 활용했다.

1991

04

출판전산화와 디자인 개선

2008

서울대학교출판부는 1998년에

출판 역사에서 획기적인 전환점을 맞게 된다.

활판 인쇄를 종료하고

완전한 출판전산화를 이루었으며,

발간 도서 1천 종을 달성했다.

1991년의 상황

1990년대에는 서울대학교출판부에 전자출판이 본격적으로 도입되고, 본원에서 편집·제작하던 한국방송통신대학 교재 출판이 종료되었다. 1991년 10월 7일 자 『대학신문』에는 "서울대학교출판부, 경영 부실로 몸살 앓아"라는 표제로 당시 서울대학교출판부의 상황을 알려주는 기사가 실렸는데, 이는 김용구 출판부장이 임기 만료 후 연임 요청을 고사함에 따라 후임을 찾지 못해 서울대학교 기획실장이던 경제학과 배무기 교수가 출판부장을 겸임하게 된 상황을 설명하며 출판부가 예산 부족으로 어려움을 겪고 있음을 말하고 있다.

이 시기의 출판부 개황을 보여 주는 자료로는 서울대학교출판부 「현황 및 업무 보고」(1991. 8. 20)와 「92년도 도서발간 사업계획」(1992. 3. 31)이 남아 있다. 모두 출판부장을 역임한 신문방송학과(현 언론정보학과) 차배근 교수가 서울대학교 기록관에 기증한 자료이다. 차배근 출판부장이 1991년 12월 6일 취임했으니 앞의 자료는 그의 취임 이전 상황을 보여 준다.

이 무렵의 서울대학교출판부 현황을 앞의 자료를 통해 살펴보면 다음과 같다.[1] 목차부터 소개하고 필요한 부분은 요약하여 제시하기로 한다.

1. 출판부 설립 목적
2. 출판부 연혁
3. 기구표
4. 임원 명단
5. 출판위원 명단
6. 간부 명단
7. 직원 현황
8. 임차시설물 명세(국유재산)
9. 업무분장 규정
10. 1991년도 예산
11. 유통 도서
12. 도서 발간 현황
13. 서울대학교 교양교재 출판 현황
14. 도서 및 수주물 편집·인쇄 관리 현황

기구표

기구표에 상임이사인 출판부장 아래에 총무국과 편집국이 있는데, 총무국에는 총무과, 판매과, 공무과가 속해 있고 편집국에는 출판기획과와 편집과가 속해 있었다. 그전과 비교했을 때 기구표에서 인쇄소가 사라진 것을 볼 수 있다. 대학출판부에서 인쇄 업무를 아웃소싱하는 것은 세계적인 추세여서 1989년에는 옥스퍼드대학출판부에서도 인쇄 부문을 종료하는 결정을 내린 바 있다. 물론 이때 출판부 업무에서 인쇄 부문이 완전히 사라진 것은 아니지만 독립된 과로 자리잡지 못할 정도로 축소되었던 것이다. 1991년도 업무분장에 의하면 인쇄 업무는 공무과가 담당했던 것을 볼 수 있다.

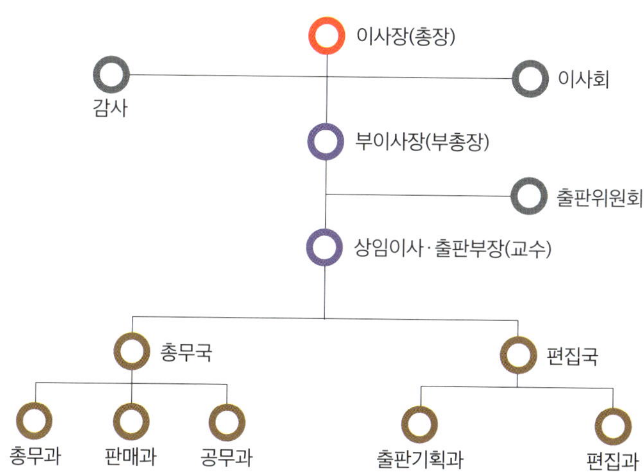

1991년도 출판부 기구표

제6조(공무과) 공무과는 다음 사항을 분장한다.

1. 수주 인쇄물 견적, 청구 및 수금
2. 발간 도서의 지형, 필름 보관·관리
3. 수주 인쇄물 편집, 교정, 납품
4. 작업계획 및 인쇄공정의 작업 관리
5. 전산조판실 작업 계획 및 관리
6. 발간 도서 및 수주 인쇄물 외주 관리
7. 수주 인쇄물의 검수
8. 공장시설기기 및 자모 관리
9. 작업일지 보관, 통계
10. 인쇄요금 및 외주 가공비 조정
11. 기능직 채용 예정자 선정
12. 기능직의 복무 관리
13. 수주 인쇄물 계약

임원 및 출판위원 명단

서울대학교출판부의 이사장은 총장이며 부이사장은 부총장이다. 그리고 출판부장이 상임이사를 맡고 교무처장, 학생처장, 연구처장, 기획실장, 사무국장, 시설관리국장이 이사로 선임되었다. 보직 교수를 중심으로 한 당연직 이사 외에 국어국문학과 이기문 교수가 선임이사가 되었으며, 행정대학원장 오석홍 교수와 경영대학장 한희영 교수가 감사를 맡았다.

출판위원회는 부총장을 위원장으로 하여 총 12인으로 구성되어 있었다. 출판위원의 경우 출판부장과 교무처장, 그리고 도서관장 3인은 당연직이었고, 이 외에 조준학(인문대 영문과), 조대경(사회대 심리학과), 강만식(자연대 생물학과), 김철수(법대 공법학과), 이용필(사범대 국민윤리교육과), 박종근(공대 전기공학과), 류순호(농대 농화학과), 김용일(의대 의학과) 등 8인의 교수가 있었다. 이 명단을 볼 때 주요 단과대학의 교수 1인씩을 출판위원으로 위촉하여 출판위원회를 구성했음을 알 수 있다.

직원 현황

1991년 8월의 서울대학교출판부 직원 현황을 보면 [표 7]과 같다. 1991년에는 정규직 60명과 임시직 9명을 합해 총 69명의 직원으

[표 7] 서울대학교출판부 직원 현황(1991. 8)

부서		직원	임시	계	비고
편집국	편집국장 출판기획과 편집과	1 1 6	 2	1 1 8	
소계		8	2	10	
총무국	총무국장 총무과 판매과 공무과 -문선계 -식자계 -연판계 -기계계	1 6 5 8 8 14 2 8	 1 6 	1 7 5 8 14 14 2 8	관리직 4 전산실 4
소계		52	7	59	
총계		60	9	69	

로 구성되어 있었는데, 1986년에 100명이 넘는 직원이 근무했다는 사실과 비교했을 때 대폭 감소한 것이다. 이는 인쇄 업무가 출판부에서 축소되어 가는 상황을 반영한 것으로 볼 수 있다.

예산

1991년도 수입은 19억 5천만 원으로, 도서 판매 수입과 인쇄 수입이 대부분이었다.[2] 인쇄 수입 중 절반 이상은 한국방송통신대학 교재 제작이 차지하고 있었다. 학술도서 발간보조비 명목으로 3천만 원이 보이는데, 이는 서울대학교발전기금에서 나온 것으로 3천만 원으로는 출판부 운영 개선에 큰 도움이 되지 못했다.

지출은 급료가 가장 높은 비중을 차지하고 그 다음으로 외주 가공비(제본, 인쇄, 전산조판 등), 원재료비(종이 등), 인세, 복리후생비 순이었다.[3] 이 외에 광고비도 2,500만 원으로 잡혀 있는데, 신간 안내 광고전단이나 종합도서목록 제작이 그중 절반 이상을 차지하고 있다.

예산만 놓고 봤을 때 수입에서 지출을 감한 수지이익은 245만 원으로, 겨우 적자를 면한 상황이었다. 1991년 10월 7일 자 『대학신문』 기사에 따르면 "서울대학교출판부가 서울대학교의 부속기관이 아닌 관계로 건물사용료와 전기·수도세 등으로 매년 2천여만 원을 지불하고 있을 뿐만 아니라 원래 90여 명에 달했던 직원들에게 임금을 제때 지불하지 못했기 때문에 당해년에 직원이 60여 명으로 줄었나."[4] 한때 "방송통신대학 교재 출판으로 호황을 누리기도 했으나, 그 당시에는 사회학 및 의학 교재 출판과 학내의 학술잡지류 주문출판, 그리고 새로 출판되는 교재의 조판 등으로 겨우 명맥을 유지하고 있다."라고 했다. 또 "『한국사특강』이 1만 부 넘게 판매되긴 했으나, 서고에 보관되어 있는 책만 18만여 권으로 약 10억 원어치에 달한다."라고 했다.

그뿐만 아니라 교수들이 서울대학교출판부를 통한 저서 출판을 외면하고 있는 점 또한 출판부의 사정을 어렵게 하는 요인이 되었다. 이런 배경에는 출판부가 기획 및 출판 전문 인력을 확보하지 못한 것이 문제로 자리하고 있었고, 그에 따라 저자나 독자의 기호와는 거리가 있는 디자인과 홍보 부족 등이 개선해야 할 점으로 지적되었다. 이와 관련하여 서울대학교출판부 내부에서도 문제를 인지하고 있음이 확인되지만, 예산 부족으로 전문 인력 확보가 쉽지 않았다.[5]

도서 발간 및 유통 현황

1991년 1월 1일부터 1991년 8월 20일까지 총 11종 1만 4천 부의 신간이 발간되었으며, 「92년도 도서발간 사업계획」에서 확인할 수 있듯이 이후 1991년 12월 31일까지 16종이 추가되어 신간 27종과 중간 91종이 발행되었다. 이 시기에 시중에 유통된 서울대학교출판부의 도서는 총 375종으로, 어문학이 43종으로 가장 많은 비중을 차지하고 있으며, 의·약학 분야와 사회학 분야가 각각 37종과 34종으로 그 뒤를 잇고 있다. 총서 중에서는 대학교양총서가 35종, 문학비평총서가 27종이 유통되고 있었다.[6]

출판 실적과 기획출판

이 무렵 서울대학교출판부의 출판 실적은 『서울대학교50년사』에 정리된 표를 참고할 수 있다. [표 8]을 통해 1991년 침체기 때 학술서적 간행 종수가 바닥을 찍은 이후로 1996년까지 단행본 종수와 부수 모두 꾸준히 증가하는 모습이 확인된다. 당시 『신판 한국미술

[표 8] 서울대학교출판부 출판 실적(1988-1996)

연도	단행본	잡지	기타	계
1988	43종, 46,950부	149종, 130,900부	110종, 98,300부	302종, 276,150부
1989	41종, 49,600부	155종, 125,000부	116종, 114,900부	312종, 289,500부
1990	39종, 45,300부	151종, 145,000부	147종, 185,200부	337종, 375,500부
1991	25종, 27,000부	91종, 101,800부	146종, 171,800부	262종, 300,600부
1992	32종, 47,300부	110종, 150,500부	140종, 160,000부	282종, 357,800부
1993	47종, 55,000부	110종, 159,500부	135종, 120,100부	292종, 334,600부
1994	50종, 62,000부	110종, 159,000부	95종, 89,000부	255종, 310,000부
1995	71종, 71,000부	190종, 175,500부	135종, 215,000부	396종, 461,500부
1996	100종, 100,000부	150종, 145,000부	126종, 200,000부	376종, 445,000부

출처: 서울대학교50년사 편찬위원회 편, 『서울대학교50년사(상)』(서울대학교출판부, 1996), 684면.

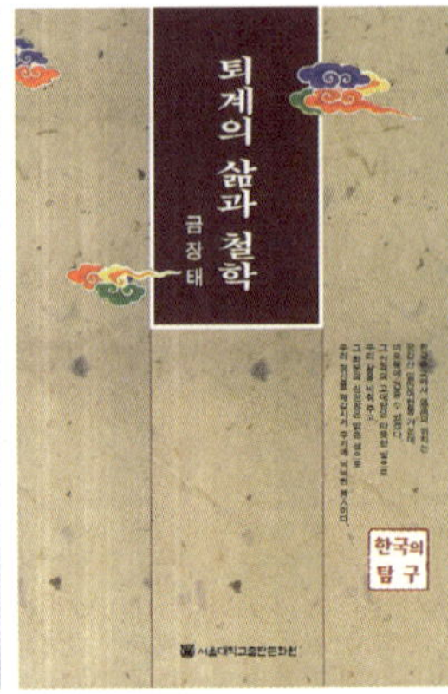

'한국학총서'와 '한국의 탐구' 시리즈

사』(김원용, 안휘준), 『한국가면극』(이두현), 『한국의 배』(김재근), 『한국의 종』(염영하) 등 한국학 연구의 기념비적인 업적이 된 '한국학총서'가 간행되었다. 그뿐만 아니라 고전 읽기 열풍이 불어온 당시 사회적 분위기에 화답하여 일반 독자들에게는 국내외 고전을 소개하고, 전공자들에게는 학술적으로 이용할 수 있는 정본(正本)을 제공하는 것을 목적으로 1995년 서울대학교 인문학연구소와 '인문학연구소 고전총서' 발간을 시작했다.

1998년부터는 전문학술서적뿐만 아니라 일반 독자를 겨냥하여 고급 교양도서 출판을 목표로 '한국의 탐구' 시리즈를 기획하여 발간하기 시작했다. 이와 관련하여 출판부장 김용덕 교수는 『대학신문』 1998년 6월 1일 자 기사에서 '한국의 탐구'를 기획하게 된 목적과 향후 계획에 대해 밝히면서 수동적인 출판 방식에서 벗어나 적극적 기획을 통해 일반 독자들에게 다가가기 위한 노력을 기울이겠다고 했다. 구체적으로는 첫 책인 종교학과 금장태 교수의 『퇴계의 삶과 철학』을 포함해 1998년에 21종을 시작으로 1999년에는 55종, 2000년에는 66종의 책을 출간할 계획임을 알렸다.[7] 그리고 이를 위해 한국학 각 분야의 교수로 구성된 기획위원회가 선정한 주제 159개에 대해 저자와 집필 시기가 대략 정해졌음을 밝혔다.

2003년에는 서울대학교 한국문화연구소(현 규장각한국학연구원)[8]와 함께 '한국학연구총서', '한국학자료총서', '한국학모노그래프' 발간을 시작했으며, 2004년에는 문화교양 시리즈를 표방한 '베리타스 시리즈'를 출판했다.[9] 또 서울대학교 명예교수 57인의 글을 엮어 '멘토르 시리즈'를 펴내면서 학내 구성원을 대상으로 도서명을 공모하여 『끝나지 않은 강의』, 『내 마음의 등불』, 『다섯 수레의 책』 등이 출간되었다. 2006년에는 통일학연구소(현 통일평화연구원)[10]와 '통일학연구총서' 발간을 시작했고, 2007년에는 시니어들을 위해 '제3기 인생 길라잡이 시리즈'를 출간했다. 2009년에는 서울대학교 박물관과 함께 박물관 강좌와 연계하여 일반 독자를 겨냥한 교양 기획도서인 'SNUP 박물관교양강좌'를 출간했다.[11] 이 시기의 베스트셀러로는 주경철 교수의 『대항해시대: 해상 팽창과 근대 세계의 형성』이 있다.

2008년에는 기획자문위원회를 열어 기획출판을 다시 시도했는데, 「2009년 정기총회 회의자료」를 통해 확인되는바, 출판부에서 기획한 도서의 출간을 심의·자문하는 기구로 기획자문위원회를

제3기 인생 길라잡이 시리즈 출판기념회(2007)

조직하여 편집 직원들이 기획한 교양도서에 관해 심의하도록 했다. 2008년 4월에 5인의 교수를 위촉하여 기획자문위원회를 처음 연 뒤 2008년 10월까지 수 차례에 걸쳐 심의를 진행했다. 이를 통해 총 20여 개의 기획안을 검토한 결과, '월드클래스 공학자', '송기호 교수의 우리역사읽기' 등의 성과를 냈다. 그뿐만 아니라 2008년에는 출판 전문가를 초청하여 강연을 개최함으로써 출판시장의 변화를 파악하는 등 업무에 도움을 주는 자리를 마련했다.

2008년에는 전 세계 236개 대학, 400여 곳의 연구소를 대상으로 영문 도서목록을 배포했으며, 2007년 5월 4일 서울대학교출판부 주관으로 서울대학교 문화관에서 한중일 대학출판부협회 국제도서전을 개최하는 등 국제화를 위한 움직임도 있었다.[12]

출판된 도서 판매를 위한 여러 시도가 있었는데 특히 이 시

한중일 대학출판부 국제도서전 개최(2007)

기에는 교내 할인판매전을 자주 열었다. 차배근 교수가 출판부장으로 재임 시 시작한 도서 할인판매전을 기점으로 2006년에는 5월부터 11월까지 총 4회의 할인판매전을 통해 2,341부를 판매해 21,380,340원의 수익을 올렸으며, 2007년 2월부터 12월까지 각종 학회와 대학에서 할인판매전을 열어 총 5,880부를 판매하여 25,485,673원의 수익을 올리기도 했다.[13]

활판 인쇄의 종료

서울대학교출판부는 1998년에 활판 인쇄를 완전히 종료함으로써 출판 역사에서 획기적인 전환점을 맞게 된다. 이미 컴퓨터 조판을 도입하고 인쇄 부문을 아웃소싱하기 시작했지만 이 시기에 이르러 활판 인쇄를 종료하고, 그간 사용하던 한글 자모와 7개 외국어 4만 2천여 개, 특수기호 3천여 개 등 수십만 개의 납활자 자모를 모두 처분했다.[14] 이로써 출판부 설립 초기와 같이 인쇄와 제작 대신 기획과 편집에 집중할 수 있게 되었다.

같은 해 10월에는 서울대학교출판부의 발간 도서가 1천 종을 돌파하는 역사적 순간을 맞게 되었다. 1998년 10월 18일 자 『조선일보』에는 "총 발행 종수 1,009종을 기록한 이 대학 출판부는 지금까지 내놓은 책들을 모아 20-24일 교내 문화관 전시실에서 전시회를 갖는다. [⋯] 지난해는 한 해 동안 81종의 신간을 펴낸 데 이어 올해도 80여 종을 출간할 예정이어서 본격적인 다량 출판시대를 열고 있다. [⋯] 김용덕 출판부장은 '1천 종 돌파는 우리보다 근대 대학의 역사가 훨씬 앞선 일본도 겨우 두 개의 대학 출판부만 달성했다'고

말했다."라는 내용이 실려 있다. 1998년 10월 19일 자 『대학신문』에도 도서 목록 안내와 함께 발간 도서 1천 종 달성 기념 전시회를 알리는 광고가 실려 있다.

디자인 개선을 위한 노력

전문 인력 부족 등의 이유로 서울대학교출판부가 도서의 디자인과 편집에 신경을 크게 쓰지 못했다는 것이 그간의 평가였다. 서울대학교출판부 내부적으로 각성이 없지 않아 프리랜서 디자이너에게 표지를 의뢰하는 등 다각도로 노력을 기울였으나 그마저도 한계를 느끼던 중 미술대학 디자인학부의 이순종 교수가 출판부장으로 취임하면서부터 디자인 개선의 실질적인 전기가 마련되었다. 2003년 11월 10일 자 『대학신문』에 실린 인터뷰에서 이순종 교수는 특히 관심을 기울이고 있는 부분이 무엇인지를 묻는 질문에, 취임 이후에 디자인 전문 회사에 책의 본문과 표지 디자인을 의뢰하고, 같은 서체나 판형, 상징 등을 지속적으로 사용하여 PI(Publishing Identity)를 수립함으로써 차별화된 이미지를 구축하기 위해 노력하고 있다고 대답했다. 그동안 서울대학교출판부 내부에서 담당해 왔던 표지 디자인을 '씨드'나 '마리', '홍디자인' 같은 디자인 전문 회사에 아웃소싱을 시도하여 디자인 면에서도 크게 개선되었다는 평가를 받았다.

신사옥 이전

2004년 6월 4일 출판부는 자연과학대학 연구동 신축 공사로 인해 66동 학생군사교육단 건물로 옮겼다가 3년 후인 2007년 5월 2일 다시 종전 위치에 신축한 500동 건물로 이전했다. 이전과 함께 오픈 하우스 행사를 통해 저자를 초청하여 출판부의 새로운 도약을 기원하는 자리를 마련하기도 했다. 기존에 사무실로 사용했던 학생군사교육단 건물은 현재까지 도서 물류센터로 사용하고 있다.

오픈 하우스 행사(2007)

2009

05

출판문화원의 오늘

2020

출판문화원은

단순히 수익을 추구하는 출판사가 아니라

대학 내의 학술기관이자 문화기관이다. 따라서

대학에서 필요로 하는 출판수요에 부응함과 더불어

학술·문화 활동에 이바지하는 것도 중요하다.

출판문화원 시대

2009년 4월 1일 영문학과 김성곤 교수의 취임과 동시에 '서울대학교출판부'의 명칭을 '서울대학교출판문화원'으로 변경하고 조직도 그에 맞게 개편했다. 이는 단순 도서출판에 머물지 않고 문화행사까지도 개최할 수 있는 문화 콘텐츠 기관으로서 역할을 확대하기 위한 것으로, 이런 변화의 조짐은 이전부터 있었다.

2008년 최성재 부장 재임 당시 서울대학교 경제연구소에 의뢰하여 「서울대학교출판부의 발전방안 연구 보고서」를 받았는데,[1] 이 보고서에서 지적된 문제점은 크게 세 가지였다. 먼저 '수익 창출의 어려움'과 관련해서는 수익성에 대한 고려 부족, 1인당 매출액 0.9억 원, 로열티 선지급으로 인한 판매부진 위험이 지적되었다. 두 번째로 '마케팅 및 영업 능력의 부재'와 관련해서는 대학교 브랜드 활용 부족과 학내 교수들의 외부 출판사를 통한 출판이 지적되었으며, 마지막으로 전문성이 낮은 출판위원회의 문제와 장기 목표의 부재 상황이 지적되었다.[2] 이로 인해 조직구조의 비효율성, 인적자원 개발 미비, 마케팅 능력 부족, 경영의 비효율성, 기획력 부족으로 수익성 약화 등의 문제가 발생하고, 그 결과 대중의 기호에서 벗어난 도서 발간으로 재정적 기반을 확보하기 어려워진 것이 문제점으로 진단되었다.

이러한 문제점을 해결하기 위해 국내 대학출판부와 일반 출판사, 그리고 해외 대학출판부의 사례를 벤치마킹하여 '효율적인 조직구조', '인적자원 개발', '마케팅 능력 제고', '경영합리화'라는 시사점을 얻었다. 그리고 이를 바탕으로 '서울대학교출판부'를 '서울대학교출판문화원'으로 승격시키고 조직을 개편하는 방안이 제시되었다. 또한 전문가를 외부에서 영입하여 마케팅과 경영의 합리화를 도모하는 방안이 제시되었다. 특히 출판문화원장에 출판 업무 비전문가인 교수가 짧은 임기로 임명됨으로써 장기적으로 발전 방안을 기획하고 실천하기 힘들다는 것이 문제로 지적되어 왔고, 이에 업무 전반에 대한 기획과 감독 업무를 강화하여 일관성 있는 경영 체제를 구축하고자 출판 전문 경영인을 운영본부장으로 영입하는 방안이 제시된 것이다. 그에 따라 출판 경력 10년 이상인 사람을 대상으로 공모를 통해 2009년 형난옥(전 현암사 근무)을 운영본부장으로 채용했다. 대학출판부가 민간의 전문 출판인을 운영자로 발탁한 것은 전에 없었던 일이다.

김성곤 교수는 취임 당시 "미국 워싱턴대학, 영국 옥스퍼드대학과 한국학 관련 도서의 공동 출간, 출간 도서를 대상으로 '학술상' 신설, '청소년 문학상' 제정, 해외 도서전 참가, 세계출판협회(IPA) 가입, 국내 대학출판부와의 컨소시엄 결성, 우수 박사학위 논문 출판,

2009년 6월 조직도

해외 명저 번역 출판 등을 적극 추진할 계획"이라고 포부를 밝히고 이에 따라 서울대학교출판문화원 조직도 크게 개편(2009년 6월)했는데 출판문화원장 아래에 운영본부장을 두고 운영본부장 아래에 출판지원부, 기획편집1부, 기획편집2부, 마케팅홍보부, 대외협력제작부 등의 부서를 두었다. 출판지원부의 경우 총무팀과 물류팀으로 구성했고, 기획편집1부는 인문/교양팀과 사회/과학팀으로 나누었으며, 기획편집2부는 디자인을 담당했다.

이후 2009년 12월에 다시 조직을 개편하여 운영본부 외에 출판연구센터를 신설하고 연구원 5명을 신규 채용하여 출판 업무의 전문성과 기획력 강화, 홍보 강화, 디자인 개선, 주문출판 업무의 다

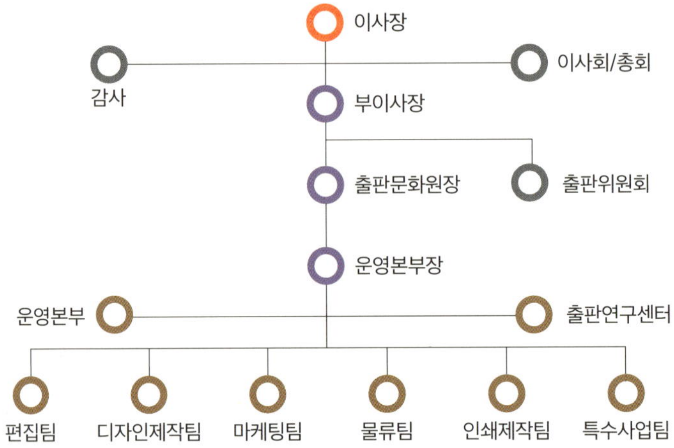

2009년 12월 조직도

양화를 통한 수익 보전, 달력 사업 등 사업다각화를 시도했다. 이와 함께 기존의 5부 체제에서 6팀(편집팀, 디자인제작팀, 마케팅팀, 물류팀, 인쇄제작팀, 특수사업팀) 체제로 개편[3]했으나 크게 실효를 거두지는 못했다.

이런 큰 변화 속에서 출판문화원 역사에서 가장 불미스런 일이 발생했는데 회계부정 사건이다. 2009년 이전까지 누적된 회계부정이 적발되어 특별감사가 진행되었으며, 같은 해 10월에 해고와 고발이 이루어졌다. 사건 발생 이듬해인 2010년 5월 24일 자 『대학신문』 기사에 대략의 사건 내용이 나오는데, 기사문에 의하면 내부 장부상으로 3억 5천여만 원의 손실이 발견되었다는 것이다. ERP(Enterprise Resource Planning) 시스템을 도입하면서 그동안 수기로

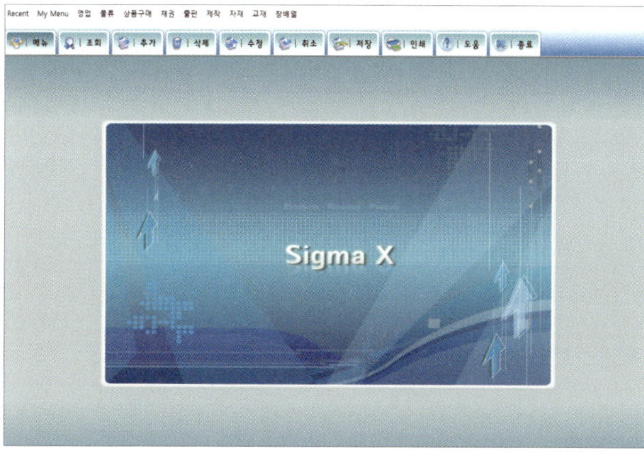

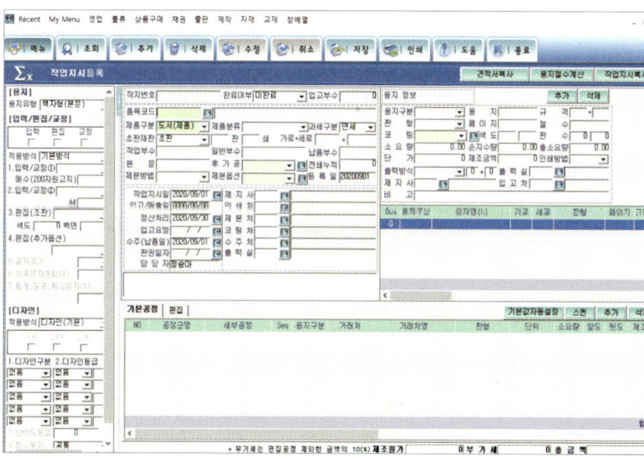

ERP 시스템

기록하던 회계 관련 자료를 ERP에 등록하는 과정에서 회계부정이 수면 위로 드러났다.

경영의 투명성을 위해 도입된 ERP 시스템은 각 도서의 정보와 연계되도록 하여 업무효율성을 높이는 데 목적을 두고 도서의 제작, 회계 및 판매 상황을 한눈에 파악할 수 있도록 한 프로그램이다. 이렇듯 ERP 시스템은 재고관리를 투명하게 하는 등 회계 시스템을 체계적으로 운용하고, 직원들이 업무를 효율적으로 수행하는 데 크게 기여했다.

e-콘텐츠와 전자책

인터넷의 급격한 성장은 e-콘텐츠에 대한 높은 관심을 불러왔다. 출판문화원은 오랜 기간 축적해 온 양질의 콘텐츠를 보유하고 있는 장점을 살려 국내 최대 규모의 인터넷 포털사와 콘텐츠 제휴에 나섰다. 출판문화원 창립 이래 최초로 2013년 12월에는 네이버, 2015년 12월에는 다음카카오와 e-콘텐츠 제휴 협약을 맺어 수익 창출을 꾀함과 동시에 새로운 플랫폼을 통해 독자들에게 더 많은 정보를 제공하는 역할을 하기도 했다.

출판문화원은 전자책(e-book)에도 일찍부터 높은 관심을 보여 왔는데, 전자책은 자원 낭비를 줄일 수 있을 뿐만 아니라 다량의 지식과 정보를 신속하고 정확하게 전달할 수 있으며, 지식과 정보의 생산자와 소비자 사이의 상호 커뮤니케이션이 용이하다는 장점이 있다. 또한 저자-출판사-서점-독자 등으로 이어지는 기존의 도서 유통 단계가 대폭 축소됨으로써 유통 비용뿐만 아니라 각종 제작 비용이 절감되고, 동영상이나 오디오를 활용할 수 있어서 정보 전달에도 탁월하다는 장점이 있다.

국내 전자책 시장 규모는 2010년에 약 1,975억 원으로 비약적인 발전을 이루었다.[4] 이러한 외형적인 성장에도 불구하고 소비자들이 실제로 볼 만한 전자책은 많지 않다는 점이 문제로 지적되고 있었고, 전자책 뷰어의 품질에 대한 불만이나 유통과 저작권 등 복잡한 문제들이 맞물려 그 성장세가 주춤하는 듯했으나, 스마트폰과 태블릿 PC의 보급이 확대됨에 따라 구매가 꾸준히 늘고 있는 추세이다. 이러한 시대적 변화에 대응하여 출판문화원은 새롭게 시도하고 개척해야 할 분야가 전자책이라는 판단하에 전자 콘텐츠 시장으로의 진입을 서둘러 2020년 현재 전체 출간 종수 약 3천 종 가운데 500여 종의 전자책을 출시하는 성과를 올렸다.

또한 최근에는 신종 코로나 바이러스 감염증의 세계적 확산으로 인해 온라인 강의가 활성화됨에 따라, 장소의 구애 없이 도서 구입 및 이용이 가능하도록 하기 위해 전자책 제작·출시를 확대함으로써 독자들로부터 큰 호응을 얻기도 했다. 이처럼 앞으로 팬데믹이 쉽게 진정되지 않을 것에 대비하여 출판문화원은 지속적으로 전자책을 제작·출시해 나갈 계획이다. 그뿐만 아니라 4차 산업혁명이 가져올 미래 변화에 대응할 수 있도록 새로운 콘텐츠를 지속적으로 발굴하여 이를 적절한 방식으로 구현함으로써 출판계 발전을 선도해 나가고자 한다.

도서 기획과 출판

2009년부터 SNU일본연구총서(서울대학교 일본연구소)를 비롯하여 명사 초청 강연에 기초한 관악초청강연(서울대학교 기초교육원), 통일학연구총서(서울대학교 통일평화연구원), Health⁺ 시리즈(서울대학교병원), 문명총서(서울대학교 인문학연구원), 국가리더십연구총서(서울대학교 행정대학원), 아시아연구소 종서(서울대학교 아시아연구소), 커뮤니케이션총서(서울대학교 언론정보연구소) 등을 발간해 왔으며 규장각한국학연구원 총서도 꾸준하게 발간하고 있다. 또한 2019년과 2020년에는 인문대학과 함께 인문학 공동연구 총서와 암곡학술총서 발간을 시작했다.

1998년에 발간 도서 1천 종을 돌파한 이래로 13년 만인 2011년에는 2천 종을 돌파하는 순간을 맞이했다. 2011년 11월에는 융합콘텐츠 전시회 '빌라다르와 예술가들'을 시작으로 '서울대학교출판문화원이 서울대학교 역사를 다시 쓴다'라는 기치 아래 서울대학교 출판문화원의 발자취를 돌아보는 SNU 스토리⁺ 사업을 진행하기도 했다.[5]

대학출판부가 채산성이 낮은 학술서적 출판을 지속하기 위해

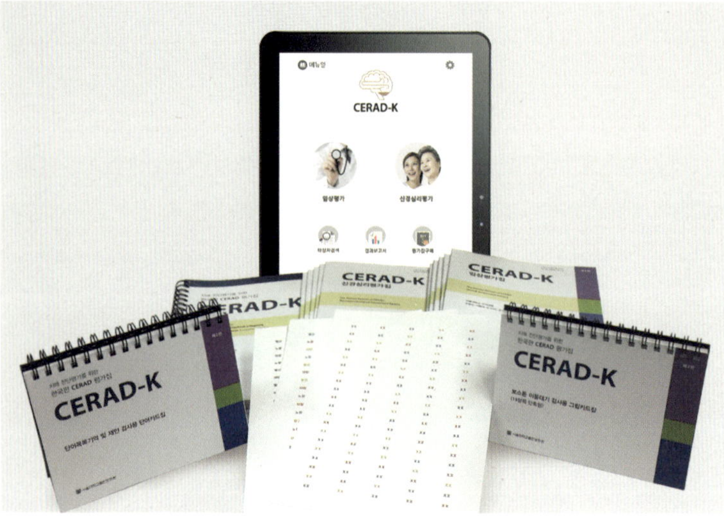

치매 진단평가 도구 세라드케이(CERAD-K)

서는 재원이 필요하지만 독립 경영을 해야 하는 사단법인으로서는 쉽지 않은 일이다. 특히 "서울대학교 교수의 학술 연구와 학사의 지원 및 출판문화의 향상·발전을 도모하는 것"을 설립 목적으로 삼고 있는 출판문화원으로서는 더욱더 어려움이 큰 상황이다. 그동안 서울대학교출판문화원의 출판 활동은 대학 교재에 큰 비중을 두고 이루어져 왔으며, 1970년대부터 1990년대 초까지는 한국방송통신대학 교재 출간이 출판문화원 전체 수익에 기여한 바가 컸다. 이와 함께 근년에는 TEPS 기출 문제집과 서울대학교병원의 우종인·이동영 교수팀이 개발한 치매 진단평가 도구인 세라드케이(CERAD-K)가 수익 부분에서 큰 비중을 차지하고 있다.

2017년부터는 치매국가책임제가 시행되면서 국가에서 치매 진단평가를 지원하게 됨에 따라 세라드케이 판매가 크게 신장했다. 또한 치매환자 급증과 건강보험 지원 확대 등의 이슈를 적극 활용하여 관련 업계 최초로 2014년부터 앱(App)을 개발·출시함으로써 시장에서 호평을 얻었다.[6] 세라드케이 앱은 각 신경심리검사 점수에 대한 표준화값(z-score)을 자동으로 산출하여 그 결과를 시각적으로 제시해 줌으로써 편리성을 더할 뿐만 아니라 신경심리검사 점수 등을 자동으로 데이터베이스화하여 축적해 나갈 수 있도록 함으로써 검사 시간 단축은 물론 관련 종사자들의 업무를 개선하는 데 크게 기여했다.

현대에 들어와 건강에 대한 관심이 더욱 높아짐에 따라 출판문화원은 세계 최고 수준의 의료진을 보유한 서울대학교병원과 함께 Health⁺ 시리즈를 기획하여 『위암』을 첫 권으로 지금까지 14종을 출간했다. 도서 출간과 함께 『여성중앙』과 공동으로 진행한 저자 강연 Health⁺ 콘서트는 독자들로부터 큰 호응을 얻었으며, KBS 라디오 '건강 365일'에 각 콘텐츠에 해당하는 저자가 출연하여 건강에 대한 궁금증을 풀어주는 시간을 갖기도 했다. 출판문화원은 앞으로도 환자 매뉴얼을 지속적으로 개발하여 건강과 질병에 대한 올바른 지식을 대중들과 공유함으로써 국민건강관리에 중심적 역할을 해 나가고자 한다.

또한 1인 가구 증가와 고령화 사회 진입으로 반려동물에 대한 관심이 확대됨에 따라 Health⁺ 시리즈의 연장선상에서 기획 출판

영어: 1-6권(SB / WB)
일본어: 1-4권(SB / WB)
중국어: 1-4권(SB / WB)

『사랑해요 한국어』(영어 · 일본어 · 중국어 판)

한 '서울대학교동물병원 Health⁺ 시리즈'는 정확한 정보를 전달하고 건강한 반려동물 문화에 기여하여 독자들로부터 호평을 얻고 있다. 그 밖에 최근 일반 대중들 사이에서 수목 분야에 대한 관심이 높아지는 것에 부응하여 『이야기가 있는 나무백과』(총 3권, 임경빈)를 복간하기도 했다.

서울대학교출판문화원은 오래전부터 어학 교재 출간에 힘을 기울여 왔는데, 21세기에 들어서 한류의 확산으로 한국어 교육 수요가 크게 늘어남에 따라 한국어 교재 출간에 박차를 가하고 있다. 2015년에는 서울대학교 언어교육원과 한국어 교재 개발 계약을 체결하여 '서울대 학문 목적 한국어⁺(말하기, 듣기, 읽기, 쓰기)' 시리즈와 한국어 단기반 교재인 『사랑해요 한국어』(전 12권)를 종이책과 전자책으로 완간했다. 또 『사랑해요 한국어』의 일본어판과 중국어판도 출간했으며, 중국과는 저작권 수출 계약까지 마친 상태이다. 또한

역사 분야의 스테디셀러 『대항해시대』, 『패권의 비밀』, 『역사용어사전』

2020년 9월에는 한국어 정규반 교재 개발 계약을 체결하여 2022년까지 전 24권 발간을 목표로 하고 있다. 서울대학교출판문화원에서 출간한 한국어 교재는 각 분야별로 최고의 전문가들이 총동원되어 내용적으로나 외형으로나 가장 잘 만들어진 책으로 자부하기에 국내외적으로 홍보와 마케팅에 주력하고 있다. 한국어 교재의 원활한 유통을 위해 해외는 공앤박 에이전시, 국내는 교보문고와 협력하여 도서 홍보와 마케팅에 주력하는 한편, 종이책에 이어 전자책이 출시됨에 따라 온라인을 통한 홍보에도 적극 나서고 있다.

서울대학교출판문화원의 역사 분야 스테디셀러로는 『한국사특강』(한국사특강편찬위원회)과 『대항해시대』(주경철)에 이어 『패권의 비밀』(김태유)이 등이 있다. 그와 함께 우리나라 최초로 출간된 『역사용어사전』은 역사학계 전문가 300여 명이 참여하여 세계사 이해와 역사인식에 필요한 1,500여 개의 표제어를 2천여 페이지의 방대한 분

서울대학교출판문화원의 대중서 브랜드
스누북스의 첫 책『과학의 씨앗』

량으로 집대성한 결과물로, 편찬 책임자인 최갑수 교수는 "사전은 국가의 문화적 역량을 표현하는 수단"이라고 언급하면서 이 사전이 "한국의 교양층에게 세계로 열린 창이 되길 바란다."라고 했다.

한편 품격 있는 대중교양서를 표방하는 제2브랜드인 '스누북스'를 론칭하고 2020년 7월 그 첫 번째 책으로 환경운동가 마크 라이너스가 쓴『과학의 씨앗』(조형택 옮김)을 출판하기도 했다. 또한 2020년 12월에는 우리 학문 수준을 제고하기 위해 해외 우수 학술서 번역 공모 사업을 추진하였다.

출판문화원 현황

서울대학교출판문화원은 2020년 현재 원장(정병설, 국어국문학과 교수)과 17명의 직원이 있는 작고 단단한 조직이 되었다. 원장 직속의 경영관리팀에는 회계 담당과 인사·서무 담당이 있고, 출판실장(곽진희) 아래에 편집팀, 디자인팀, 제작유통팀이 있다. 편집, 디자인, 조판, 제작, 주문출판, 유통, 관리, 회계 등 담당 업무는 정해져 있으나 조직이 작아지면서 서로 간의 협조가 필수 불가결하게 되었다. 홍보 업무를 위해서는 별도의 TF팀을 두었고, 2019년부터는 페이스북, 인스타그램 등 SNS를 통한 홍보를 강화하고, 2020년부터는 학생회관 내에 출간 도서를 홍보하는 디지털광고판을 설치했다.

출판문화원은 단순히 수익만을 올리고자 하는 출판사가 아니라 대학 내의 학술기관이자 문화기관이다. 따라서 대학에서 요구하는 출판 수요에 부응하는 한편 독자적으로 학술·문화 활동을 벌이는 것도 필요하다. 그간 이런 사업을 위한 시도가 여러 차례 있었으나 지속적으로 추진되지 못했다. 전문 경영인을 채용하기도 했지만 오래 정착해서 일하지는 못했다. 이에 이번에는 학내의 학술 인력을 활용하는 방법을 시도하기로 했다. 출판문화원에는 출판 원고를 심의하는 기구로 출판위원회와 기획위원회가 있으며, 학술서는 출판위원회에서 심의하고 번역서와 교재, 교양서는 기획위원회에서 심의를 담당한다. 출판문화원에서는 기획 기능을 강화하기 위해 소수의 박사후과정생을 선발하여 출판 펠로 제도를 신설했다. 젊은 연구자들이 함께 토론하는 과정에서 자연스럽게 기획이 이루어지기를 기대하는 것이다. 그 한 예로 출판 펠로들이 학내 구성원(교수)을 대상으로 인터뷰를 진행하여 다양한 매체에 게재함으로써 학내 연구자들의 근황을 대내외에 알리고 출판문화원으로서는 신규 저자를 확보하는 일석이조의 결과를 기대하고 있다.

출판 펠로 제도와 함께 출판 장학생 제도도 신설했다. 출판 장학생으로는 출판에 관심이 있는 학생을 우선 선발하여 출판문화원에서 발간된 책의 서평을 작성하여 도서 홍보에도 도움이 되도록 했으며, 출판 장학생 중 출판에 관심이 있는 학생에게는 인턴 사원의 기회를 주기도 했다.

2019년 출판문화원은 문화교육사업에 도전하여 서울대학교출판문화원아카데미를 신설하고 공개강좌를 개설했다. 그 첫 강좌로 메소포타미아, 이집트, 레반트 등을 엮은 문명탐구 시리즈인 '인류 최초의 이야기를 만나다'가 성황리에 개최되었다. 문명탐구 시리즈는 단순 강연이 아니라 강연과 인문학술 여행 그리고 출간의 세 가지 형태가 결합된 종합 기획물로, 그동안 출간 후 강연을 진행하는 방식만 고수해 왔던 출판문화원으로서는 신선하고 획기적인 기획

서울대학교출판문화원아카데미 인문 강좌(2019)

이라고 할 수 있다. 계획했던 인문학술 여행은 2020년의 팬데믹으로 아쉽게도 실행되지 못했다. 이 밖에 2020년에는 서울대학교중앙도서관과 공동으로 '저자에게 듣는다'라는 저자 강연을 매달 한 차례씩 개최하여 독자들로부터 큰 호응을 얻고 있다.

그와 함께 기초학문 영역의 교양 함양을 위한 '고전시리즈'와 '한국미술사 시리즈'를 기획하여 추진 중이다. 서울대출판문화원에서 이미 고전시리즈가 출간된 바 있으나 기출간된 고전이 원전 위주로 되었다면 새롭게 기획되는 고전시리즈는 고전에 대한 관심이 열어진 21세기 현대에, 문자보다는 영상에 친숙한 새로운 독자층의 요구에 맞춰 고전의 핵심을 간명하게 소개함으로써, 고전이 가진 현재적 의의와 해당 고전의 핵심 내용을 알기 쉽게 전하도록 했다.

출판문화원의 발전을 위해서는 무엇보다 인적 자원 개발이 우

『과학의 씨앗』의 역자
조형택 교수(오른쪽)

*Machine Gun Voices*의 저자
폴 스니드 교수(왼쪽)

『위험한 위험』의 저자
석승훈 교수(오른쪽)

중앙도서관 저술 강연 '저자에게 듣는다'

선적으로 요구된다. 이에 따라 2019년 매달 직원 워크숍을 개최하여 편집 및 디자인 역량 강화를 위해 개별 연구 발표를 했고, 부서 간에 업무를 파악하고 공유하는 계기로 삼기도 했다. 또한 효율적인 업무 수행을 위해 편집팀은 '편집 매뉴얼', 디자인팀은 '디자인 개선안', 제작유통팀은 '원가 계산 프로그램' 마련을 주제로 팀별 워크숍을 지속적으로 추진했다. 2019년 12월에는 경기도 파주의 제지사와 인쇄 및 제본소를 견학함으로써 출판과 관련한 제작 실무에 대한 이해를 높이고, 2020년 1월에는 원장과 직원 4인이 일본의 도쿄대학출판회, 호세이대학출판부, 벤세이출판 등을 방문하여 현지 출판 동향을 듣고 기획, 디자인 등에 대해 교류하는 시간을 가지기도 했다. 출판문화원에서는 앞으로 출판협회와 각종 교육기관의 프로그램에 적극 참여함으로써 업무 역량과 교류를 지속적으로 확대해 나갈 계획이다.

2019년 출판문화원의 매출은 38억 원에 육박하며, 그 가운데 도서 매출이 31억 원이고 나머지는 주문출판이 차지하고 있다. 발전기금 기부[7] 등을 제외한 수익금은 8억 원 정도인데, 도서 매출 중에는 세라드케이가 큰 비중을 차지하고 있다. 이처럼 단일 종목의 매출이 큰 비중을 차지하는 것은 안정된 수익 구조로 볼 수 없고, 눈앞의 수익만을 보고 조직이나 예산을 확대하는 것은 바람직하지 않으므로 미래를 건실하게 준비할 필요가 있다. 작은 조직과 예산으로 높은 효율을 거두지 않으면 불안정한 미래를 맞이할 것이 분명하기 때문이다. 출판문화원의 역량을 넘어서는 사업에 섣불리 도전하기보다는 학술서적 출판에 주력하면서 내실을 다져야 할 것이다.

출판문화원이 한 해에 출간하는 책은 신간만 2018년 49종, 2019년 70종 정도이며, 외부 출판 환경이 열악해지면서 외부에서 출판되지 못하는 원고의 출판 신청은 더욱 증가하고 있는 실정이다. 출판문화원의 출판 자원을 한 분야 혹은 소수의 저자가 독점 또는 과점하는 것은 경계할 점이다. 세계적인 추세대로 정보 위주의 책도 지양한다. 이제 정보는 온라인으로 볼 수 있는 시대이기 때문이다. 학술의 표현 형태도 종이책만이 아니라 데이터베이스, 전자책 등으로 다양해진 만큼 출판문화원도 이에 발맞춰 책의 미래를 열어가려고 준비하고 있다.

서울대학교출판문화원은 6천 명의 직원을 둔 옥스퍼드대학출판부나 400명의 직원이 있는 베이징대학출판부와는 그 규모가 현저하게 다르다. 그들은 그만한 시장과 재원이 있기 때문이다. 오히려 서울대학교출판문화원은 직원이 30명 남짓인 도쿄대학출판회와 비슷하다. 적은 인원과 적은 예산으로는 대학의 출판 수요에 우선적으로 봉사해야 한다. 출판 수요라는 것이 대개 채산성이 낮은 학술서인 데다가 최근 급격히 악화된 도서 시장의 환경을 고려할 때 공격적인 기획은 어려울 수밖에 없다. 가벼운 대중서들이 가까스로 유통되는 상황에서 학술서 출판은 수지를 맞추기 더욱 어렵다. 그렇지만 출판문화원이 본래의 목적을 저버릴 수는 없으며, 설립 목적에 충실하게 최선을 다해 출판 활동을 해나가고자 한다.

세계의 출판계는 모두 같은 상황을 공유하고 있다. 온라인과 스마트폰의 등장으로 도서 시장이 위축되는 상황에서 맞춤형 인쇄(print on demand) 방식의 출판과 학술 분야에는 오픈엑세스(open access)가 적극 모색되고 있다. 우리 출판문화원도 세계 학술계와 출판계의 동향에 부응하는 동시에 선도적으로 대응하며 미래를 모색해 나갈 것이다.

출판문화원의 조직 구성과 업무

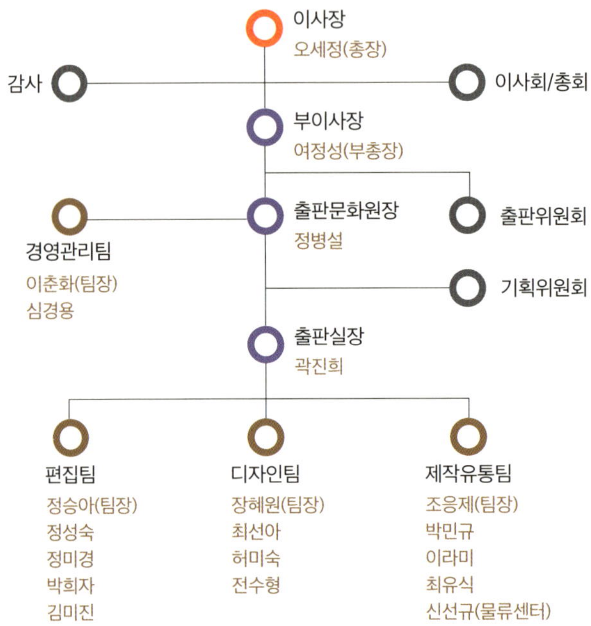

2020년
현재 조직도

서울대학교출판문화원은 2020년 현재 원장(정병설, 국어국문학과 교수) 아래 출판실장(곽진희)을 비롯하여 총 17명의 직원으로 이루어져 있으며 편집팀, 디자인팀, 제작유통팀, 경영관리팀으로 구성되어 긴밀히 소통하면서 업무를 수행하고 있다. 출판문화원에서는 연간 신간 50여 종과 중간 100여 종에 달하는 학술·교양 도서를 출간할 뿐 아니라 인쇄물을 의뢰받아 제작하는 주문출판도 담당하고 있다. 지식을 담아 전파하는 일을 소명으로 삼고 있는 출판문화원은 대학출판부 본연의 출간 취지에 부합하는 책을 발행함으로써 저자의 학문 연구와 독자의 교양 증진에 이바지하고 있다.

편집팀

편집팀은 팀장을 포함하여 5인으로 구성되어 있으며, 짧게는 10년, 길게는 20년 이상의 편집 경력을 가진 편집자들이 원고 입고부터 출간에 이르기까지 모든 과정을 총괄하여 진행하고 있다. 편집팀에서는 연간 신간 50여 종과 중간 100여 종의 도서를 편집·출간하고 있으며, 단순히 교정을 보는 과거의 역할에서 벗어나 사회 변화에 발맞춰 출판 프로듀서의 역할을 담당하기 위해 노력하고 있다.

편집팀 업무는 크게 원고 단계 – 편집 단계 – 출간 이후 단계로 나누어 살펴볼 수 있다. 원고 단계에서는 연 4회 출판위원회와 기획위원회를 진행하며, 해당 위원회에서 출간 승인된 원고가 입고되면 출판조정위원회에서 논의를 통해 편집 담당자를 결정하게 된다.● 편집 단계에서 편집자는 보통 세 차례의 교정 과정을 거쳐 책을 출간하게 되는데, 최근 들어서는 전문 편집 프로그램인 인디자인을 통해 편집자들이 직접 조판과 수정을 함으로써 빠른 출간이 가능해졌다. 또한 편집자들이 한 권의 도서를 처음부터 끝까지 책임지고 진행하는 시스템을 통해 편집자의 권한과 책임의식을 강화해 나가고 있다.

출간 이후에는 책이 더 많은 독자를 만날 수 있도록 홍보 담당 직원과 함께 도서 홍보에도 노력하고 있다. 또한 책이라는 유형의 자산뿐 아니

● 출판조정위원회는 편집 소위원회를 그 전신으로 하며, 출판실장, 편집팀장, 디자인팀장이 회의를 통해 원고를 담당할 적임자를 결정하기 위해 마련되었다.

▶학술서/교양서 출판 과정

출판신청 접수 ➡ 위원회 개최 (출판 / 기획) ➡ 원고 입고 ➡ 출판조정위원회 (담당자 결정) ➡

본문 교정 및 수정 ➡ 편집자 책임 OK ➡ 제작의뢰 ➡ 데이터 저장 및 관리

라 그 바탕이 되는 데이터 파일(본문, 표지 등)의 중요성을 인식하고 2000년대에 들어서 체계적인 관리를 시작하여 전자책 및 중판 제작 등에 대비하고 있다. 한편 출판문화원 도서의 내용과 사진을 외부 기관 및 출판사에서 인용하는 사례가 늘고 있어 그에 따른 저작권 관련 업무도 편집팀 업무에서 중요한 부분을 차지하고 있다.

디자인팀

디자인팀은 팀장을 포함하여 4인으로 구성되어 있으며, 학술·교양서, 주문출판, 홍보 관련 디자인 및 조판 업무를 수행하고 있다. 이 가운데 '학술·교양서'는 편집팀과, '주문출판'은 제작유통팀과, 홍보 관련 업무는 TF팀과 협업을 진행하는 등 각 팀과 긴밀하게 소통하며 일하고 있다.

학술·교양서는 출판/기획위원회에서 승인된 도서의 본문 및 표지 디자인이 주를 이루며, 디자인 시안이 나오면 팀 내에서 의견을 조율한 후, 회의를 통해 최종 시안과 방향을 결정한다. 이 과정에서 수정·보완을 통해 독자와 저자 모두를 만족시킬 수 있는 디자인으로 발전시켜 나가고 있다.

주문출판물은 한 해 약 150여 종(2019년 기준)의 다양한 작업을 진행하고 있으며, 학회지와 기관 출판물, 단행본, 브로슈어 등이 주를 이룬다. 홍보 관련해서는 서점용 광고나 출판문화원 홈페이지 배너, 뉴스레터 등을 디자인하고 있다.

▶학술서/교양서 디자인

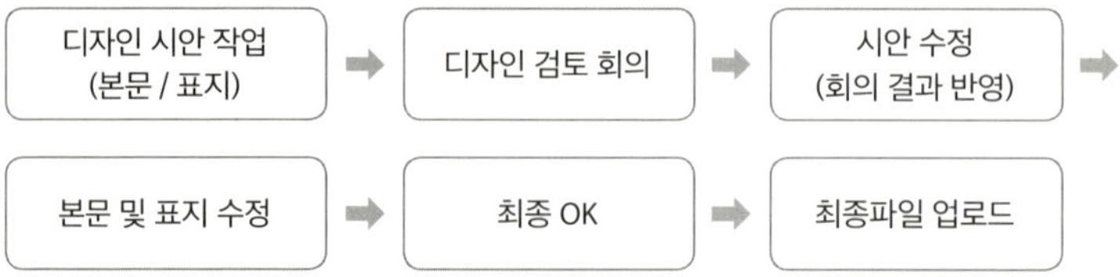

▶주문출판 디자인

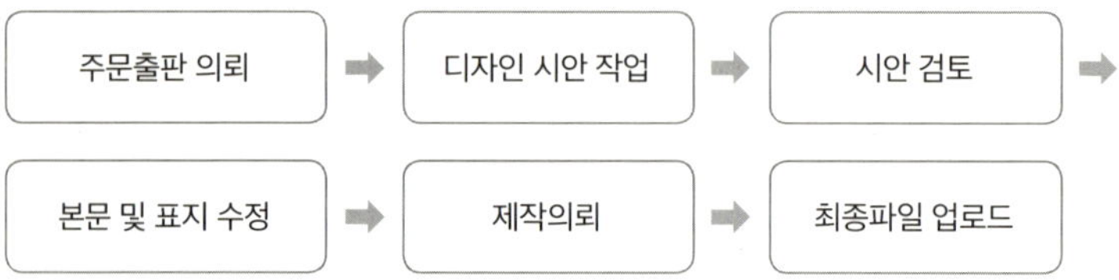

최근에는 출판 시장의 변화에 따라 각 매체에 맞게 맞춤형(인쇄물 또는 웹용) 작업을 진행하는 등 디자인팀은 트렌드 파악과 역량 발전을 위해 많은 노력을 기울이고 있다. 그 예로 팀 내에서 함께 토론하고 정보를 공유함으로써 부족한 부분을 개선해 나가는 방안으로 워크숍을 상시 갖기도 한다.

그동안 본원에서는 편집팀에 속해 있던 디자인 업무를 분리 독립시키는 한편 전문 디자이너를 충원하고 조직을 개편했으며, 아웃소싱을 활용하는 등 디자인 개선을 위해 다각도로 노력하고 있다.

제작유통팀

제작유통팀은 팀장을 포함하여 5인으로 구성되어 있으며, 인쇄와 제본 등을 관리하는 제작 업무, 주문출판물 교정 업무, 유통 및 물류 업무를 담당하고 있다. 기존에 제작팀과 마케팅팀으로 분리되어 있던 조직을 통합하여 2019년 하나의 팀으로 개편하였다.

제작유통팀은 출판문화원에서 발간하는 도서를 제작(인쇄, 제본)하는 것 외에도 리플릿, 브로슈어 등 주문출판 인쇄물을 제작·유통하는 업무를 맡고 있다. 편집팀, 디자인팀뿐 아니라 외부 협력업체(인쇄소, 제본소, 제지사 등)와 긴밀하게 소통하면서 제작 일정 등을 조율하고 온/오프라인 서점에 완성품을 납품하는 것이 제작유통팀의 주된 업무이다.

제작이 완료되어 입고된 도서는 도서의 상태 및 납품 부수를 확인한 후 도서를 배치하며, 유통되는 도서의 상황을 상시 확인·점검한다. 제작유

▶도서 제작 과정

제작 발주 ➡ 제작 (외부 제작처) ➡ 도서 입고 ➡ ERP 등록 ➡ 배송 (저자, 서점)

▶주문 출판

의뢰처 상담 ➡ 견적서 작성 ➡ 원고 입고 ➡ 본문 교정 ➡ 제작 완료 후 납품

통팀에서는 세라드케이 관련 주요 업체(치매 안심 센터 및 보건소 등) 관리와 함께 앱(App) 연동 개발도 추진하고 있다. 또한 재고 조사를 통해 재고 관리를 효율적으로 수행해 나가고 있으며, 세라드케이 앱 사용 교육, 전자책 진행, 국내외 도서전 출품 등의 업무도 담당하고 있다.

경영관리팀

경영관리팀은 팀장을 포함하여 2인으로 구성되어 있으며, 회계 업무와 서무·인사 관련 업무를 맡고 있다. 서무·인사 업무는 회사 정관 및 제 규정 관리부터 임원 등기, 직원 입·퇴사, 급여, 복리후생, 전산(서버), 시설 및 자산 관리 등 일반관리 전반에 해당한다.

회계 업무는 출판문화원 정관의 목적 및 사업을 영위하기 위해 진행 중인 원내 수익 사업과 관련한 재산 변동 사항을 요약, 기록하여 경영 활동의 성과와 재무상태의 변동 상황을 기업회계로 작성하고 있으며, 2009년부터는 회계의 투명성을 제고하기 위해 외부 회계 감사를 도입하여 실시하고 있다. 그 결과 건전한 기관으로 발전할 수 있었고 학내에서도 우수한 기관으로 인정받고 있다.

마무리

책은 미래의 문화재,
서울대학교출판문화원 학술출판의 중심에 서다

지금까지 서울대학교출판문화원의 출발을 1961년으로 보았으나 1948년 '국립서울대학교출판부'에서 발행한 『신세기의 원자세력』의 서문을 통해 서울대학교출판부가 1947년에 설립되었다는 사실을 확인할 수 있었다. 대학출판부로는 국내 최초로 설립된 서울대학교출판문화원은 73년이라는 시간 동안 약 3천 종에 이르는 학술서와 교재, 교양 도서를 출간함으로써 대한민국의 대표적인 학술출판 기관이 되었다. 발간된 도서 중 약 600종이 대한민국학술원 우수학술도서에 선정된 것을 비롯하여 여러 기관으로부터 다양한 상을 수상한 바 있다. 이는 서울대학교출판문화원에서 출간된 책의 우수성을 입증하는 것이기도 하다.

혼란스런 해방 공간에 설립되었던 서울대학교출판부는 6.25 전쟁을 겪으며 겨우 명맥을 유지하다가 인쇄공장이 완공된 1962년부터 본격적인 출판 활동을 시작했다. 이때부터 10여 년 동안은 서울대학교 교내의 인쇄물을 주문받아 출판하는 것이 주된 업무였다.

서울대학교가 1975년 관악산 아래의 새 캠퍼스로 이전하면서 출판부도 관악캠퍼스로 자리를 옮겼는데, 이때 따로 출판실을 두고 처음으로 교수를 실장으로 임명했다. 1979년 관악캠퍼스에 신사옥을 마련하면서 인쇄소까지 완전히 이전하여 더욱 왕성하게 활동할 수 있었다. 교수를 관리책임자로 두면서 기획출판을 시작했는데, 이때 발행한 '문학비평총서'는 영국에서 판권을 구입하여 번역, 출판한 것이다. 또 1983년부터 한국 대학출판부로는 최초로 컴퓨터 조판을 도입함으로써 전산화에도 선도적인 모습을 보여 주었다.

1980년대에는 대학고전총서, 대학교양총서 등 적극적인 출판 활동을 시작했고, 2020년 현재 '고전시리즈', '한국미술사 시리즈', '문명탐구 시리즈' 등에 이르기까지 다양한 분야의 출판기획을 추진 중이다. 그뿐만 아니라 사업 목적에 맞게 대학 교재를 개발·보급하는 데 앞장서서 『대학국어』, 『미적분학』, 『한국사특강』, 『문화인류학개론』, 『서양문화사』 등을 출간하였다.

1990년대 초반에는 1970년대 초반부터 계속해 온 한국방송통신대학 교재 출판을 종료하게 되면서 경영상 어려움을 겪기도 했다. 또 1998년에는 활판 인쇄시설을 모두 처분하고 인쇄 부문을 폐지함에 따라 출판부의 규모가 더욱 작아지게 되었는데, 이때부터 기획, 편집 등이 출판부의 주력 업무가 되었다. 이 시기 발간 도서가 1천 종을 돌파하기에 이르렀다. 그리고 21세기에 접어들면서 책 디자인을 개선하는 전기를 마련했으며, 2008년의 「발전방안 연구

보고서」에 따라 2009년에는 '출판부'를 '출판문화원'으로 개칭하고 외부의 전문 출판인을 운영본부장으로 채용하여 변화를 꾀하기도 했다.

출판 방식에서도 출판 트렌드에 발맞춰 전자책 제작을 진행하고 질 좋은 결과물을 위해 새로운 협력업체(인쇄·제본소)를 개발하여 제작 퀄리티를 향상시키는 데 노력을 아끼지 않고 있다. 그뿐만 아니라 디지털 시대를 맞아 디지털 콘텐츠의 영향력이 확대되면서 국내 굴지의 포털사(네이버, 다음카카오)에 콘텐츠를 판매하였다. 또 페이스북, 인스타그램 등 SNS와 뉴스레터 등을 통해 독자와의 소통 통로를 넓혀 나가고 있다.

1947년부터 2020년까지 73년 동안 서울대학교출판문화원이 지나온 길은 결코 순탄치 않았다. 여러 어려운 문제들을 겨우 극복하고 나면 다시 새로운 문제가 터졌다. 그 격랑을 뚫고 국내 최고·최대의 학술 전문 출판사로 자리잡은 것은 전 직원이 합심하여 끊임없이 노력한 결과라고 말할 수 있다. 이제 다시 세상이 필요로 하는 지식 창출에 선도적인 역할을 담당하는 가장 영향력 있는 대학출판문화원으로 자리매김하기 위한 서울대학출판문화원의 또 다른 항해가 시작되고 있다.

들어가기

1 Ian Gadd, "Introduction", Ian Gadd (ed.), *The History of Oxford University Press, Volume I: Beginnings to 1780* (Oxford University Press, 2013), p. 3.

2 김민환, 「개화기 출판의 목적 연구: 생산 주체별 차이에 관하여」, 『언론정보연구』 47-2(서울대학교 언론정보연구소, 2010), 121면.

3 보성관에 대한 연구로는 권두연, 「보성관의 출판 활동 연구: 발행 서적과 번역원을 중심으로」, 『현대문학의 연구』 44(한국문학연구학회, 2011)를 들 수 있다.

4 종전의 논의는 남석순, 「한국대학출판부의 실태조사연구」, 『한국출판학연구』 34(한국출판학회, 1992)가 대표적이다. "우리나라에서 근대적 의미의 대학출판은 1906년 보성전문학교 재단에서 운영하던 보성관(普成館)에서 전문학교 교재를 출판한 것이 효시다. 현대적 의미의 대학출판은 해방 후 1949년 이전까지 '단국대학교외대학부'(朴正淑)와 '성균관출판부'(金昌淑)가 출판등록을 하고 활동하다가 그 후 중단하게 된다[『出版大鑑』(조선출판문화협회, 1949)에 따르면 1949년 1월 15일 자로 된 출판사 일람표에서 등록출판사 798개사 중 단국대학은 601번, 성균관은 754번으로 등록됨]. 그러나 1949년에 설립된 이화여자대학출판부는 중단 없이 계속되고 있다. 이들 대학들이 뿌린 출판의 씨앗은 근대적 의미로 30여 년, 현대적 의미로는 40여 년의 역사를 지니고 있다"(107면). 이 견해는 남석순이 쓴 『한국대학출판부의 실태』(한국대학출판부협회, 1992)의 19면에서도 되풀이되고 있다.

5 정병설, 「한국 대학출판부 설립사 재론: 서울대학교출판부를 중심으로」, 『한국문화』 88(서울대학교규장각한국학연구원, 2019).

6 이화여자대학교출판부는 1949년 11월 설립되었고, 이듬해 4월 첫 간행물로 일제강점기 말기에 중단된 학생회 교지인 『梨花』를 속간하여 9호를 발행하였다. 그리고 1953년 5월 제1대 출판부장으로 영어영문학과 이석곤 교수가 취임했으며, 1954년 7월 출판사 등록을 하여 그 다음달 첫 단행본으로 김동명의 시집 『진주만』을 출간했다. 『진주만』의 판권지에는 인쇄는 '문영사 인쇄부', 발행은 '이화여

자대학교출판부'라고 적었다. 이화여자대학교출판부의 역사에 관해서는 이화여자대학교출판부 편, 『이화여자대학교출판부 60주년 기념도서목록, 1949-2009』(이화여자대학교출판부, 2009)에 잘 정리되어 있다.

7 연세대학교출판부는 그 전신인 연희전문학교출판부(1929년 설립)에서 연원을 찾고 있다. 연희전문학교출판부는 1929년 최현배의 『우리말본-첫재매』를 발행했는데, 이 책은 판권지를 보면 발행소는 '연희전문학교출판부'이지만 인쇄는 '한성도서주식회사', 발매소는 '동광당서점'이다. 한편 대학교출판부로는 1955년 설립된 연희대학교출판부에서 시작했다고 보는데, 연세대학교라는 교명을 1957년 1월부터 사용했으니, 정식의 연세대학교출판부는 1957년부터 출발했다고 볼 수 있다. 연희대학교출판부는 1955년 『고려사』를 간행했고 이후 1957년까지 '국고총간(國故叢刊)' 약 10종을 발행했다고 하나, 발행자를 '연희(연세)대학교동방학연구소'로 표시하고 있어서 이들 책의 간행에서 출판부의 역할은 분명하지 않다. 또한 연세대학교 대학출판문화원 홈페이지에 실린 연혁을 보면, 역대 기관장의 명단을 소개하면서 "출판부장/ 조우현/ 문과대학 철학과 교수/ 1962. 2. 15" 아래에 "발행인(출판부장)/ 최현배/ 연희전문학교 문학과 교수/ 1929. 2. 1"로 적어놓고는 "1962년 이전 자료는 기록이 유실된 것으로 보임."이라고 주석을 달아놓았는데, 이로써 연세대학교출판부는 1962년부터 실질적인 출판 활동을 했음을 알 수 있다.

8 고려대학교출판부에서는 1956년 『대학교양국어』를 발간했다. 이영자의 선행 연구(「학술정보 커뮤니케이션 시스팀으로서의 대학출판부」, 『한국도서관·정보학회지』 8, 한국도서관·정보학회, 1981, 5면)에서는 "우리나라 대학에 처음으로 출판부가 설치된 것은 1959년 고려대학에서였으며 서울대학교의 출판부는 1962년에 창설되었으나 그 본격적인 활동은 1975년, 출판부의 기구개편으로 비롯된다."라고 했으나, 이는 앞의 여러 가지 사항을 검토하지 않은 의견이다. 이런 견해는 송정숙, 「학술정보전달시스템으로서 대학출판부의 활성화 방안」, 『한국도서관·정보학회지』 28(한국도서관·정보학회, 1998)의 5면에서도 되풀이되고 있다.

9 이해 여기서 『전남명승고적도집성』을 간행했다.

10 이해 여기서 최옥자의 『어머니의 편지』를 간행했다.

01 초창기 1947-1960

1 이춘호 총장의 서문이 작성되고도 출판되기까지 1년이나 소요되었던 이유는 국립서울대학교의 교무처장을 맡았던 언더우드(Horace G. Underwood)가 미군정청 문교부 수석 고문으로 1947년 6월에 쓴 「남한의 교육(Education in the South Korea)」(미국 국가기록원 소장 문서, 서울대학교기록관 복사본 소장)이라는 보고

서를 통해 짐작할 수 있다. 언더우드는 초중등학교의 교과서 보급 문제를 말하면서 "1947년 여름에는 종이를 거의 확보할 수 없었다. 책에 사용할 종이는 신문 발간에 이용되었고 남은 것은 거의 없었다. 저자들은 출간할 책의 원고를 완성했지만 아무도 그것이 언제 출간될지 장담하지 못했다."라고 말했다. 당시의 혼란스러운 정국 외에 이런 극심한 종이 부족 상황 등이 출간을 지연시킨 요인이 되었을 것이다.

2 Harry Bidwell Ansted(1893-1955, 재임 1946. 8. 22-1947. 10. 25). "미시간에서 출생하여 워싱턴주에 있는 작은 대학을 졸업하고 목사로 활동한 후 대학에서 학생들을 가르쳤"으며, "사우스다코타주에 있는 휴런대학의 총장을 역임했다." 국립서울대학교 개학 반세기사 편찬위원회 편, 『국립서울대학교 개학 반세기사, 1895-1946』(서울대학교·서울대학교총동창회, 2016), 657면(안종철 집필).

3 Horace G. Underwood II(1917-2004, 한국명 원일한). 서울대학교 초대 교무처장을 역임한 언더우드는 새문안교회를 세운 저명한 선교사 언더우드의 손자로, 할아버지와 이름이 같다. 그의 아버지(Horace Horton Underwood, 한국명 원한경)는 일제강점기에 연희전문학교 교장을 역임했으며, 해방 후에는 아들과 함께 문교 정책의 자문을 맡아 현대 한국 교육 제도의 토대를 닦았다.

4 서울대학교50년사편찬위원회 편, 『서울대학교50년사(상)』(서울대학교출판부, 1996), 26면. 언더우드(Horace G. Underwood II)의 회고록 『한국전쟁, 혁명 그리고 평화』(연세대학교출판부, 2002, 133면)에 의하면, 서울대학교 시절 "한국계 미국 시민인 제이콥 김(Jacob Kim) 목사"와 얼마 동안 함께 일하면서 많은 도움을 받았다고 했다. 『현앨리스와 그의 시대』(정병준, 돌베개, 2015, 129면)에 의하면, 김성덕(Jacob S. Kim)은 1945년 미군이 한반도에 진주할 때 선발된 17인의 한국어 통역 가운데 한 사람이었다. 김성덕은 미국으로 돌아가 뉴욕 한인교회 목사가 되었다. 부친 김선두, 형 김성락 모두 목사이다.

5 박성래, 『인물과학사 1: 한국의 과학자들』(책과함께, 2011), 604면과 607면.

6 차배근, 『대학신문사, 1952-1961』(서울대학교출판부, 2004), 41-43면.

7 이때 창간된 『대학신문』이 현재의 서울대학교 신문으로 굳어졌다.

02 인쇄소 가동과 본격적인 출판 1961-1974

1 종전에 서울대학교출판부의 설립 시기를 1961년 또는 1962년으로 보았으며, 그 근거는 사단법인 등기와 인쇄공장 개소 등이었다(권영자, 「한·일 대학출판부 출판 활동의 실증적 비교 연구: 서울대학교출판문화원과 도쿄대학출판회를 중심으

로」, 『한국출판학연구』 62, 한국출판학회, 2012, 10-11면). 옥스퍼드대학출판부처럼 출판부의 역사에서 인쇄시설 설치를 중요한 기준으로 삼는 경우도 있지만, 한국의 다른 대학출판부는 인쇄시설 유무를 창설의 기준으로 전혀 고려하지 않았다. 이화여자대학교, 연세대학교, 고려대학교 모두 자신들이 내세우는 설립 연도에 인쇄시설이 없었다. 또 현재는 옥스퍼드대학출판부를 비롯하여 전 세계의 모든 출판사가 인쇄시설 유무를 출판사 성립의 주요 기준으로 보지 않는다.

2 슈나이더 박사는 미네소타대학 임학과 교수로, 서울대학교에 오기 전에 이미 미군정청에서 임업 전문가로 일한 경력이 있으며, 1954년부터 1961년까지 7년을 서울대학교에 머물렀다. 미국은 제2차 세계대전 후 세계 재건 프로그램을 만들었는데, 미네소타대학은 한국과 일본의 대학 재건을 맡았다. 슈나이더 교수의 기록은 현재 미네소타대학 도서관에 소장되어 있으며, 서울대학교 기록관에 복사본 일부가 있다. 서울대학교는 1961년 7월 8일 슈나이더 박사의 공로를 기려 명예 법학박사학위를 수여했다.

3 서울대학교20년사편찬위원회 편, 『서울대학교20년사』(서울대학교출판부, 1966), 237면.

4 위의 책, 237면.

5 위의 책, 237-238면.

6 서울대학교30년사편찬위원회 편, 『서울대학교30년사』(서울대학교출판부, 1976), 204면; 서울대학교40년사편찬위원회 편, 『서울대학교40년사』(서울대학교출판부, 1986), 184면.

7 실제 발행된 책제목은 『한국교육의 이념』이다.

8 이 책은 광고에 한글 책명으로 나와 있으나 영문으로 발행되었고, 책 제목은 *A Proposed Social Security System for Korea Based on an Analysis of Programs in Great Britain, Japan, Malaysia, and the United States*이다.

9 광고 목록에는 『형사법 I』로 되어 있으나, 『형사법 I』은 1965년 4월 8일 자 광고를 통해서 이미 출간되었던 사실이 확인된다. 해당 일자를 기준으로 전후 『대학신문』의 광고를 확인해 본 결과 당시 1,200원에 판매되었던 국판 570면인 책은 『형사법 I』이 아니라 『공법 I』이 맞다.

10 22세 고졸 여성은 1968년 2월 12일에 입사하여 이듬해인 1969년 11월 17일에 퇴사한 것으로 적혀 있으나, 18세의 중졸 여성은 입사 날짜는 기록되어 있지 않고, 1969년 10월 20일에 퇴사한 것만 기록되어 있다. 두 사람의 「직원 신상조사 카드」가 바로 이어져 있다는 사실을 감안할 때, 둘의 입사 연도는 모두 1968년으로 추정된다.

11 29세 중졸 남성, 33세 고졸 남성, 31세 고졸 남성, 19세 중졸 남성, 17세 중졸 남성 등이었다.

12 한국방송통신대학교 30년사 편찬위원회 편, 『한국방송통신대학교 30년사』(한국방송통신대학교, 2002), viii-ix면.

13 위의 책, xi-xii면.

03 기획출판의 시작 1975-1990

1 「업무분장 규정」(1982) 참조.

2 지형은 활판 인쇄 당시 종이에 판형을 본뜬 것으로 중판을 제작할 때 사용했다.

3 *Postwar Korean Short Stories*는 1974년 초판이 발행되었는데, 중판을 간행하면서 하와이대학출판부와 공동으로 발행한 것으로 보인다.

4 실제로 대학고전총서의 발간이 시작된 것은 1985년부터다. 이때 선정된 고전 40권 목록은 다음과 같다. 총서 번호는 기획 단계부터 부여된 것으로 보이는데, 아래 목록 가운데 발간 연도가 기록되지 않은 것은 미발간된 도서이다(표기는 당시 기록에 따랐다).

[문학] 1) 셰익스피어(1985), 2) 세르반테스, 3) 아킬레스, 4) 단테

[동양철학] 5-1) 논어(1985), 5-2) 맹자(1992), 6) 삼경(三經), 7) 이이, 8) 원효

[서양철학] 9) 플라톤(1987), 10) 아리스토텔레스, 11) 데카르트, 12) 록크, 13) 흄, 14) 칸트, 15) 헤겔, 16) 파스칼(1985), 17) 훗설, 18) 하이데거, 19) 러셀, 20) 비트겐시타인, 21) 훔볼트(1985), 22) 드 소쉬르, 23) 드 샤르댕

[역사] 24) 헤로도투스, 25) F. A. 랑게, 26) 사마천, 27) 투키디데스

[사회과학] 28) 듀이, 29) 뒤르껭, 30) 토마스 모어, 31) 케인즈, 32) 라스키(1987), 33) 마키아벨리, 34) 아담 스미스, 35) 막스 베버, 36) 몽테스키외, 37) 프로이트(1993), 38) 베네딕트(1985)

[자연과학] 39) 뉴튼, 40) 아이시타인

5 1976년 운영계획 계획 발표 이후 도서 간행은 획기적으로 증대하여 1976년 2종, 1977년 4종, 1978년 16종, 1979년 19종, 1980년 22종을 기록했다. 『대학신문』 1982년 5월 3일 자 기사.

6 문학비평총서로는 1977년부터 1987년까지 『리얼리즘』(김종운 역), 『자연주의』(천승걸 역), 『낭만주의』(이상옥 역), 『부조리문학』(황동규 역), 『상징주의』(박희진 역), 『은유』(심명호 역), 『고전주의』(강대건 역), 『풍자』(송낙헌 역), 『비극』(문상득 역), 『플롯』(문우상 역), 『공상과 상상력』(심명호 역), 『다다와 초현실주의』(박희진 역), 『단편소설』(김종운 역), 『수사법』(강대건 역), 『심미주의』(이상옥 역), 『전기문학』(이경식 역), 『아이러니』(문상득 역), 『모더니즘』(황동규 역), 『알레고리』(송낙헌 역), 『로망스』(문우상 역), 『극과 극적 요소』(천승걸 역), 『희극』(석경

징 역), 『표현주의』(김길중 역), 『소극』(홍기창 역), 『원시주의』(김성곤 역), 『그로테스크』(김영무 역), 『신화』(김명렬 역), 『서사시』(이성원 역) 등 총 28종이 발간되었다.

7 이 중에서 절판도서는 116종, 판매유통도서는 205종이다.

8 서울대학교출판부 도서의 판매에 대해서는 1988년 10월 30일에 간행된 「대학출판부협회보」 제24호에 실린 서울대학교출판부 직원 이규일의 「대학출판도서의 판매전략」이라는 글을 참조할 수 있다.

04 출판전산화 1991-2008

1 「현황 및 업무보고」(1991. 8. 20) 참조.

2 도서수입 10억 원 중 학술도서는 8억 3천만 원이고 교양교재는 1억 7천만 원이었다.

3 세부 지출 내역을 살펴보면 급료가 3억 6천만 원, 외주가공비가 3억 4,500만 원, 원재료비가 2억 4,800만 원, 인세가 2억 3천만 원, 복리후생비가 5,600만 원 정도였다.

4 직원 수가 감소한 실질적인 이유는 전산조판으로 변화하는 과정에서 자연 감소되는 직원을 더 이상 충원하지 않았고, 또 인쇄 업무를 담당했던 직원 일부에게 전산 교육을 거쳐 조판 업무를 맡기는 등 인력을 적절히 활용했기 때문이다.

5 이와 관련하여 당시 출판문화원 총무국장 김순태의 "기획, 도안, 광고 등의 과정에서 일반 출판사보다도 훨씬 뒤떨어져 있는 것이 사실이다. 하지만 예산이 부족해서 인력 확보는 물론이고 언론매체에 조그만 광고를 내기조차 힘들다."라는 언급이 남아 있다. 이 시기에 외부 프리랜서 디자이너에게 표지 디자인을 의뢰하여 독자에게 다가가는 시도를 하기도 했다.

6 판매량은 109,877부이며 판매금액은 548,109,141원이다.

7 한국의 탐구 시리즈는 1998년 발간을 시작해 2008년까지 총 35권이 발간되었는데, 그 세부 목록은 다음과 같다: 『퇴계의 삶과 철학』(금장태), 『한국의 석조미술』(정영호), 『실학의 국가 개혁론』(김태영), 『한국의 샤머니즘』(조흥윤), 『한국유학의 탐구』(금장태), 『한국의 목조건축』(주남철), 『북한의 언어문화』(고영근), 『조선시대 건축의 이해』(김동욱), 『한국 고대의 금속공예』(이난영), 『韓國의 譯學』(강신항), 『한국의 원형신화 원앙부인 본풀이』(조흥윤), 『재외동포』(이광규), 『이율곡, 그 삶의 모습』(황준연), 『김소월, 그 삶과 문학』(오세영), 『한국천문학사』(나일성), 『한국의 선비와 선비정신』(금장태), 『한국인의 죽음관』(이은봉), 『서포 김만중의 생애와 문학』(김병국), 『춘향전의 비밀』(설성경), 『신라 화엄사상사연구』(김두진), 『장영실과 자격루』(남문현), 『구한말의 개혁·독립투사 서재필』(이정식), 『한국어의 의성어와 의태어』(채완), 『보부상: 근대화 격변기의 상인』(조재

곤), 『한국의 성씨와 족보』(이수건), 『조선시대 도자기』(김영원), 『홍길동전의 비밀』(설성경), 『이익사상의 구조와 사회 개혁론』(김용걸), 『근대도시 목포의 역사·공간·문화』(고석규), 『고구려 고분벽화의 세계』(전호태), 『삼국사기의 현대적 이해』(정구복), 『한국어의 부사』(서정수), 『한국어 문법』(이익섭), 『조선시대 궁중의 식생활문화』(한복진), 『여운형: 시대와 사상을 초월한 융화주의자』(이정식).

8 서울대학교 한국문화연구소는 2006년 서울대학교 규장각한국학연구원으로 명칭이 변경되었다. 규장각한국학연구원 총서 발간 목록은 부록 6 참고.

9 베리타스 시리즈로는 『역사 속의 의인들』(황상익), 『영화 속의 청소년』(신민섭, 한수정), 『스포츠 손자병법』(나영일, 이동철), 『영화 속의 문화』(김성곤)가 발간되었다. 『한국일보』 2005년 1월 3일 자 기사에 따르면 이순종 출판부장은 베리타스 시리즈를 시작으로 "향후 도쿄대학출판회, MIT 프레스 등에 버금가는 좋은 대중 교양서를 만들어 일반인들의 교양을 높이고 발전된 지적 호기심을 충족시킬 수 있도록 다양한 분야로 넓혀 갈 계획"이라고 밝혔다.

10 통일학연구소는 2011년 통일평화연구원으로 명칭이 변경되었다. 통일학연구총서는 현재까지 총 31종이 발간되었다.

11 SNUP 박물관교양강좌로는 『운명을 읽는 코드 열두 동물』(천진기), 『한국 음악의 뿌리, 팔도 굿음악』(이용식), 『우리 음식의 맛을 만나다』(한복진) 등이 발간되었다.

12 2006년 6월에는 미국 워싱턴대학출판부와 '한국학 시리즈' 공동 발간 제휴 협정을 체결하고, 영문출판위원회를 구성하기도 했다.

13 「정기총회 회의자료」(2018, 2019).

14 1998년 6월 3일 자 『경향신문』에는 "사라져가는 활판 인쇄의 자존심을 그나마 지켜온 서울대출판부도 활판에 막을 내렸다. 대학당국이 전면 전자출판 방식을 도입키로 지난달 말 결정, 납활자를 철거하기 시작한 것이다. 서울대출판부는 1990년대 들어 전산조판이 일반화되면서 대부분의 필자가 원고를 디스켓에 담아오는 가운데서도 부분적으로 활판 인쇄 작업을 해왔다. 2일 현재 서울대출판부 1층 '공장'에선 국어와 7개 외국어 4만 2천여 종 및 특수 기호 3천여 종 등 수십만 개의 활자 자모가 30년간의 임무를 마감하고 마대자루에 담겨져 공업용 제련소로 실려 나가고 있다."라는 내용이 나온다.

05 출판문화원의 오늘 2009-2020

1 연구책임자: 사회대학 경제학부 전영섭 교수, 공동연구원: 경영대학 박남규 교수.

2 「2009 정기총회 회의자료」, 19면.

3 원칙과 기준이 없는 조직 개편은 비효율적인 부서 운영과 업무의 혼란을 초래하

는 등 득보다 실이 많은 결과를 초래했다.

4 2011년 6월을 기준으로 누계 2천여 곳의 출판사가 10여 개 전자책 업체와 계약을 맺고 있었으며, 약 9만 종이 넘는 전자책이 서비스되고 있었다.

5 김종서 원장은 "그동안 잘 알려지지 않았던 학문의 숨은 이야기를 통해 서울대와 현대사의 진면목을 보여 줄 것"으로 기대했다. 또한 "앞으로 출판문화원이 들어오는 원고만 출판하는 수동적 위치에서 벗어나 학문 발전을 위해 연구비를 지원하는 등 학문 자체를 계도하는 능동적·적극적인 역할을 하고자 한다."라는 비전을 밝히면서 세계 수준의 학내 교수들의 연구 업적을 적극 발굴하고 출판해 해외에 소개함으로써 출판문화원이 서울대의 미래를 선도하는 선봉에 서겠다."라고 덧붙였다. 『대학신문』 2011년 5월 22일 자 참고.

6 알츠하이머병 환자에서 비교적 일관되게 저하 소견을 보이는 기억력, 지남력, 언어능력, 시공간 능력 등의 개별 인지기능을 정확하게 평가하는 필수적인 인지기능 검사들을 앱(App)으로 구현한 것이다. 총 열 가지 검사에 약 40-50분이 소요된다.

7 서울대학교출판문화원의 연도별 발전기금 기부금(현금, 현물) 납부액은 아래 표와 같다.

납부일	금액	지급처
1986. 3. 1	100,000,000원	서울대발전기금/출판부 장학기금
2012. 9. 7	100,000,000원	서울대발전기금/기초학문 진흥위원회 기금
2013. 10. 24	200,000,000원	서울대발전기금/대학발전후원기금 1억, 기초학문 진흥위원회기금 1억
2013. 12. 27	100,000,000원	서울대발전기금/대학발전후원기금
2014. 7. 21	100,000,000원	서울대발전기금/기초학술출판보조기금
2014. 12. 15	200,000,000원	서울대발전기금/기초학문연구 및 출판지원기금
2015. 10. 20	200,000,000원	서울대발전기금/기초학문연구 및 출판지원기금
2016. 12. 26	200,000,000원	서울대발전기금/대학역량강화기금(총장기금)
2017. 12. 29	300,000,000원	서울대발전기금/학술 및 기초교재개발기금
2018. 12. 28	400,000,000원	서울대발전기금/학술 및 기초교재개발기금
2019. 12. 30	400,000,000원	서울대발전기금/학술 및 기초교재개발기금
계	2,300,000,000원	

| 참고문헌 |

1. 내부 문서

『規程集』

『規程綴』

『辭令簿(79)』

『인사자력기록표』

『이력서 및 신원보증서』

『직원명부』(1962-)

「정기총회 회의자료」(2006-2019)

「정기 이사회 회의자료」(2013-2019)

『서울대학교출판부 도서목록』(1979, 1982, 1984, 1992, 1994)

「서울大學校 出版部 案內書」(1986)

「SEOUL NATIONAL UNIVERSITY PRESS」(1997)

「2018 업무 매뉴얼 가이드」

「2019년 업무 보고 자료」

「92年度圖書發刊事業計劃」(1992. 3. 31)(서울대학교 기록관 소장)

「현황 및 업무보고」(1991. 8. 20)(서울대학교 기록관 소장)

서울대학교출판부 등기부 등본

서울대학교출판부 사업자등록증(관악세무서장 발행)

2. 도서

국립서울대학교 개학 반세기사 편찬위원회 편, 『국립서울대학교 개학 반세기사, 1895-1946』, 서울대학교·서울대학교총동창회, 2016.

남석순, 『한국대학출판부의 실태』, 한국대학출판부협회, 1992.

서울대학교20년사편찬위원회 편, 『서울대학교20년사』, 서울대학교출판부, 1966.

서울대학교30년사편찬위원회 편, 『서울대학교30년사』, 서울대학교출판부, 1976.

서울대학교40년사편찬위원회 편, 『서울대학교40년사』, 서울대학교출판부, 1986.

서울대학교50년사편찬위원회 편, 『서울대학교50년사(상)』, 서울대학교출판부, 1996.
서울대학교60년사편찬위원회 편, 『서울대학교60년사』, 서울대학교출판부, 2006.
서울대학교70년사편찬위원회 편, 『서울대학교70년사』, 서울대학교출판부, 2016.
차배근, 『대학신문사, 1952-1961』, 서울대학교출판부, 2004.
한국방송통신대학교 30년사 편찬위원회 편, 『한국방송통신대학교 30년사』, 한국방송통신대학교, 2002.

3. 논문

권영자, 「한·일 대학출판부 출판 활동의 실증적 비교 연구: 서울대학교출판문화원과 도쿄대학출판회를 중심으로」, 『한국출판학연구』 62, 한국출판학회, 2012.
김민환, 「개화기 출판의 목적 연구: 생산 주체별 차이에 관하여」, 『언론정보연구』 47-2, 서울대학교 언론정보연구소, 2010.
남석순, 「한국대학출판부의 실태조사연구」, 『한국출판학연구』 34, 한국출판학회, 1992.
송정숙, 「학술정보전달시스템으로서 대학출판부의 활성화 방안」, 『한국도서관·정보학회지』 28, 한국도서관·정보학회, 1998.
이영자, 「학술정보 커뮤니케이션 시스템으로서의 대학출판부」, 『한국도서관·정보학회지』 8, 한국도서관·정보학회, 1981.
이원, 「한국 전자책 시장 현황과 대학출판부의 전자책 사업 전망」, 『第14回 韓國·日本·中國 大學出版部協會 合同 세미나』, 한국대학출판부협회, 2011.
임종철, 「학술출판의 요람」, 『대학출판부협회보』 제15호, 1986.
정병설, 「한국 대학출판부 설립사 재론: 서울대학교출판부를 중심으로」, 『한국문화』 88, 서울대학교규장각한국학연구원, 2019.

4. 외국 저서

Gadd, Ian (ed.), *The History of Oxford University Press, Volume I: Beginnings to 1780*, Oxford University Press, 2013.
Hall, Max, *Harvard University Press; A History*, Harvard University Press, 1986).
Keith, Robbins (ed.), *The History of Oxford University Press; Volume Ⅳ: 1970 to 2004*, Oxford University Press, 2017.

편찬후기

2019년 2월 원장으로 부임하자마자 나는 서둘러 우리 출판문화원의 현황을 파악해야 했다. 임기가 불과 2년이니 첫 해가 아주 중요했다. 임기 중에 무엇을 하자면 1년 내에는 착수해야 하니 첫 해에 원내 사정을 샅샅이 알아야 했던 것이다. 전임 원장께 조언을 듣고 지난 서류를 보며 직원들에게 질문을 했다. 그러면서 동시에 우리 원이 어떤 곳인지 지난 역사를 알고자 했다. 그 과정에서 1948년 '국립서울대학교출판부'에서 간행한 『신세기의 원자세력』이라는 책을 구하게 되었고, 이를 통해 한국 대학출판부의 역사를 새로 쓸 수 있게 되었다. 우리 출판문화원을 한국 최초의 대학출판부로 올릴 수 있게 된 것이다.

스무 명이 채 못 되는 작은 조직에서, 별도의 연구 인력이 없는 출판사에서, 기관의 역사를 편찬하기는 여간 어렵지 않다. 그러나 지금이 아니면 언제 할 수 있으랴 싶어 역사 편찬 사업을 추진했다. 창립 50주년에 추진했어야 할 일을 그때는 하지 못했으니 그걸

대신하자는 생각이었다. 그러다 보니 어정쩡하게 73년사가 되고 말았다. 이리하여 옥스퍼드대학을 비롯한 세계 유수의 대학들이 모두 가지고 있는 출판부사를 우리도 가질 수 있게 되었다.

우리 출판문화원 직원 중에 재직 기간이 가장 오랜 분이 1980년대 초 입사자이니, 그 이전의 역사는 기록이 아니고서는 알 길이 없다. 그런데 각종 내부 자료는 여러 차례 이전을 거치면서 거의 망실되어 있었다. 초기 역사는 교내외 신문과 학교사에 의지하여 기술할 수밖에 없었고, 1960년대 중반 이후는 남아 있는 내부 자료를 활용하여 기술했다. 관악캠퍼스로 오기 이전의 1970년대 역사는 내가 연구와 사무의 여가에 틈틈이 직접 초고를 작성했고, 이후 시기는 국문학과 박사과정생인 오성준 군을 위촉하여 자료를 조사하고 초고를 작성하게 했다. 이렇게 완성된 초고는 곽진희 출판실장이 검토하고 보충하였다.

사업을 추진하는 도중에 역대 원장님을 모시는 자리를 갖기도 했는데, 차배근 교수님께서는 기록관에 기증하신 소중한 자료를 알려주셨다. 또 초대 원장이신 이동승 교수님의 따님인 한국방송통신대학교 이소은 교수님께서는 사진을 보내주시기도 했다. 우리 직원들의 적극적인 참여가 없었다면 이 책은 만들어지기 어려웠을 것이다. 전 직원이 자신이 가지고 있던 사진 등 자료를 내놓아서 풍부한 화보를 갖춘 책이 될 수 있었다. 특히 이춘화 경영관리팀장과 허미숙 선생은 개인적으로 소장하고 있던 자료를 기쁘게 내놓았으며, 심경용 선생은 내부 자료를 부지런히 찾아서 가져왔다.

어려운 여건 속에서 한국출판사, 한국학술출판사, 한국대학출판사의 모범이 될 책 한 권을 내놓을 수 있음을 무척 기쁘고 영광스럽게 생각한다. 격려해 주신 이사장 오세정 총장님과 부이사장 여정성 부총장님, 그리고 곽진희 실장 외에 우리 직원들 모두에게 다시 감사를 표한다.

2020년 10월

원장 정병설

한눈에 보는 서울대학교출판문화원

1946

국립서울대학교 개교

1947-1960

1947 국립서울대학교출판부 설립

1948 국립서울대학교출판부 『신세기의 원자세력』 간행

서울대학신문사출판부 『사회주의정당사론』 간행

1952 서울대학교 출판위원회 발족

1961-1974

1961 서울대학교출판부 법인 설립 등기

1962 출판부 사업자등록, 인쇄공장 개소

1971 한국대학출판부협회 가입

1972 서울대학교 부설 한국방송통신대학 교재 발간 시작

1975-1990

1975 출판부 기구 개편 (출판실과 인쇄소로 이원화)

초대 출판실장에 이동승 교수(사범대학 독어교육과) 취임

1977 문학비평총서 발간 시작

1979 동숭동 사옥에서 관악캠퍼스로 이전

1980 '출판실'을 '출판부'로 명칭 변경

1983 한국 대학 최초로 전산조판기 설치

1998 활판 인쇄 종료
발간 도서 1천 종 돌파

2009 '출판부'에서 '출판문화원'으로 명칭 변경
2011 발간 도서 2천 종 돌파
한일 대학출판부협회 세미나 주관
2013 네이버와 다음카카오에 콘텐츠 제휴
2015 서울대학교 언어교육원에서 개발한 한국어 교재 『사랑해요 한국어』 간행

1991-2008

2007 신사옥 이전(500동 현 건물)
한중일 대학출판부협회 국제도서전 주관 개최 (서울대학교 문화관)

2009-2020

2017 세라드케이(CERAD-K) 앱 출시
제2브랜드 '스누북스' 론칭
2019 출판문화원아카데미 강좌 개설
2020 '스누북스' 첫 번째 도서 출간
고전·문명·미술사 시리즈 기획 및 계약
해외 우수 학술서 번역 공모

사진으로 보는 서울대학교출판문화원

홍보

》학회 도서전 참가

❶ 한국정치학회(2018)
❷ 국제한국어교육학회(2018)
❸ 역사학회(2018)

❶ TEPS 국제학술대회(2019)
❷ 국제한국어교육학회 및 한국영어교육학회 학술대회(2019)
❸ 대한신경정신의학회(2018)
❹ 신경심리연구회 학술대회(2019)

》 출판기념회

❶ 『역사용어사전』(2015)
❷ 멘토르 시리즈(2014, 가운데 이순종 부장)
❸ 『이효석 전집』(2017)
❹ 『이야기가 있는 나무백과』
(2019, 왼쪽에서 세 번째 정병설 원장)

》행사 참가

❶ 반려동물 한마당(2017)
❷ 서울대학교동물병원 개원식(2017)
❸ CERAD-K 워크숍(2018)

》 서점 광고

❶ 관악초청강연(2011)
❷ 『대항해시대』(2010)
❸ 『NEW TEPS』(2018)

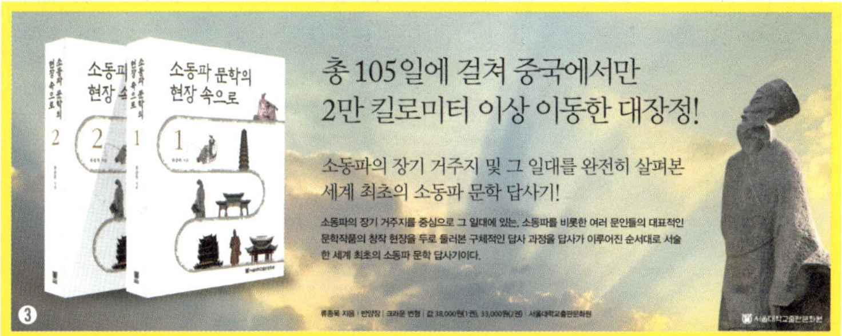

❶『이효석 전집』(2017)
❷ 서울대학교동물병원 Health+ 시리즈(2018)
❸『소동파 문학의 현장 속으로』(2016)

❶『인간을 다시 묻는다』,『과학의 씨앗』(2020)
❷『인간을 다시 묻는다』(2020)
❸『패권의 비밀』(2017)
❹『사랑의 의미』(2007)

》신문 및 지면 광고

❶『대학신문』(1998)

❷ 신입생 대상 총서 광고(2001)

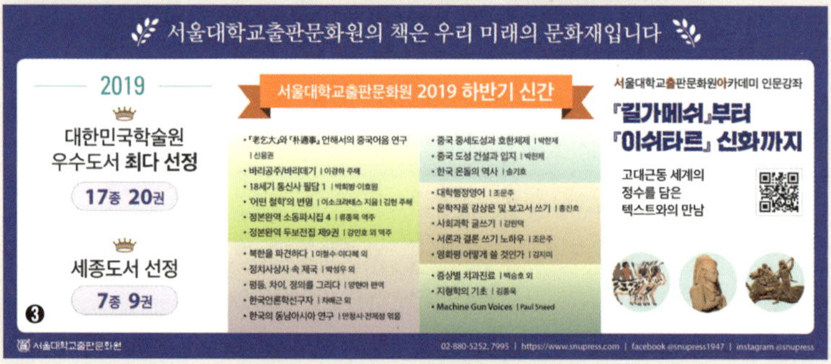

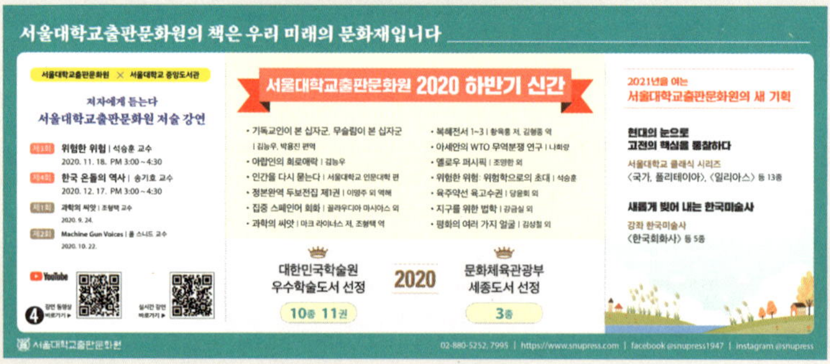

❶『TEPS 기출 문제집』(2004)
❷『한국 현대문학대사전』(2004)
❸『대학신문』(2019)
❹『대학신문』(2020)

》국제 도서전 참가

❶ 프랑크푸르트 국제 도서전(2014)
❷ 프랑크푸르트 국제 도서전(2018)
❸ 홍콩 국제 도서전(2018)

❶ 도쿄 국제 도서전(2015)
❷ 베이징 국제 도서전(2018)
❸ 서울 국제 도서전(2019)

》국제 세미나 등

❶ 제15차 한중일 대학출판부 공동 세미나(1996)
❷ 한중일 대학출판부 합동 도서전(1998)
❸ 한일 국제 세미나(2016)

》국제 학회 및 국외 출판사 탐방

❶

❷

❸

❶ 미국외국어교육협의회(ACTFL)(워싱턴, 2019)
❷ 일본 벤세이(勉成)출판사 방문(2020)
❸ 일본 호세이(法政)대학출판부 방문(2020)

》도서 기증

❶ 서울대학교병원 도서 기증(2013, 왼쪽에서 세 번째 김종서 원장)
❷ 제1야전군사령부 도서 기증(2015, 왼쪽에서 첫 번째 권석만 원장)
❸ 파르나스타워 공공도서관 도서 기증(2019)

》저자 강연

❶ Health⁺ 시리즈 『유방암』 저자 강연(2013, 노동영 교수, 현 연구부총장)
❷ 『암에 대해 알아야 할 모든 것』 저자 공개강좌(2017, 의과대학 김태유 교수)
❸ 『패권의 비밀』 저자 공개강좌(2017, 공과대학 김태유 교수)

❶ 서울대학교동물병원 Health+ 시리즈 저자 강연(코엑스 별마당도서관, 2019, 장구 교수)
❷ 서울대학교출판문화원아카데미_문명탐구 시리즈 강연(2019)

출판문화원 직원 교육 및 워크숍

》제작처 견학

❶ 인쇄소 견학(2020)
❷ POD 제작업체 견학(2020)

》직원 교육 및 워크숍

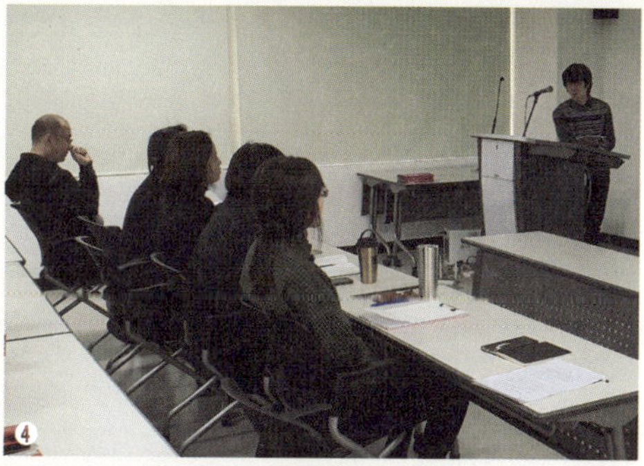

❶ 편집팀 출판 교육(2018)
❷ 편집팀 워크숍(2020)
❸ 디자인팀 워크숍(2020)
❹ 제작유통팀 워크숍(2020)
❺ 전 직원 워크숍(2019)

출판문화원 둘러보기

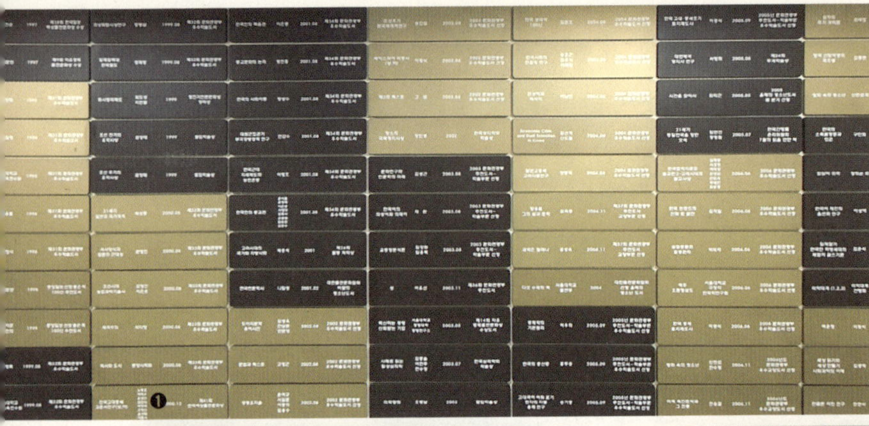

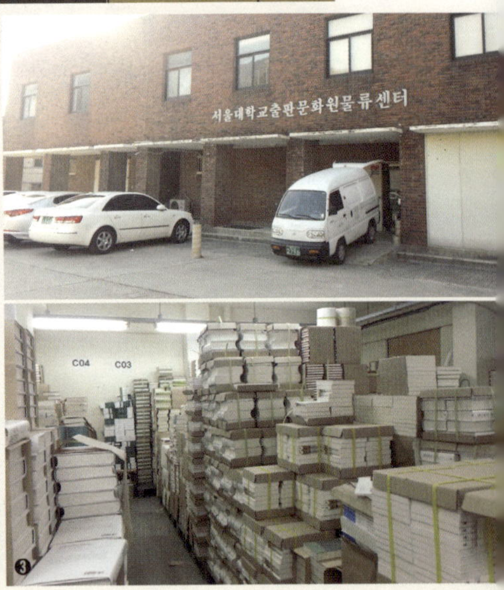

❶ 우수학술도서 명패
❷ 출판문화원 전경(500동)
❸ 물류센터(66동)

❶ 책을 짓는 사람들(소회의실)
❷ 휴게실
❸ 강의실
❹ 모빌렉(모빌렉에는 1948년부터 현재까지 출간된 약 3천 권의 장서가 보관되어 있다.)

》 출판문화원을 빛낸 사람들

❶ 출판위원회 우수 심사자(2017, 왼쪽: 신희영 연구부총장, 오른쪽: 박종소 교수)
❷ 출판위원 환송식(2019, 왼쪽: 여정성 기획부총장, 오른쪽: 홍성태 교수)
❸ 저술 감사장 수여식(2020, 왼쪽: 이경준 교수, 오른쪽: 정병설 원장)
❹ 감사장 수여식(2019, 왼쪽: 정병설 원장, 오른쪽: 박진수 원장)

❶ 문화체육관광부 장관상 표창(2019, 곽진희 출판실장)
❷『한국형 시장경제체제』(이승훈) 제26회 시장경제대상 수상
(2015, 앞줄 오른쪽에서 두 번째 곽진희 출판실장)

언론에 비친 출판문화원

방인근(소설)-조병화(시)-김윤식(평론) '多作王'

권영민교수등 학자 100여명 문학100년결산 '한국현대문학대사전' 편찬

한국현대문학 성립 이후 100여년 동안 장르별로 가장 많은 작품을 써낸 문인은 누구일까.

소설가로는 '마도의 향불' 등 69권을 펴낸 방인근(1900~1975), 시인으로는 '버리고 싶은 유산' 등 93권을 낸 조병화(1921~2003), 평론가로는 '한국문학사' 등 84종을 낸 김윤식 명지대 석좌교수(68)가 각각 '다작왕(多作王)'으로 집계됐다.

이 같은 내용은 다음달 초 출간되는 '한국현대문학대사전'(서울대출판부…) 혀진 것. …

…책 뒤에는 100여년간 출간된 소설, 시집, 희곡집, 비평서 등의 색인목록이 부록으로 실렸다.

책임편집자인 권 교수는 종합된 자료들을 통해 한국 현대문학의 양적인 성장과 변천을 보여주는 주요 기록들을 숫자로 뽑아냈다.

먼저 100여년 동안 1권 이상 문학관련 단행본을 출간한 문인은 55…명.

… 과 시인으로 … 설=정을병 … 권) 한승원 … (44권) 황 … (32권) 박 … 조동일 … 김용직 … 상(9권) 오태석(8권) 차범석(8권) 이강백(6권) 등의 순이었다. 장르별 작가 출판통계에서는 문학전집에 속한 작품과 중복출판은 제외했으며 편저는 포함했다.

한편 1900~2000년 문학관련 단행본 출판 현황은 △시집 8182종(1종 이상 출간한 시인 3062명) △소설집 7557종(〃 소설가 1928명) △평론집 및 연구서 1483종(〃 연구자 402명) △희곡집 310종(〃 극작가 132명)으로 나타났다. 시집이 소설집보다 수는 많지만, 시인과 소설가의 1인당 창작 양을 비교하면 시집은 시인 1인당 평균 2.67권, 소설은 소설가 1인당 평균 3.91권으로 소설가의 '생산성'이 앞섰다.

1900년 이후 10년 단위로 집계된 작품집 간행 현황(표 참조)은 80년대 이후 문학관련 출판물이 급격히 늘어난 것을 보여준다. 이는 △문예지들의 양적 증가 △문학의 대중적 기반 확대 △출판 여건의 호조 등이 복합적으로 작용해 나타난 결과로 분석된다. 한국출판마케팅연구소 한기호 소장은 "특히 70년대 중반 이후 해직언론인 등이 출판계에 들어오면서 소위 '출판혁명'이 이뤄졌다"며 "이를 기반으로 80년대부터 본격적인 단행본 시대가 열렸다"고 밝혔다.

권 교수는 "이 사전은 평단과 학계에서 이뤄진 문학연구 성과를 종합한 한국현대문학 100년의 총결산"이라고 말했다.

조이영기자 lycho@donga.com ❶

❷

서울대 출판부도 '근엄' 벗었다

'성교육 이론과 실제' 펴내

의학지식-건전한 가치관 중점 "권위있는 자료 내기위함" 밝혀

■ 서울대 출판부는 흔히 팔리지 않는 학술서를 주로 펴내는 곳으로 알려져 있다. 학술 발전을 위해 반드시 필요하나, 일반 상업 출판사에서 수지를 맞추기 힘든 책을 출판한다는 것이다. 책 출판에서 근엄한 것은 비단 서울대 출판부뿐 아니라, 다른 대학 출판부도 대부분 비슷비슷하다.

이런 서울대 출판부에서 '성교육 이론과 실제' 란 제목으로 성 관련서를 펴내는 것은 다소 의외다. '이론과 실제' 란 제목에 걸맞은 필자와 내용으로 대학 출판부다운 진지함은 유지했으되, 어쨌거나 주제가 성(性)인 까닭이다.

이 책의 필자는 이시백 서울대 보건대학원 교수를 비롯한 일단의 의대 교수와 신경아 한국양성평등교육진흥원 교수, 강지원 변호사, 이기춘 감리교신학대 교수, 장윤경 한국성폭력상담소 자문위원 등.

집필진의 면면에서 드러나듯, 책은 성 관련 의학 지식에 더해 양성평등을 기초로 성에 관한 건전한 가치관 확립에 중점을 둔다.

성관련 책에 흔한 남녀 생식생리와 피임 지식에 더해 '성의 개념 및 인간 발달', '생식 보건과 청소년 성교육', '양성 평등의식과 성폭력', '성과 법률'을 중요하게 다루는 것은 이 때문이다. 따라서 책은 성인을 위한 지침서라기보다 성교육과 상… 육자에게 … 다.

여기서 … 국내 최고 … 심각해졌… 시백 교수… (성과 관련 … 성에 대한 … 이 외면당 … 잘못 인식 … 있는 자료 … 했다.

"교수 소임 다했나 늘 반성했어야"

필자들은 한결같이 식민지 시절에 태어나 10대 초반에 해방을 맞고, 곧이어 건국 초기의 사회적 혼란과 한국전쟁을 겪었다. 또 4·19혁명, 5·16 쿠데타, 군사독재, 민주화운동 등으로 소용돌이친 근대사의 참여자이자 목격자이다.

학문적으로는 선진국의 연구 성과와 방법론을 도입하고 각자의 뼈를 깎는 노력을 더해 한국 고등교육의 기틀을 잡은 주인공들이기도 하다. 정운찬 서울대 총장은 "오늘의 서울대를 있게 하고 최고의 지성을 일궈낸 분들"이라고 표현했다.

서울대 출판부 첫 非학술서

책에서는 개척자로서의 이들의 경험과 인생이 그대로 묻어난다.

김용일 교수는 1960년대 초 교수진의 부족으로 의과대를 졸업한 지 1년 만에 한 대학에서 병리학을 강의하고, 유학 중인 대학에서 강의를 맡아 영어 발음 때문에 곤욕을 치른 경험담을 소개했다.

이동녕 교수는 친구에게 350달러를 빌려 비행기삯을 내고 나머지 32달러만 달랑 들고 미국으로 떠난 과거를 돌아보며 유학 1세대의 체험을 전했다.

57명의 에세이 3권 내놔

50, 60년대에 대학을 다닌 세대의 향수를 자극할 만한 대목도 많다. '마로니에 정원에 둘러앉아 조국과 민족의 활로에 대해 열띤 논쟁과 토론을 벌였다. 그러다 지쳐 교문 앞 '별장' 다방에 들르면 시내의 값비싼 음악실 '르네상스'나 '돌체'에서 틀어 주는 고전 명곡들이 신청하는 대로 나왔다.' (신용하 교수의 '김구 선생, 최문환 스승과 나의 '민족' 공부')

고(故) 김진균(사회학) 교수는 지난 14일 작고하기 3일 전 서울대출판부에 들러 손수 교정 본 원고를 전했다. 결국 이 책에 실린 글 '살아 숨쉬는 학문을 일구기 위해'는 유작이 됐다. 그는 "꿈이 모두 실현되지는 않는다. 또 꿈이 모두 옳았던 것도 아닐 것이다. …4·19기념탑을 볼 때마다, 그리고 80년대에 죽은 학생들의 추모비를 볼 때마다, 한반도를 지켜 온 조상들을 생각할 때마다, 그리고 불안정한 삶에 내몰린 민중-노동자의 처절한 싸움을 볼 때마다, 이 시기에 내가 교수로서 소임을 다하고 있는지 언제나 조심스럽게 반성하는 마음으로 지내왔다면 스스로 조그만 위안이 될는지!"라고 썼다.

필자들은 책에서 '영예로운 정년퇴임을 맞지 못하고 교단을 떠날 수밖에 없었던 노교수가 이제와서 무슨 말을 할 수 있을까마는…' (정원식 전 국무총리) 등 각자 소회를 피력하고, 그동안 자신을 이끌어준 스승·가족·제자들에게 감사의 마음을 전하기도 했다.

김진균 교수는 遺作 실려

세 권의 책은 27일 출간된다. 61년에 설립된 서울대 출판부가 학술서적만 고집하던 전통을 깨고 이례적으로 에세이 모음 형식의 책을 낸 것이다. 출판부 관계자는 "더 늦기 전에 큰 스승들의 지혜를 전수받기 위해 40여년 동안 지켜온 금기를 기쁜 마음으로 어겼다"고 말했다.

이상언·고란 기자 joonny@joongang.co.kr

❸

❶ 『동아일보』(2004. 1. 28)
❷ 『문화일보』(2004. 1. 13)
❸ 『중앙일보』(2004. 2. 27)

❶

서울대 명예교수 57명이 말하는

“나를 있게한 책·사람·체험”

출판동향

≫ 국내_서울대, '한국학 장기기초 연구사업' 성과물 속속 발간

새로운 한국학을 위한 해석학적 자료 구축 ❷

세기지 부문 매년 10억원 투자… 기획 독창성 신선

전통미술의 영역 넓히고, 양식사 접근 '큰 틀' 마련 ❸

조은정 / 한남대 겸임교수 · 미술사

1968년 출판된 김원룡 교수의 '한국미술사'는 오늘날까지도 여전히 한국미술사학의 준거점이 되고 있다. 한국미술사를 왕조별로 시대구분하고 이를 토대로 장르별 분류인 조각, 회화, 공예 등을 직조해 가는 방식은 여전히 한국미술사 서술의 기초로 자리하고 있는 것이다. 하지만 이 책은 자칫 간과할 수 있는 시대를 대표하는 소분류도 소홀히 하지 않아 목차를 통해 한국미술사 전체를 조망할 수 있게 했다.

책은 선사시대, 고구려시대, 백제시대부터 이씨조선시대까지 7장으로 구성되고 그 안에 각 시대의 대표적 미술 장르를 편입시키고 있다. 이를테면 고구려시대는 시대개관에 이어 분묘 및 벽화, 고분관계유물, 사지 및 와당, 불교조각의 5개 절로 이뤄졌다. 이는 한국미술사에서 각 시기마다 중요한 미술 장르를 살펴야 한다는 안목을 제시한 것으로 고려시대 이후는 회화와 서예를 편입시켜 畵師가 등장하고 선비문화가 일궈낸 시대적 미술을 정리하고 있다.

이런 시각은 분명 한국미술의 특성을 시대적으로 배열, 재구성한 것으로 서술방식에서 특기할 만한 점이다. 그러나 무엇보다도 이 책이 30년이 지난 오늘날까지 한국미술사 강의의 주 교재로 채택될 수 있는 이유로는 몇 가지가 있다. 첫째는 한국미술을 대하는 기본에 충실한 점이다. 한국미술의 특성이 무엇인가에 대한 물음에서 시작되는 것은 한국미술사를 시대적 미가 구현된 작품으로 보고 있음을 드러낸다. 둘째는 한국미술사의 시대구분을 시공간으로 절단해 시대를 배경으로 미술작품을 들여다보는 시각으로 사회사적 입장에서 미술품의 생산과 유통을 바라보는 발전적 시각을 제시한다. 이는 과거지향적 가치판단이 아니라 새로운 유물의 출현에 대한 가능성을 열어 놓은 것이다. 셋째는 미술사의 연구 영역을 확대해 놓았다는 데 있다. 자칫 민속의 영역으로 분류돼 버릴 수 있는 가면이나 공예품, 능묘석물까지 미술사 연구 대상으로 삼았다. 마지막으로 도자기, 그림, 글씨 등을 골동품에서부터 미술품으로 끌어왔다는 점은, 금전적 가치기준에 휘둘리던 전통미술을 골동 완상의 대상이 아니라 민족의 실체를 알기 위한 연구의 대상으로 확립한 일이었다. 또한 흔히 미술품 앞에서 내뱉는 감탄사를 생략한 주관성이 배제된 글쓰기는 당시로서는 주목할 만한 일로 철저한 객관적 판단을 중시하는 양식사의 접근법을 드러내 보였다.

한국미술의 분류법에서부터 글쓰기에 이르기까지 방대한 업적을 한 권의 책이 이뤄냈음은 유사한 양식의 책자가 자기 증식했다는 점에서 증명된다. 1973년에 증보개정판이 나오고, 1980년에는 이 책의 축쇄판으로 내용의 정수만을 가려 엮은 '한국고미술의 이해'가 발간됐는데 이 책은 가장 널리 한국미술사를 알리는 책자가 되었다. 1994년 안휘준 교수의 참여로 증보된 '신판 한국미술사'는 김원룡 교수의 마지막 역작이자 가장 최근의 역량 있는 한국미술사 서적이라 할 수 있다. 1968년의 '한국미술사'가 1994년에 이르기까지 확대, 재생산된 것이다.

아쉬운 점은 한국미술사라는 현재진행형의 미술사를 여전히 조선이 멸망한 1910년까지 한정하고 있는 점이다. 이는 미술사를 단절의 상황으로 이해하게 만드는 오점이다. 또한 한국 미의식의 중심을 조선에 둬 고대세계를 집중 연구하던 식민사관을 극복하는 듯 보이기도 하지만, 결국 양식의 '쇠퇴'로 보는 시각은 역사와 미술을 보는 안목에서 치명적인 한계점을 노출시키기도 한다. 이는 결국 연구가 축적되지 못한 상태에서 서술된 한국미술사의 한계점이기도 하다.

'한국미술사'는 1968년 김원룡 교수가 출판한 책이자 오늘날 각 대학에 개설되어 있는 강좌명이기도 하다. 책 후미의 '跋'에서는 이 책이 1962년에 구상됐다는 것이 밝혀져 있다. 5 16에 의해 새로운 정부가 들어서고 민족적 저력을 강조하던 시기에 구상되고 궁극적으로 완전 민족 자립을 주장하며 제2차 경제개발 5개년 계획이 착실히 진행되던 시기에 이 책은 출판됐다. 시대적 요구에 맞춰 민족적 자긍심 고취라는 면에서 한국미술사에 대한 연구가 진행된 것이 아닌가 하는 의구심도 있다. 하지만 '한국미술사'가 동시대를 선도한 이론적 틀이었다는 것은 분명하다.

❶『한국일보』(2004. 3. 4)
❷『교수신문』(2004. 3. 15)
❸『교수신문』(2013. 1. 11)

》활판 시기의 출판 과정

❶ 원고 교정 ❷ 문선: 원고 내용대로 활자를 골라 뽑는 일
❸ 식자: 문선공이 뽑아 놓은 활자를 가지고 원고대로 조판하는 일 ❹ 교정쇄
❺ 교정: 편집자와 저자의 교정 사항을 수정, 반영하는 일

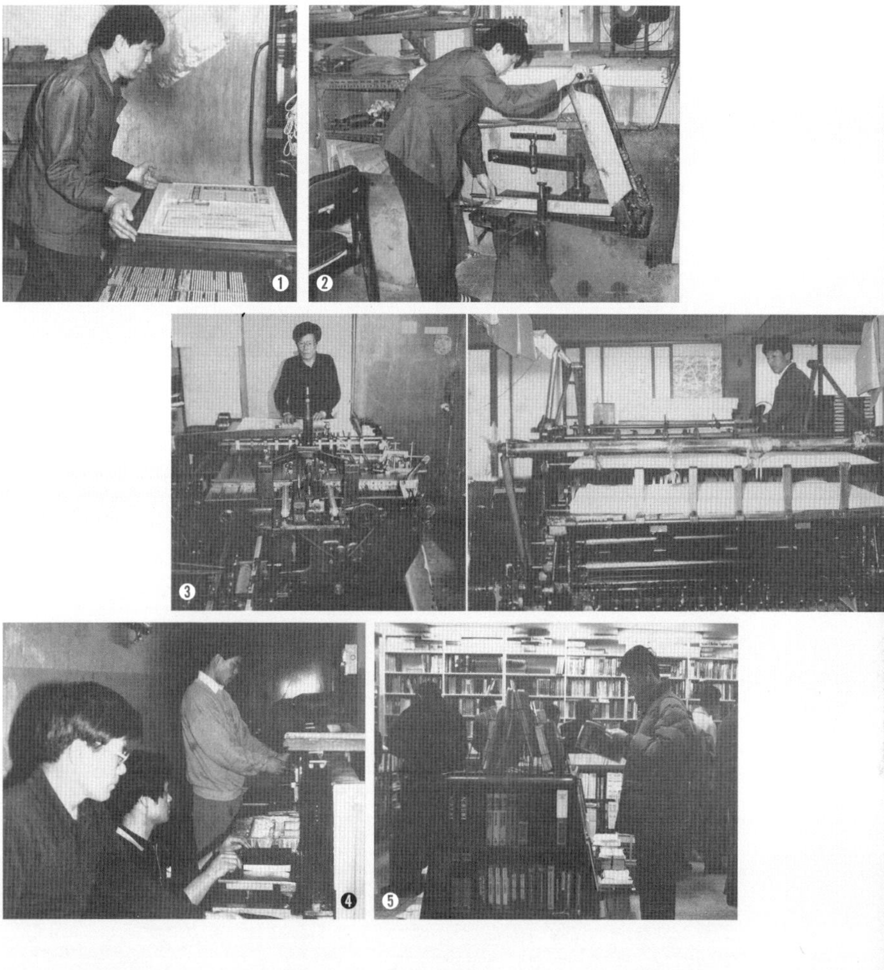

❶ 지형 제작: 연판을 뜨기 위해 식자판 위에 축축한 종이를 올려놓고 무거운 물건으로 눌러서 그 종이 위에 활자의 자국이 나타나게 하는 작업(76쪽 참조)
❷ 연판 제작: 활자를 짠 원판(原板)에 대고 지형을 뜬 다음 합금(납, 주석 등)을 녹여 부어서 인쇄판을 뜨는 일
❸ 인쇄 ❹ 제본 ❺ 서점 납품

》출판문화원 건물 설계도

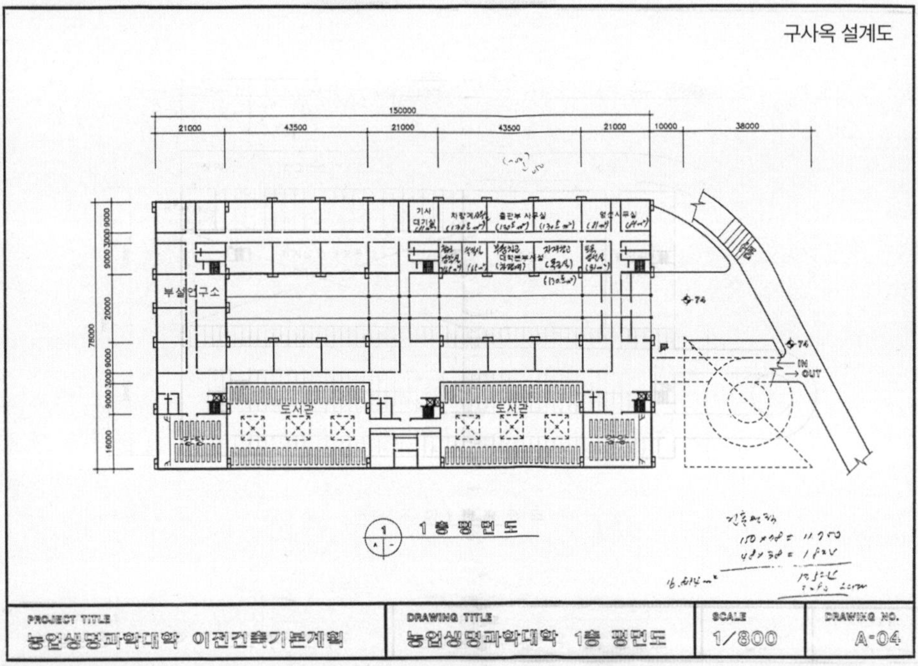
구사옥 설계도
150000
21000
43500
21000
43500
21000
10000
38000
부설연구소
도서관
도서관
1층 평면도
PROJECT TITLE
농업생명과학대학 이전건축기본계획
DRAWING TITLE
농업생명과학대학 1층 평면도
SCALE
1/800
DRAWING NO.
A-04

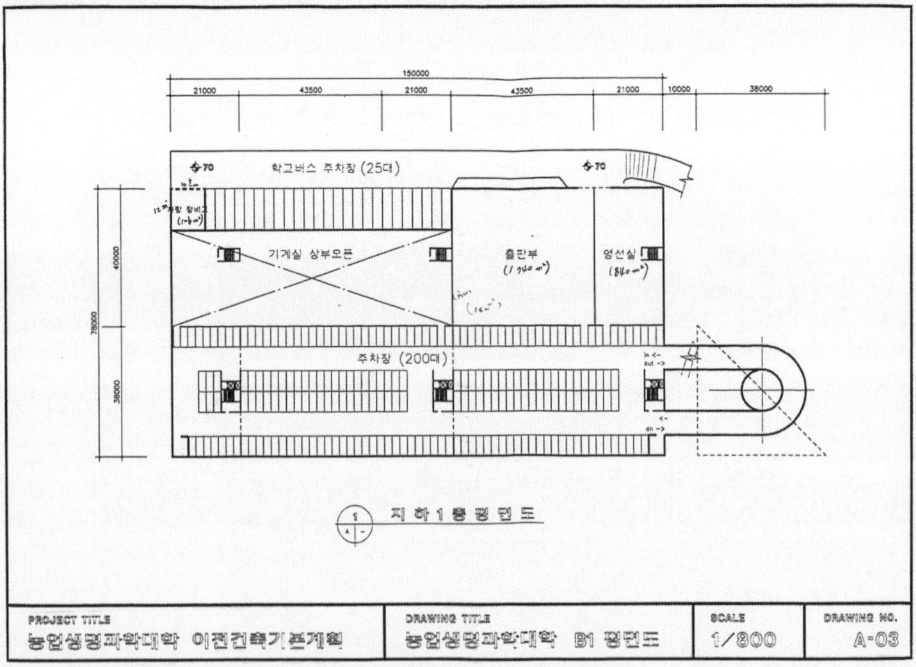
150000
21000
43500
21000
43500
21000
10000
38000
학교버스 주차장 (25대)
기계실 상부오픈
출판부
영선실
주차장 (200대)
지하 1층 평면도
PROJECT TITLE
농업생명과학대학 이전건축기본계획
DRAWING TITLE
농업생명과학대학 B1 평면도
SCALE
1/800
DRAWING NO.
A-03

500동에 위치한
신사옥 설계도

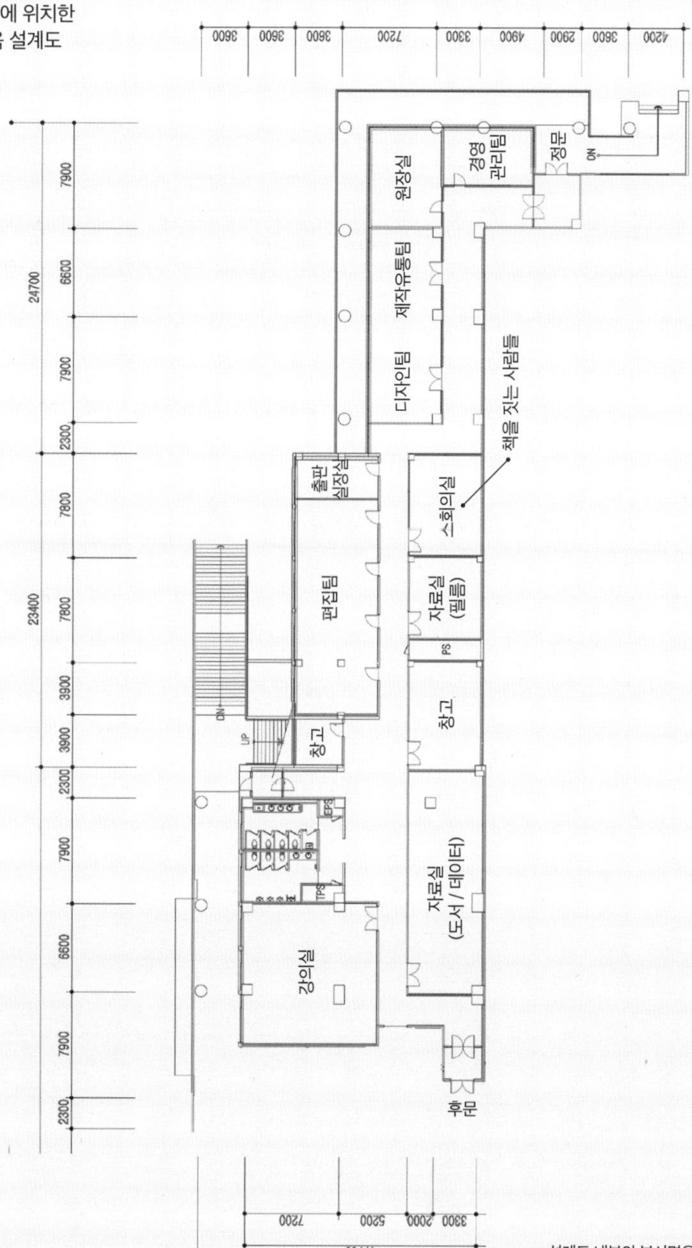

* 설계도 내부의 부서명은
2020년 현재 기준으로 표기함

》본문 레이아웃

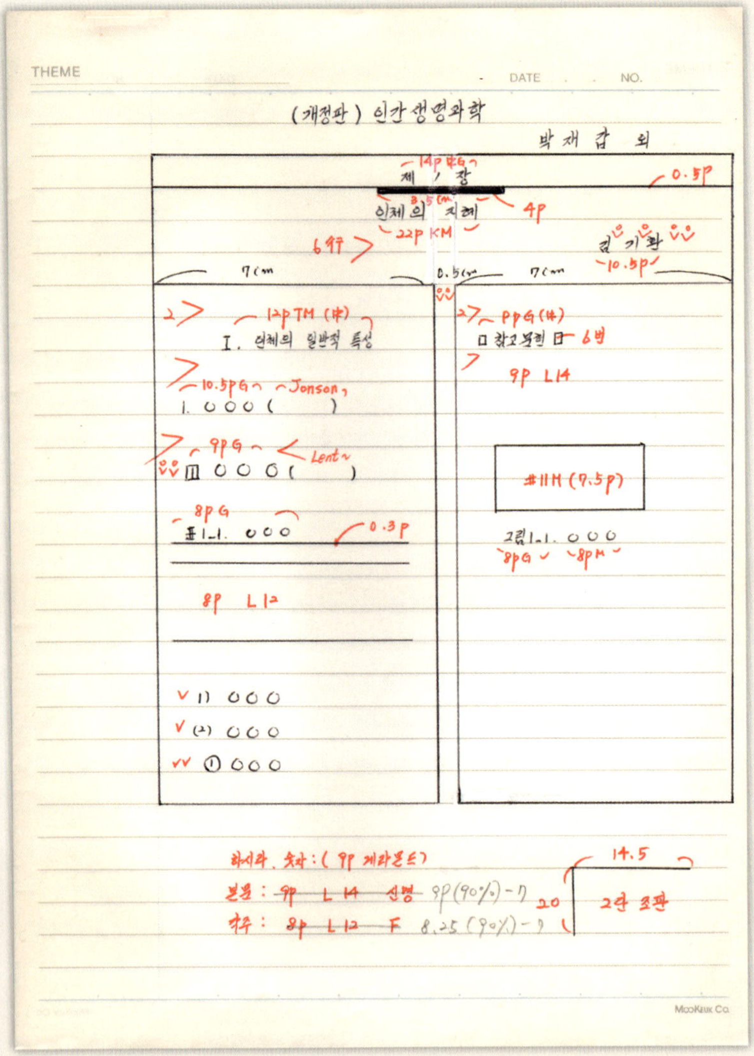

당시에는 편집자가 직접 서체와 글자 크기 등을 지정해서 넘겼는데,
전문 디자이너를 채용하기 전까지 편집자가 이와 같은 역할을 담당했다.

》 저자 육필 원고

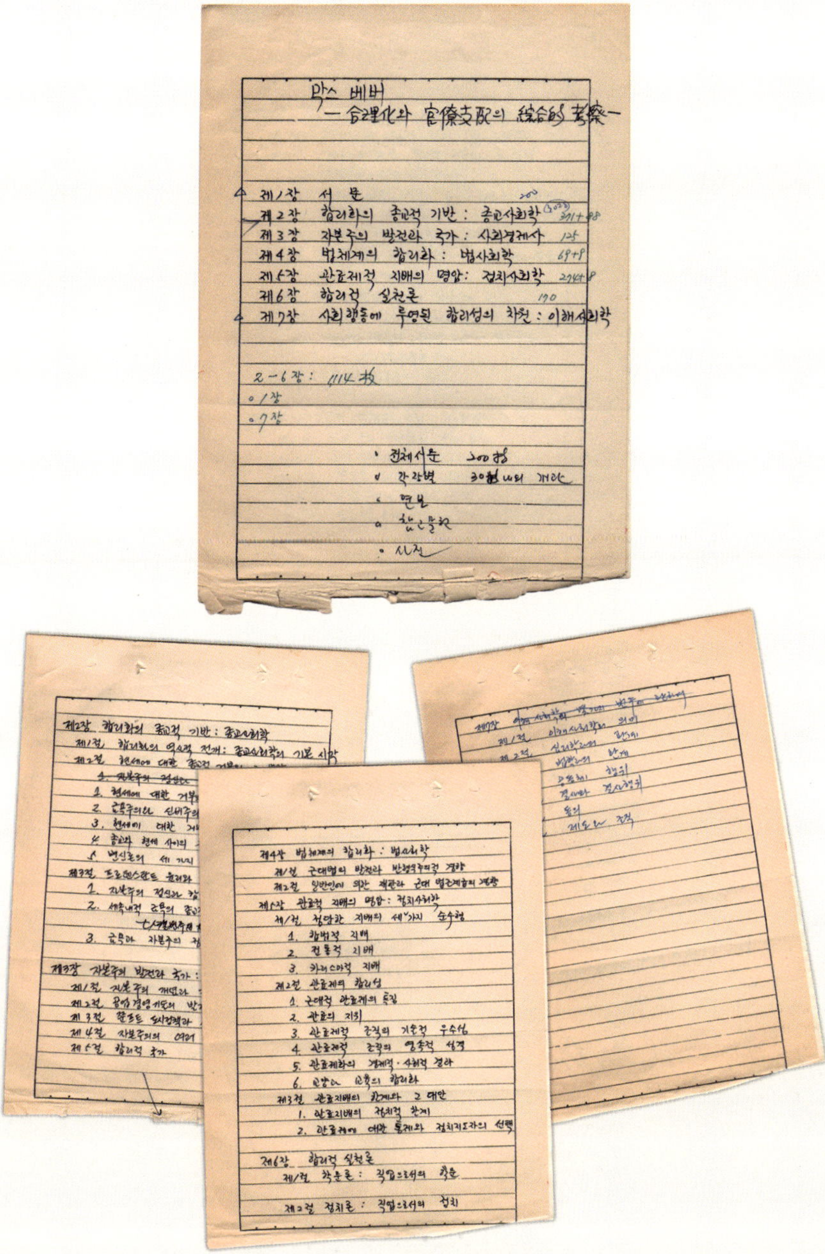
막스 베버
— 合理化와 官僚支配의 綜合的 考察 —

제1장 서 론
제2장 합리화의 종교적 기반 : 종교사회학
제3장 자본주의 발전과 국가 : 사회경제사
제4장 법체계의 합리화 : 법사회학
제5장 관료제적 지배의 명암: 정치사회학
제6장 합리적 실천론
제7장 사회행동에 투영된 합리성의 차원 : 이해사회학

2-6장 : 1114 枚

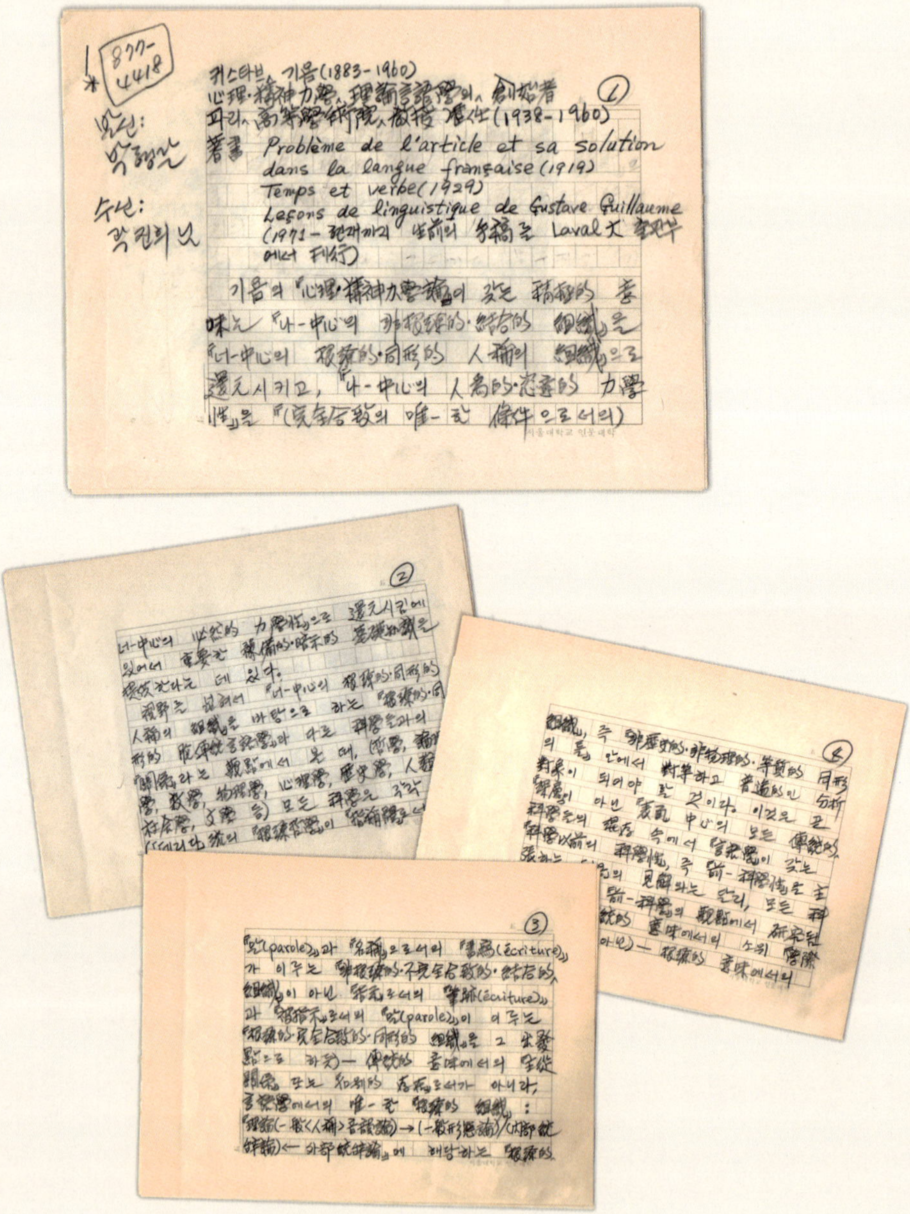
8777-4418
구스타브 기욤(1883-1960)
①
파리 高等學術院 敎授 (1938-1960)
Problème de l'article et sa solution
dans la langue française(1919)
Temps et verbe(1929)
Leçons de linguistique de Gustave Guillaume
(1971- 현재까지 生前의 原稿를 Laval大 에서 刊行)

》 본문 교정지

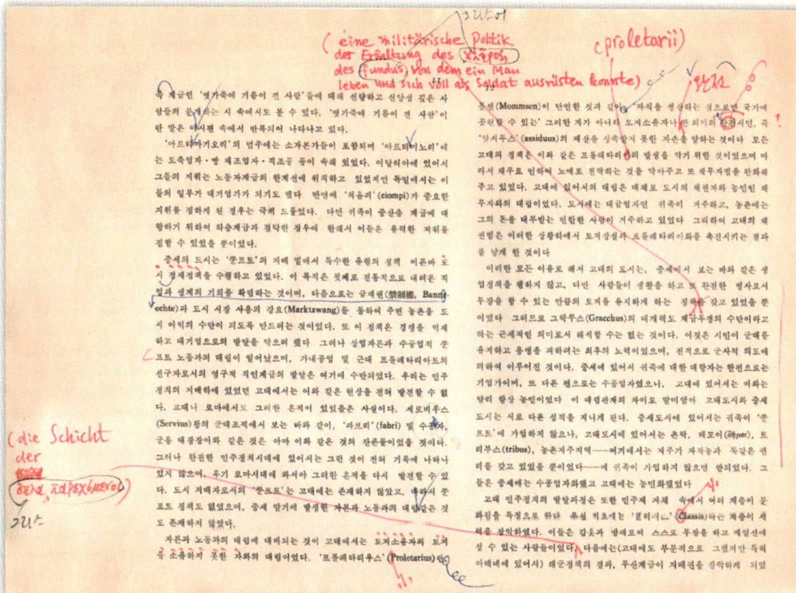

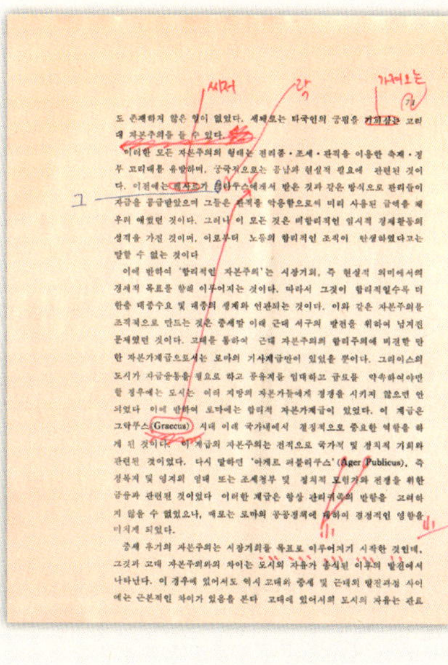

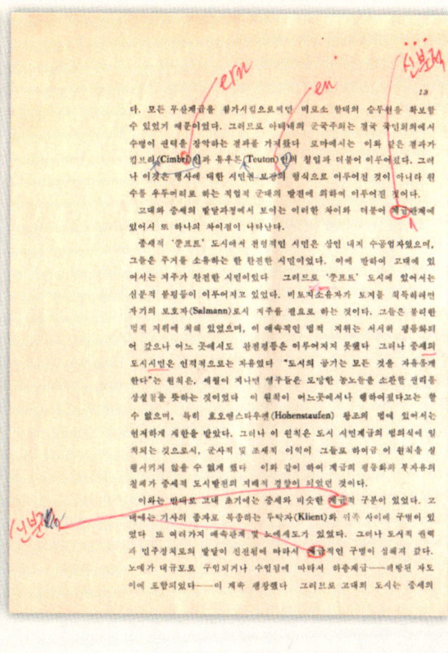

》 표지 디자인

당시에는 표지 디자인을 수작업으로 했는데,
책의 장정(裝幀)을 어떻게 할 것인지를 결정하고,
표지에 들어갈 이미지에는 유산지를 씌워
원하는 크기를 적어 주었다.

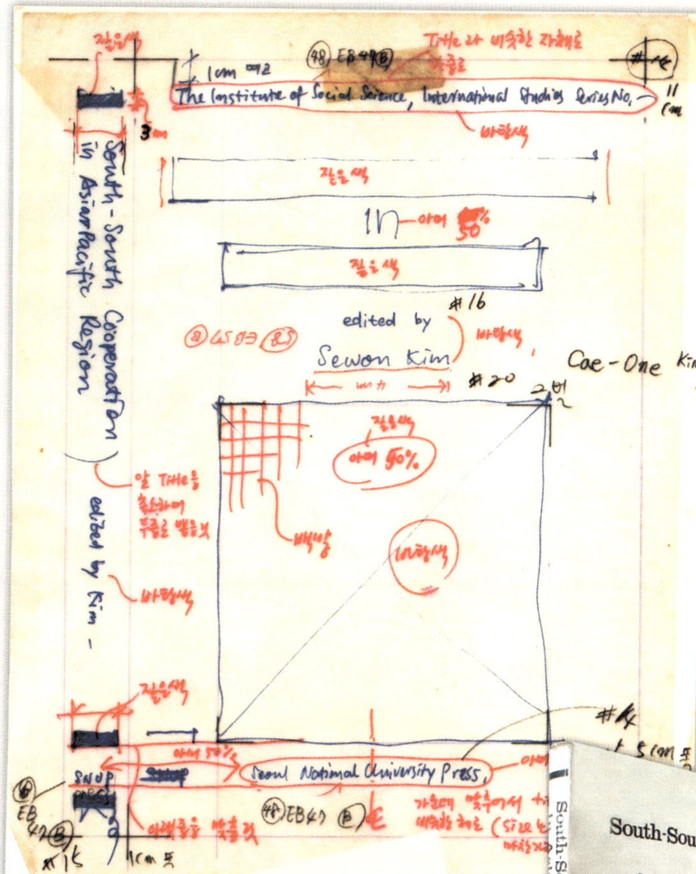

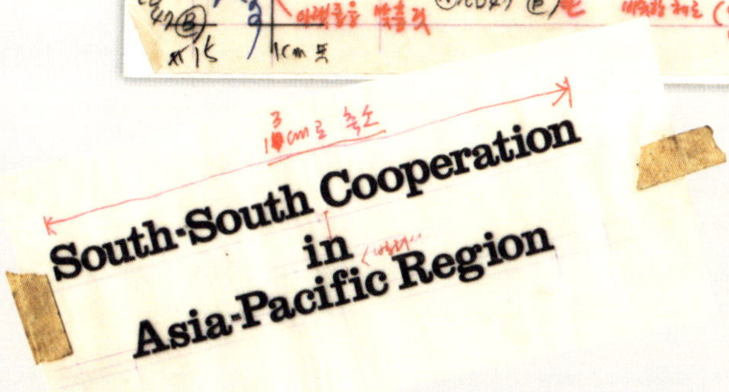

표지 등의 디자인을 모눈종이에
실물 사이즈로 그렸으며(위),
표제어 등 텍스트는 유산지(기름종이)에
로트링 펜으로 작업했다(아래).

》 도서진행표

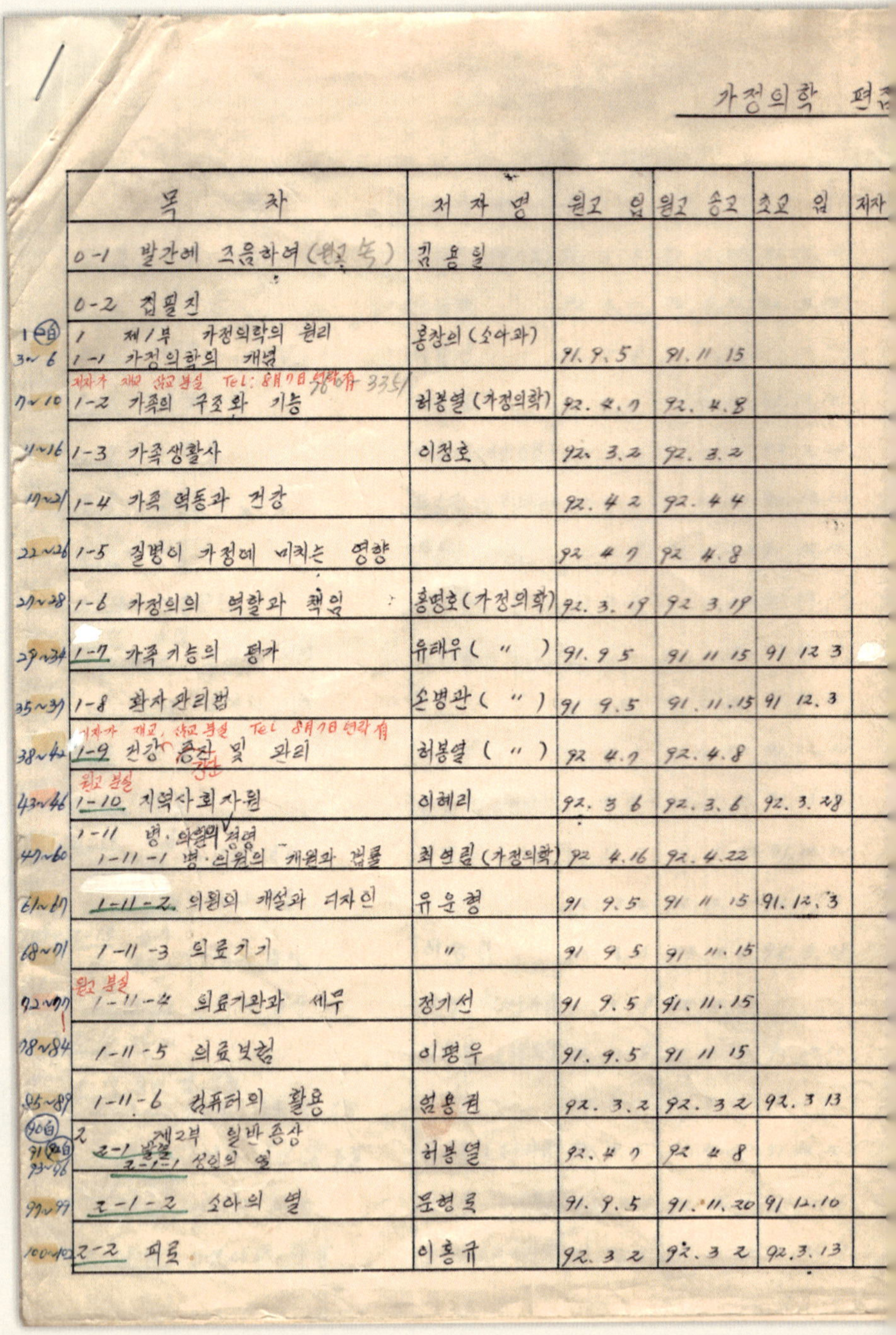

가정의학 편[illegible]

쪽	목 차	저 자 명	원고 입	원고 송고	초교 입	저자
	0-1 발간에 즈음하여 (원고 [illegible])	김용일				
	0-2 집필진					
1 (2白) 3~6	1 제1부 가정의학의 원리 1-1 가정의학의 개념	홍창의 (소아과)	91. 9. 5	91. 11 15		
7~10	저자가 재교 삼교 분실 Tel: 8月 7日 연락有 [illegible] 3351 1-2 가족의 구조와 기능	허봉열 (가정의학)	92. 4. 7	92. 4. 8		
11~16	1-3 가족생활사	이정호	92. 3. 2	92. 3. 2		
17~21	1-4 가족 역동과 건강		92. 4 2	92. 4 4		
22~26	1-5 질병이 가정에 미치는 영향		92 4 7	92 4. 8		
27~28	1-6 가정의의 역할과 책임	홍명호 (가정의학)	92. 3. 19	92 3. 19		
29~34	1-7 가족 기능의 평가	유태우 (〃)	91. 9 5	91 11 15	91 12 3	
35~37	1-8 환자 관리법	손병관 (〃)	91 9. 5	91. 11. 15	91 12. 3	
38~42	저자가 재교, 삼교 분실 Tel 8月 7日 연락 有 1-9 건강 증진 및 관리	허봉열 (〃)	92 4. 7	92. 4. 8		
43~46	원고 분실 1-10 지역사회 자원	이혜리	92. 3 6	92. 3. 6	92. 3. 28	
47~60	1-11 병·의원의 경영 1-11-1 병·의원의 개원과 법률	최연림 (가정의학)	92 4. 16	92. 4. 22		
61~67	1-11-2 의원의 개설과 디자인	유운형	91 9. 5	91 11 15	91. 12. 3	
68~71	1-11-3 의료기기	〃	91 9 5	91 11. 15		
72~77	원고 분실 1-11-4 의료기관과 세무	정기선	91 9. 5	91. 11. 15		
78~84	1-11-5 의료보험	이평우	91. 9. 5	91 11 15		
85~89	1-11-6 컴퓨터의 활용	엄용권	92. 3. 2	92. 3 2	92. 3 13	
(90白) 91 (92白) 93~96	2 제2부 일반증상 2-1 발열 2-1-1 성인의 열	허봉열	92. 4 7	92 4 8		
97~99	2-1-2 소아의 열	문형로	91. 9. 5	91. 11. 20	91 12. 10	
100~102	2-2 피로	이홍규	92. 3 2	92. 3 2	92. 3. 13	

당시에는 수기로 진행표를 적어
교정 진행 상황을 알 수 있도록 했다.

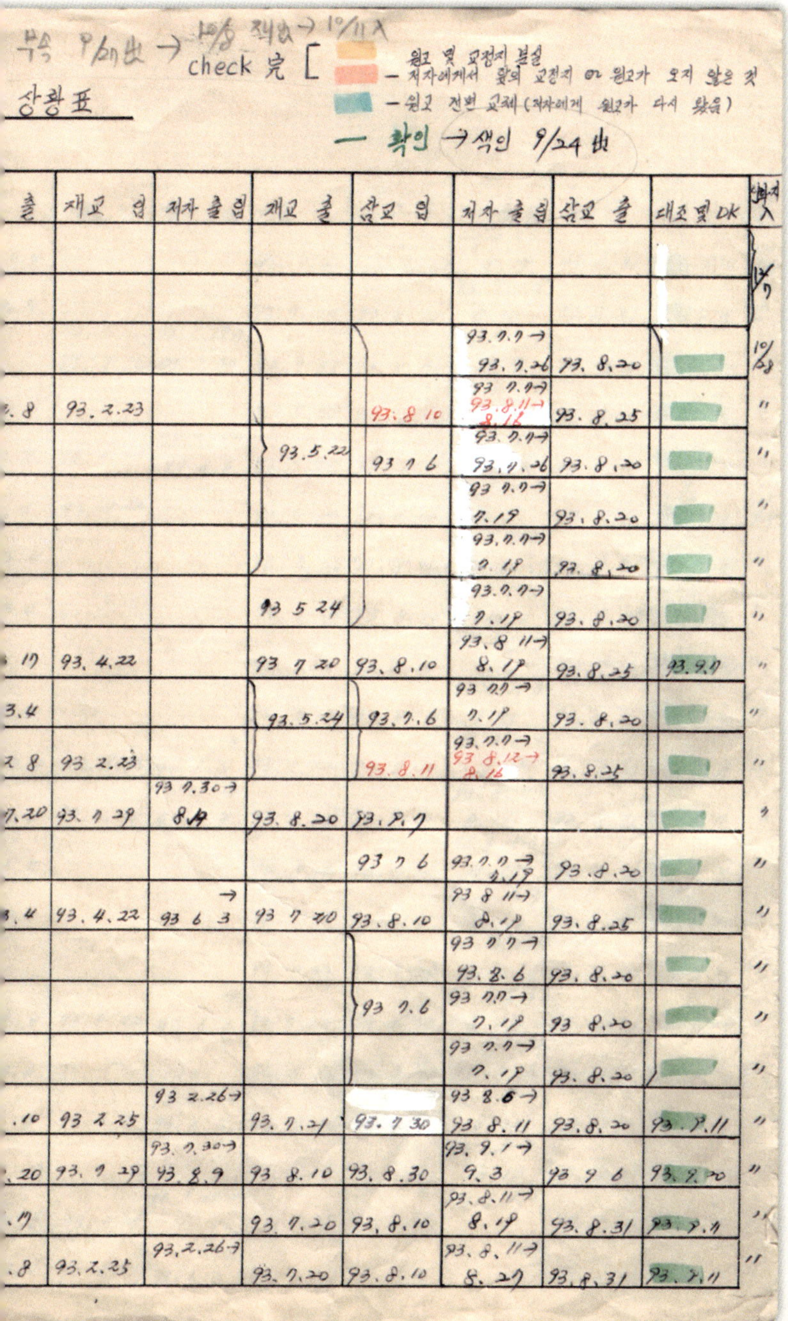

부속 9/21 出 → 10/8 재出 → 10/11 入

check 完 [원고 및 교정지 분실 / — 저자에게서 원고 교정지 or 원고가 오지 않은 것 / — 원고 전면 교체(저자에게 원고가 다시 왔음)

— 확인 → 색인 9/24 出

상황표

출	재교 입	저자 출입	재교 출	삼교 입	저자 출입	삼교 출	대조 및 DK	색지 入
								11/7
					93.7.7→ 93.7.26	93.8.20		10/28
.8	93.2.23			93.8.10	93.7.7→ 93.8.11→ 8.16	93.8.25		〃
			93.5.22	93.7.6	93.7.7→ 93.7.26	93.8.20		〃
					93.7.7→ 7.19	93.8.20		〃
					93.7.7→ 7.18	93.8.20		〃
			93.5.24		93.7.7→ 7.19	93.8.20		〃
.17	93.4.22		93.7.20	93.8.10	93.8.11→ 8.19	93.8.25	93.9.7	〃
3.4			93.5.24	93.7.6	93.7.7→ 7.19	93.8.20		〃
2.8	93.2.23			93.8.11	93.7.7→ 93.8.12→ 8.16	93.8.25		〃
7.20	93.7.29	93.7.30→ 8.4	93.8.20	93.8.7				〃
				93.7.6	93.7.7→ 7.19	93.8.20		〃
3.4	93.4.22	→ 93.6.3	93.7.20	93.8.10	93.8.11→ 8.19	93.8.25		〃
					93.7.7→ 93.8.6	93.8.20		〃
				93.7.6	93.7.7→ 7.19	93.8.20		〃
					93.7.7→ 7.19	93.8.20		〃
.10	93.2.25	93.2.26→	93.7.21	93.7.30	93.8.6→ 93.8.11	93.8.20	93.9.11	〃
.20	93.7.29	93.7.30→ 93.8.9	93.8.10	93.8.30	93.9.1→ 9.3	93.9.6	93.9.20	〃
.17			93.7.20	93.8.10	93.8.11→ 8.19	93.8.31	93.9.11	〃
.8	93.2.25	93.2.26→	93.7.20	93.8.10	93.8.11→ 8.27	93.8.31	93.9.11	〃

》 활판 인쇄 시기의 조판 도구

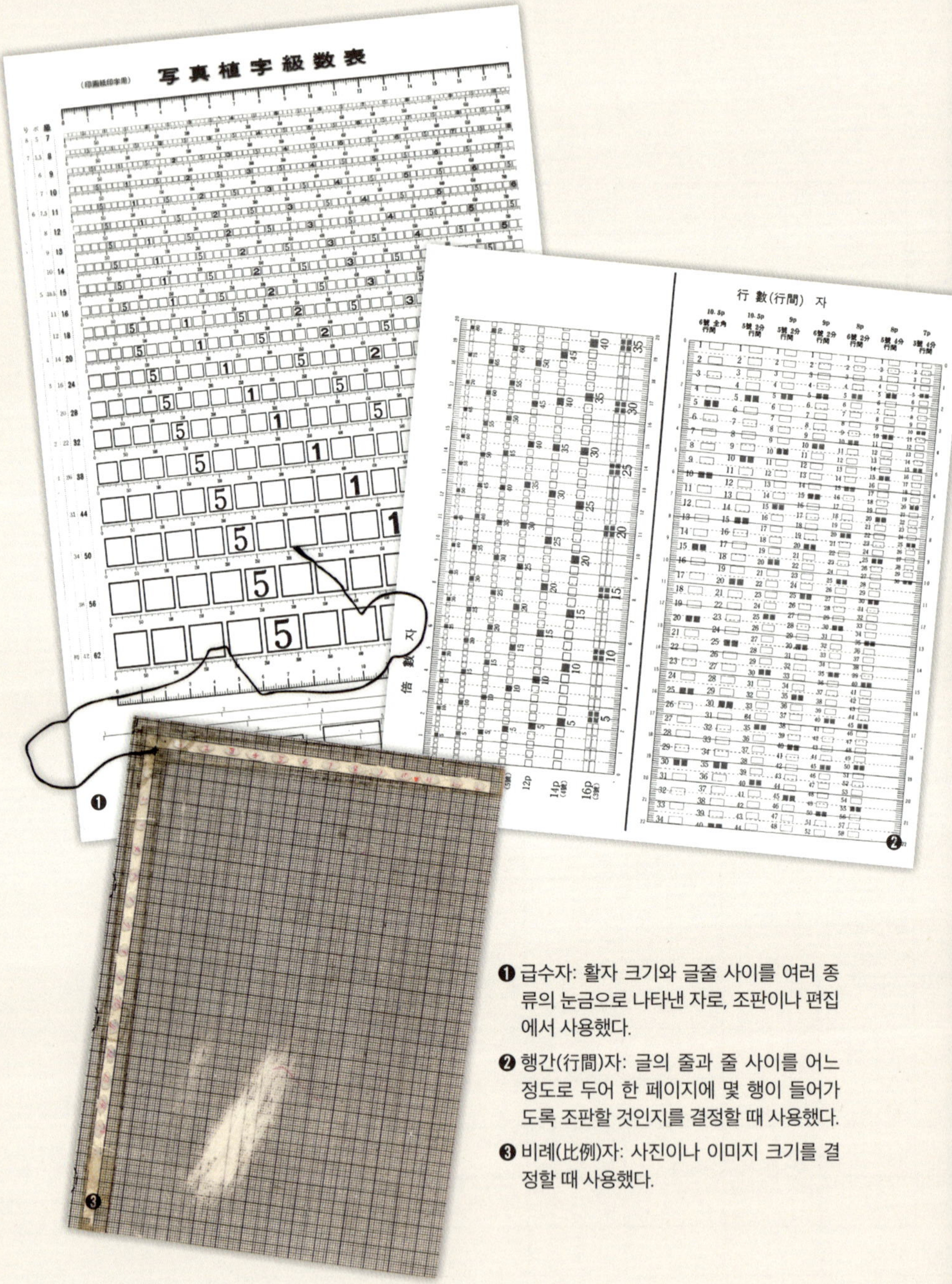

❶ 급수자: 활자 크기와 글줄 사이를 여러 종류의 눈금으로 나타낸 자로, 조판이나 편집에서 사용했다.

❷ 행간(行間)자: 글의 줄과 줄 사이를 어느 정도로 두어 한 페이지에 몇 행이 들어가도록 조판할 것인지를 결정할 때 사용했다.

❸ 비례(比例)자: 사진이나 이미지 크기를 결정할 때 사용했다.

서류로 보는 출판문화원

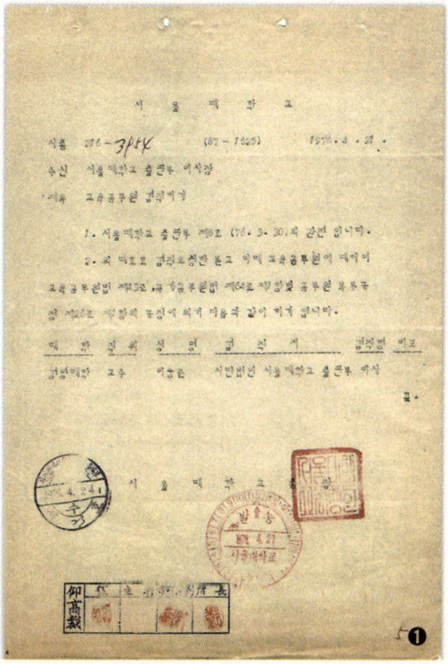

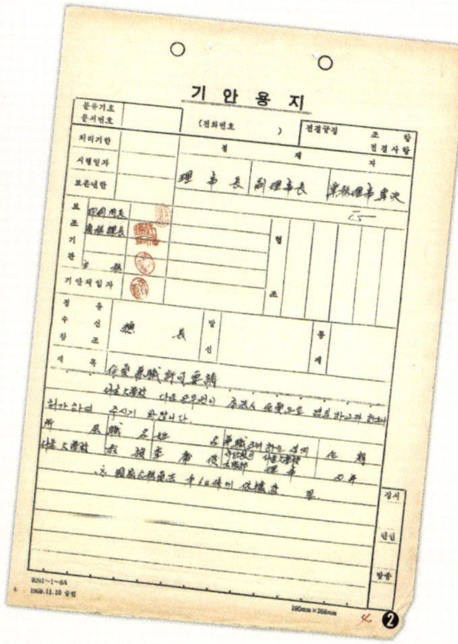

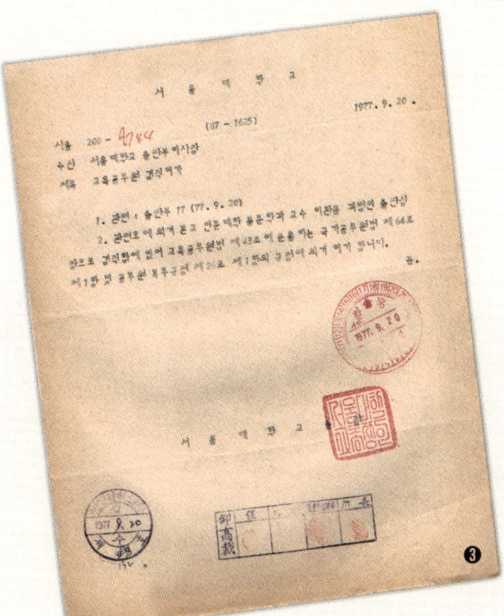

❶ 교육공무원 겸직 허가(1976)
❷ 임원 겸직 허가 요청
❸ 제2대 출판실장 이환 교수
임명 서류(1977)

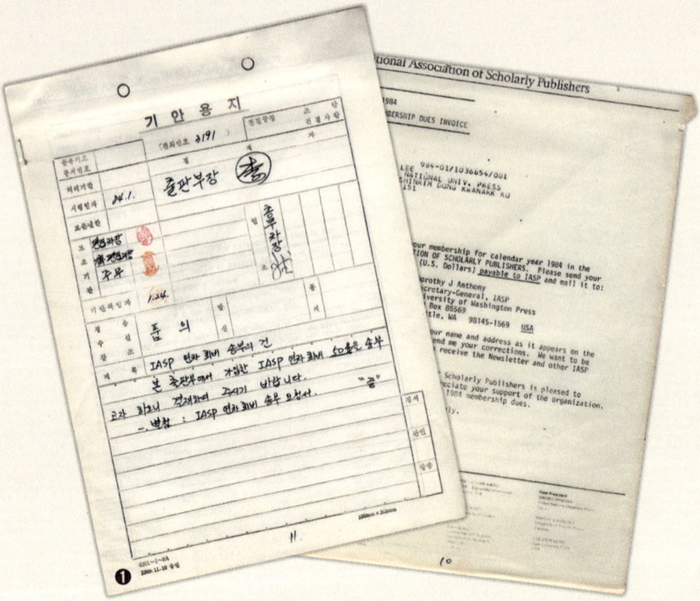

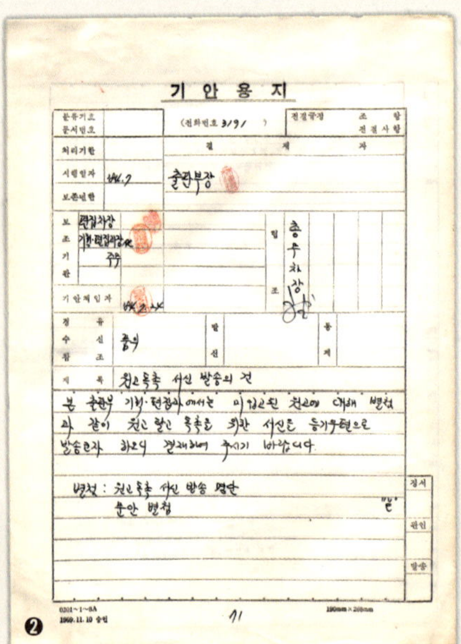

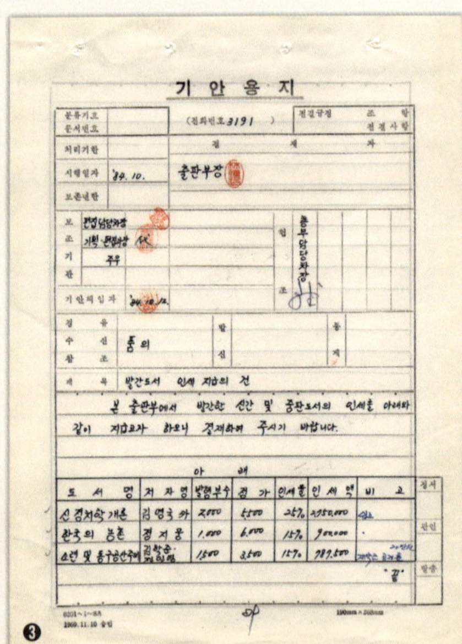

❶ IASP 연차 회비 송부 서류(1984)
❷ 원고 독촉 서신 발송(1984)
❸ 발간도서 인세 지급 서류(1984)

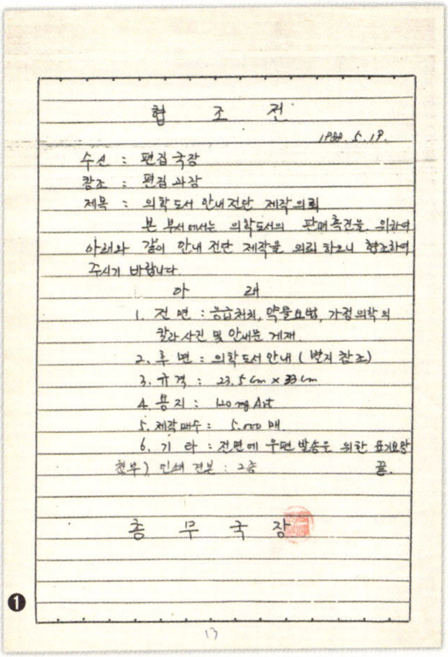

협 조 전

1988. 5. 19.

수신 : 편집국장
참조 : 편집과장
제목 : 의학도서 안내전단 제작의뢰

본 부서에서는 의학도서의 판매촉진을 의하여 아래와 같이 안내 전단 제작을 의뢰 하오니 협조하여 주시기 바랍니다.

아 래

1. 전 면 : 응급처치, 약물요법, 가정의학의 칼라사진 및 안내문 게재
2. 후 면 : 의학도서 안내 (별지 참조)
3. 규격 : 23.5cm × 33cm
4. 용지 : 120g Art
5. 제작매수 : 5,000매
6. 기 타 : 전면에 우편 발송을 위한 표제용란 첨부) 인쇄 견본 : 2층 끝.

총 무 국 장

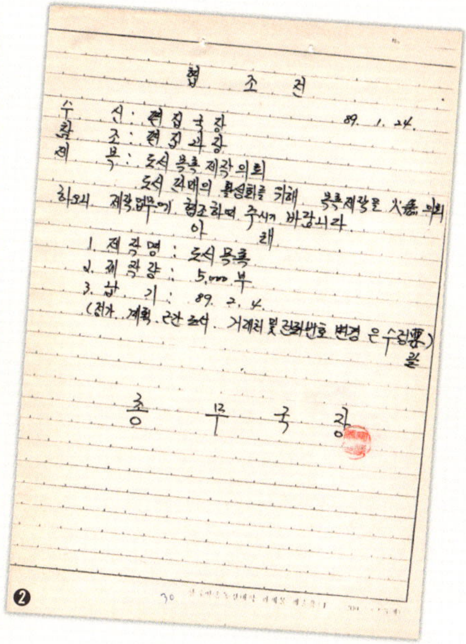

협 조 전

수 신 : 편집국장 89. 1. 24.
참 조 : 편집과장
제 목 : 도서 목록 제작 의뢰

도서 판매의 활성화를 기해 목록제작을 의뢰하오니 제작업무에 협조하여 주시기 바랍니다.

아 래

1. 제작명 : 도서목록
2. 제작량 : 5,000부
3. 납 기 : 89. 2. 4.

(전화 거래처 및 전화번호 변경은 수정要) 끝

총 무 국 장

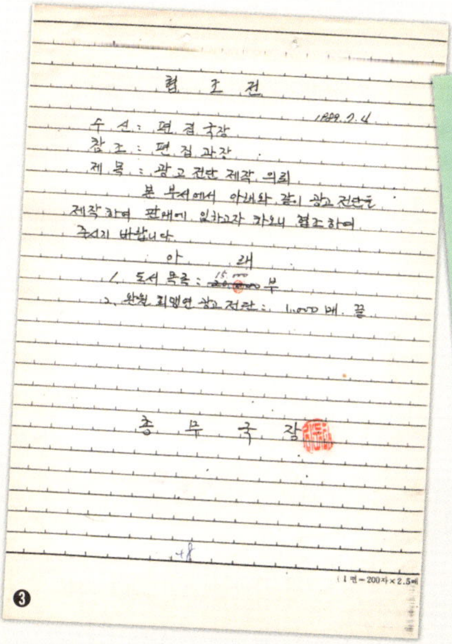

협 조 전

1989. 7. 4.

수 신 : 편집국장
참 조 : 편집과장
제 목 : 광고 전단 제작 의뢰

본 부서에서 아래와 같이 광고 전단을 제작하여 판매에 임하고자 하오니 협조하여 주시기 바랍니다.

아 래

1. 도서 목록 : 15,000부
2. 완월, 회맹연 광고 전단 : 1,000매. 끝

총 무 국 장

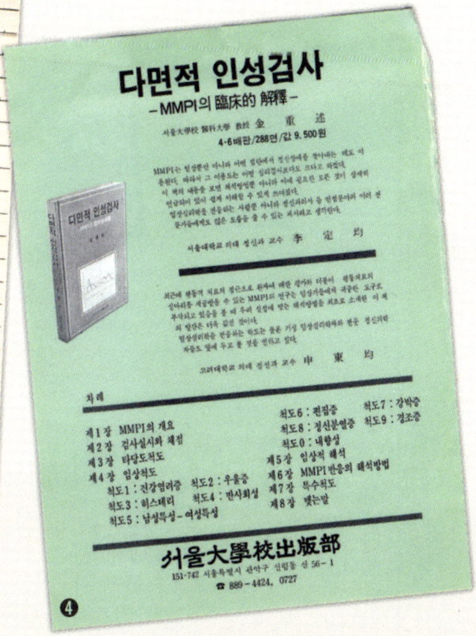

❶ 의학도서 안내전단 제작의뢰(1988)
❷ 도서목록 제작 의뢰(1989)
❸ 광고전단 제작 의뢰(1989)
❹ 『다면적 인성검사』 광고전단

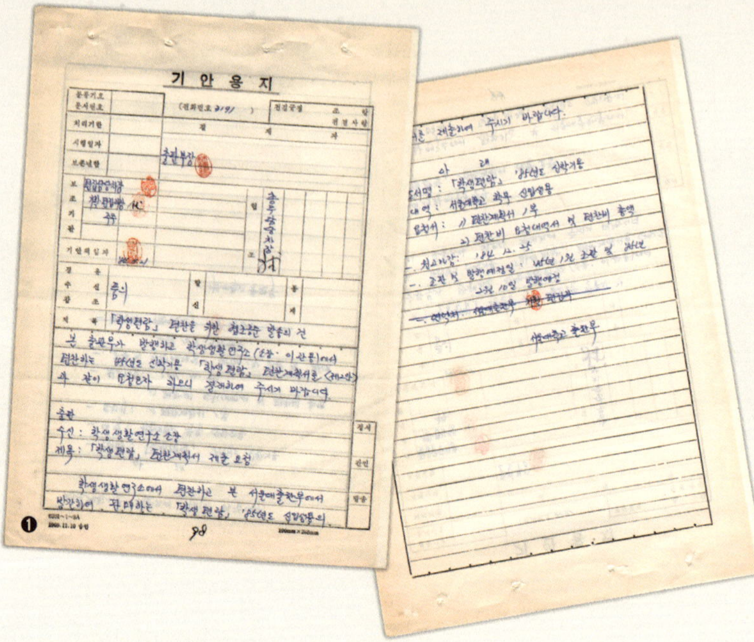

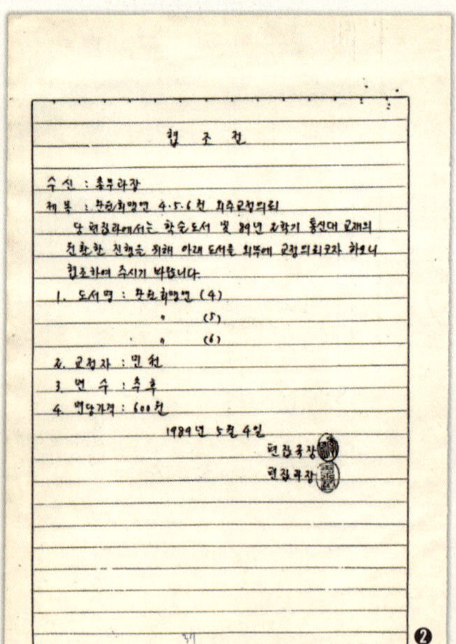

협조전

수신 : 총무과장

제목 : 완월회맹연 4·5·6권 외주교정의뢰

당 편집과에서는 학술도서 및 89년 2학기 통신대 교재의 원활한 진행을 위해 아래 도서를 외부에 교정의뢰코자 하오니 협조하여 주시기 바랍니다.

1. 도서명 : 완월회맹연 (4)
 〃 (5)
 〃 (6)
2. 교정자 : 민천
3. 면수 : 추후
4. 면당가격 : 600원

1989년 5월 4일

편집국장

편집과장

❶『학생편람』 편찬을 위한 협조공문(1984)

❷『완월회맹연』 외주 교정 협조전(1989)

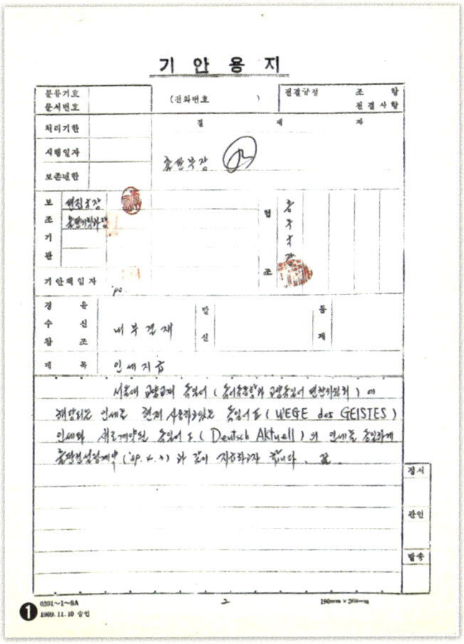

기 안 용 지

분류기호 문서번호		(전화번호)	전결규정 조 항 전결사항
처리기한		결 재 자	
시행일자		출판부장	
보존년한			
보조기관	편집국장 / 출판기획과장	협조	
기안책임자			
경유 수신 참조	내부결재	발신	통제
제목	인세지급		

서울대 교양과제 독일어(독어독문학과 교양독일어 편찬위원회)에 해당되는 인세로 현재 사용하고있는 독일어 I (WEGE des GEISTES) 인세와 새로계약된 독일어 I (Deutsch Aktuell)의 인세를 동일하게 출판권설정계약(89.4.1)과 같이 지급하고자 합니다. 끝

정서 / 관인 / 발송

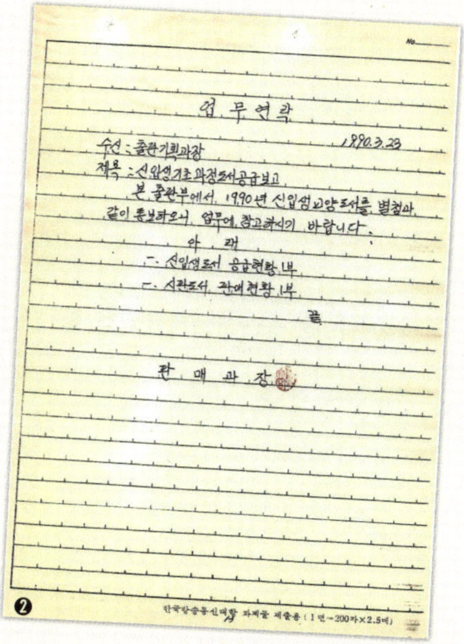

No.

업무연락

1990.3.23

수신 : 출판기획과장

제목 : 신입생기초과정도서공급보고

본 출판부에서 1990년 신입생교양도서를 별첨과 같이 공급하오니 업무에 참고하시기 바랍니다.

아 래

一. 신입생도서 공급현황 1부

二. 시판도서 판매현황 1부

끝

판 매 과 장

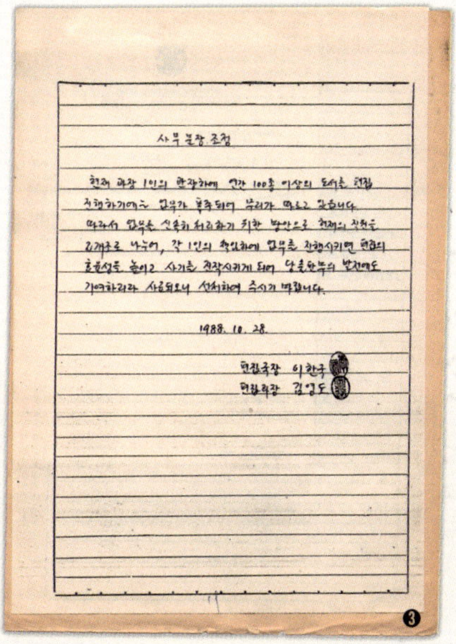

사무분장 조정

현재 과장 1인의 관장하에 연간 100종 이상의 도서를 편집 진행하기에는 업무가 복잡되어 무리가 따르고 있습니다. 따라서 업무를 신속히 처리하기 위한 방안으로 현재의 직원을 2개조로 나누어, 각 1인의 책임하에 업무를 진행시키면 편집의 효율성을 높이고 사기를 진작시키게 되어 당출판부의 발전에도 기여하리라 사료되오니 선처하여 주시기 바랍니다.

1988. 10. 28.

편집국장 이한국

편집과장 김영도

❶ 인세 지급(1990)
❷ 신입생 기초과정 도서 공급 보고(1990)
❸ 사무분장 조정(1988)

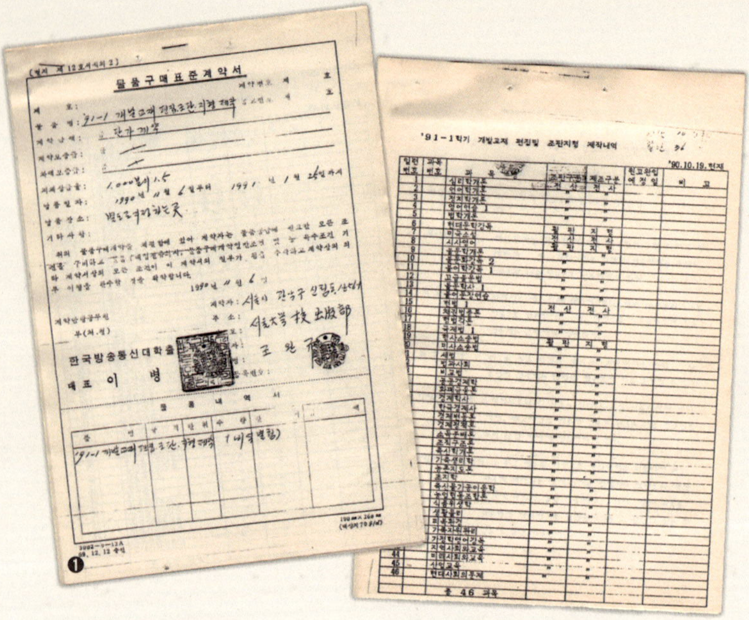

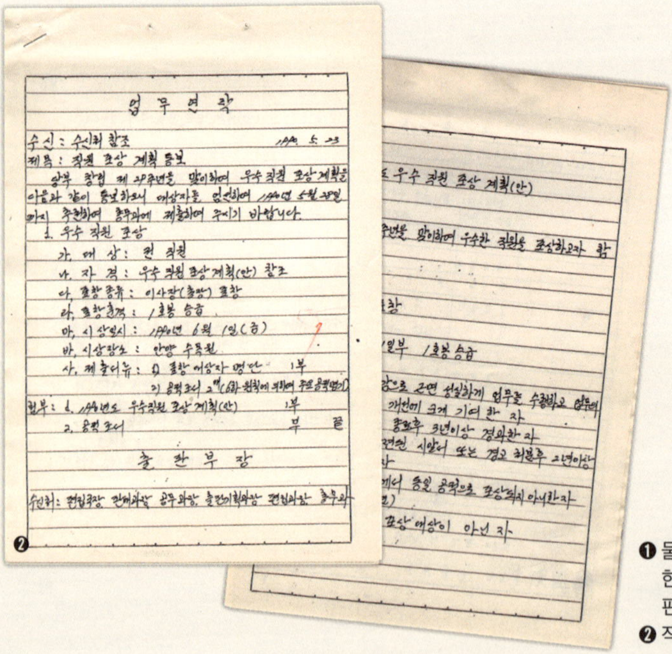

❶ 물품구매표준계약서:
한국방송통신대학 교재
편집·조판·지형 제작(1990)
❷ 직원 포상 계획(1990)

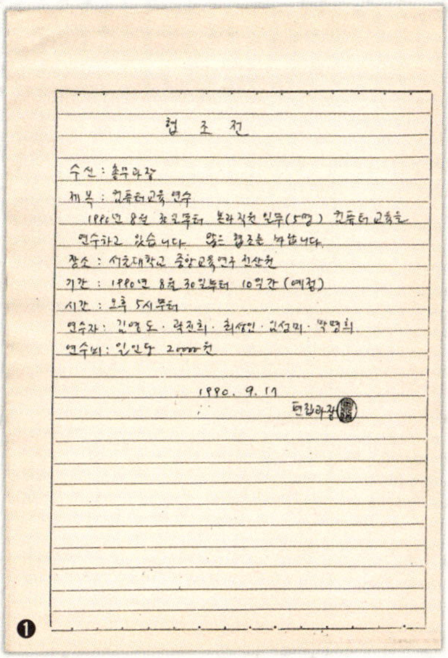

협 조 전

수신 : 총무과장

제목 : 컴퓨터교육 연수

1990년 8월 초순부터 본과 직원 일부(5명) 컴퓨터 교육을 연수하고 있습니다. 많은 협조를 바랍니다.

장소 : 서초대학교 중앙교육연구 전산원

기간 : 1990년 8월 30일부터 10일간 (예정)

시간 : 오후 5시부터

연수자 : 김영도 · 곽진희 · 최성인 · 김성미 · 박명희

연수비 : 일인당 20000원

1990. 9. 17

편집과장

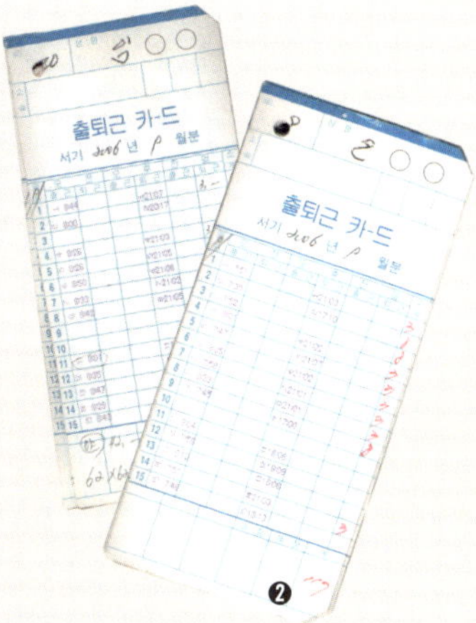

❶ 직원 컴퓨터교육 연수(1990)
❷ 출퇴근 카드(2006)
❸ 통신대학교 개발교재 조판에 관한 의견(1991)
❹ 직원 상조회 회칙

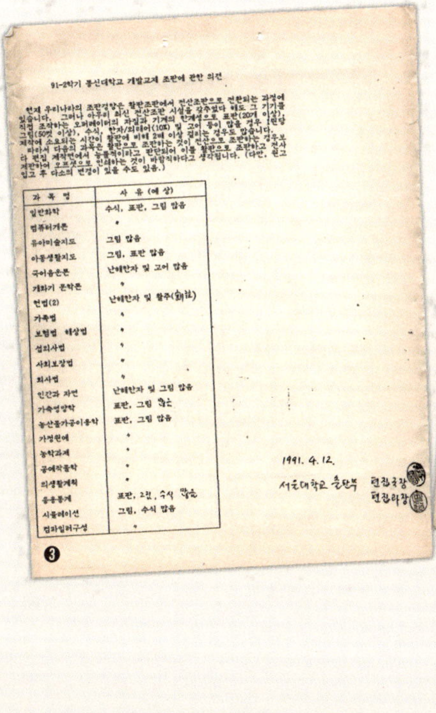

91-2학기 통신대학교 개발교재 조판에 관한 의견

현재 우리나라의 조판경향은 활판조판에서 전산조판으로 전환되는 과정에 있습니다. 그러나 아무리 최신 전산조판 시설을 갖추었다 해도 그 기기를 직접 조작하는 오퍼레이터의 자질과 기계의 한계성으로 표판(20개 이상), 그림(50컷 이상), 수식, 한자/외래어(10%) 및 고어 등이 많을 경우 1면당 제작에 소요되는 시간이 활판에 비해 2배 이상 걸리는 경우도 많습니다.

따라서 다음의 과목은 활판으로 조판하는 것이 전산으로 조판하는 경우보다 편집 제작면에서 능률적이라고 판단되어 이를 활판으로 조판하고 전사 [illegible] 오프셋으로 인쇄하는 것이 바람직하다고 생각됩니다. (다만, 원고 입고 후 다소의 변경이 있을 수도 있음.)

과 목 명	사 유 (예 상)
일반화학	수식, 표판, 그림 많음
컴퓨터개론	〃
유아미술지도	그림 많음
아동생활지도	그림, 표판 많음
국어음운론	난해한자 및 고어 많음
개화기 문학론	〃
헌법(2)	난해한자 및 할주(割註)
가족법	〃
보험법 해상법	〃
섭외사법	〃
사회보장법	〃
회사법	〃
인간과 자연	난해한자 및 그림 많음
가축영양학	표판, 그림 많은
농산물가공이용학	표판, 그림 많음
가정원예	〃
농학과제	〃
공예작물학	〃
의생활계획	〃
응용통계	표판, 그림, 수식 많음
시뮬레이션	그림, 수식 많음
컴파일러구성	〃

1991. 4. 12.

서초대학교 출판부 편집국장

편집과장

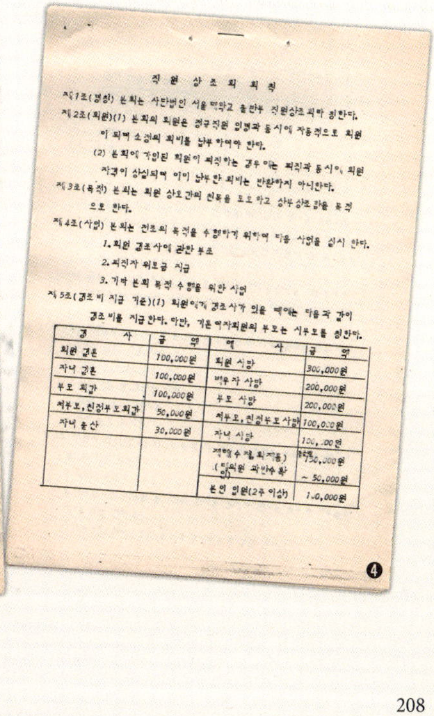

직 원 상 조 회 회 칙

제1조(명칭) 본회는 사단법인 서울여학교 출판부 직원상조회라 칭한다.

제2조(회원)(1) 본회의 회원은 정규직원 임명과 동시에 자동적으로 회원이 되며 소정의 회비를 납부하여야 한다.

(2) 본회에 가입된 회원이 퇴직하는 경우에는 퇴직과 동시에 회원자격이 상실되며 이미 납부한 회비는 반환하지 아니한다.

제3조(목적) 본회는 회원 상호간의 친목을 도모하고 상부상조함을 목적으로 한다.

제4조(사업) 본회는 전조의 목적을 수행하기 위하여 다음 사업을 실시 한다.

1. 회원 경조사에 관한 부조

2. 퇴직자 위로금 지급

3. 기타 본회 목적 수행을 위한 사업

제5조(경조비 지급 기준)(1) 회원에게 경조사가 있을 때에는 다음과 같이 경조비를 지급한다. 다만, 기혼 여자회원의 부모는 시부모를 칭한다.

경 사	금 액	애 사	금 액
회원 결혼	100,000원	회원 사망	300,000원
자녀 결혼	100,000원	배우자 사망	200,000원
부모 회갑	100,000원	부모 사망	200,000원
처부모, 친정부모 회갑	50,000원	처부모, 친정부모 사망	100,000원
자녀 출산	30,000원	자녀 사망	100,[illegible]00원
		재해(수재, 화재등) (임원회 과반수 확인)	[illegible]50,000원 ~ 50,000원
		본인 입원(2주 이상)	100,000원

부록

부록 1

역대 이사장 및 원장

역대 이사장/부이사장*

이사장	부이사장	이사장	부이사장
권중휘 총장		조완규 총장	하두봉 부총장 김종운 부총장 김영국 부총장
신태환 총장		김종운 총장	김상주 부총장
유기천 총장		이수성 총장	선우중호 부총장
최문환 총장		선우중호 총장	최송화 부총장
한심석 총장		이기준 총장	송병락 부총장 이현구 부총장
윤천주 총장		정운찬 총장	정명희 부총장 이호인 부총장
고병익 총장		이장무 총장	김신복 부총장
권이혁 총장	이현재 부총장	오연천 총장	박명진 교육부총장 변창구 교육부총장
이현재 총장	고윤석 부총장	성낙인 총장	김종서 교육부총장 이우일 연구부총장 신희영 연구부총장
박봉식 총장	조용섭 부총장	오세정 총장(현재)	노동영 연구부총장 여정성 기획부총장(현재)

* 역대 이사장 명단은 등기 이후부터 제시하였으며(등기 당시 이사장은 권중휘 총장), 현재 법원 행정처 등기정보중앙관리소에 남아 있는 자료에는 한심석 총장부터 기록되어 있다.
* 부이사장은 1980년 설치된 출판위원회의 위원장을 그 시작으로 한다.

SNUPRESS
SNUbooks

역대 원장

	성명	재직기간	소속
1대	이동승 교수	1975. 12 - 1977. 9	사범대학 독어교육과
2대	이 환 교수	1977. 9 - 1984. 5	인문대학 불어불문학과
3대	임종철 교수	1984. 5 - 1987. 7	사회과학대학 국제경제학과
4대	김용구 교수	1987. 7 - 1991. 7	사회과학대학 외교학과
5대	차배근 교수	1991. 12 - 1995. 12	사회과학대학 신문방송학과
6대	김용덕 교수	1995. 12 - 1999. 12	인문대학 동양사학과
7대	안상형 교수	1999. 12 - 2002. 12	경영대학 경영학과
8대	이순종 교수	2002. 12 - 2005. 3	미술대학 디자인학부
9대	최성재 교수	2005. 4 - 2009. 3	사회과학대학 사회복지학과
10대	김성곤 교수	2009. 4 - 2011. 3	인문대학 영어영문학과
11대	김종서 교수	2011. 4 - 2014. 7	인문대학 종교학과
12대	권석만 교수	2014. 8 - 2016. 7	사회과학대학 심리학과
13대	박진수 교수	2016. 8 - 2019. 1	경영대학 경영학과
14대 (현재)	정병설 교수	2019. 2 -	인문대학 국어국문학과

부록 2

기존 직원 명단

성명	퇴직 시 직위	발령 일자	퇴직 일자
유시부	지배인	1966. 11. 2	1973. 6. 21
전득년	기계부장	1962. 10. 27	1976. 5. 20
함영환	업무국장 겸 회계과장	1966. 2. 8	1973. 10. 9
석경선	회계과장	1967. 5. 24	1973. 6. 21
유홍하	서무과장	1969. 3. 17	1985. 2. 16
권승정	편집국장	1969. 7. 29	2001. 2. 5
김정규	문선주무	1970. 2. 17	1993. 8. 31
임철묵	조판주무	1970. 5. 8	1993. 4. 30
김성동	출판지원부장	1973. 4. 1	2009. 12. 31
이성기	공무과장	1973. 10. 16	2001. 11. 30
서영환	편집실장서리	1973. 11. 9	1981. 7. 4
송정진	공무과장	1975. 3. 3	1993. 4. 8
정영환	인쇄소장	1975. 8. 29	1981. 5. 9
이만재	총무과장	1975. 12. 1	1987. 8. 20
장형득	인쇄소장	1975. 12. 16	1986. 12. 24
안순일	기계주무	1976. 6. 21	1998. 8. 30
방원석	판매과장	1976. 11. 4	1988. 4. 3
황정호	연판주무	1977. 7. 1	1993. 4. 30
김윤종	출판기획과 주무	1977. 12. 1	1991. 5. 6
손영범	공무과 주무	1977. 12. 1	1991. 9. 5
김장섭	기획편집과장	1978. 1. 4	1986. 3. 25
김재명	전문위원	1978. 1. 4	2015. 8. 31
이규일	마케팅과장	1978. 1. 27	2008. 11. 30

성명	퇴직 시 직위	발령 일자	퇴직 일자
손재원	대외협력제작부 팀장	1978. 5. 6	2009. 12. 31
김영고	판매과장	1981. 1. 7	1993. 5. 31
남정강	판매과 주무	1981. 3. 3	1990. 5. 19
김영도	편집과장	1981. 4. 1	1992. 4. 30
이상수	마케팅과 주무	1981. 4. 9	2008. 9. 30
황인철	총무담당차장	1981. 8. 8	1986. 3. 9
권영자	전문위원	1981. 9. 1	2016. 5. 31
박동해	출판고문	1982. 5. 11	1998. 8. 31
이한국	편집국장	1986. 4. 1	1992. 8. 31
김순태	총무국장	1987. 2. 23	1992. 8. 31
이은우	출판지원부 팀장	2003. 3. 1	2009. 12. 31
조혜란	편집과 주무	1986. 3. 25	1990. 8. 8
박호석	편집과 주무대리	1993. 12. 6	1997. 6. 30
김현호	편집팀장	2010. 6. 28	2013. 12. 2

강영자	사원	1976. 9. 1	1982. 10. 20
권문주	사원	1983. 9. 1	1990. 6. 23
김금주	영문공	1978. 10. 20	1984. 1. 21
김명옥	사원	1975. 9. 12	1982. 6. 25
김문기	세본공	1968. 8. 19	1981. 10. 13
김미화	사원	1986. 11. 17	2009. 9. 30
김병성	사원	1973. 10. 29	1977. 5. 2
김복희	식자공	1984. 6. 1	1998. 8. 30
김석균	기계공	1962. 11. 24	1966. 2. 9
김성조	해판공	1974. 7. 15	1981. 10. 21
김수한	주조공	1966. 7. 25	1974. 1. 5
김영기	기계공	1979. 11. 6	1983. 12. 31
김영숙	영문공	1978. 10. 21	1986. 11. 3
김영하	수위	1966. 5. 10	1976. 5. 20
김용석	문선공	1968. 10. 6	1973. 10. 22
김용철	제본공	1981. 10. 13	1991. 10. 19
김욱배	식자공	1969. 1. 21	1974. 6. 5
김운용	식자공	1968. 10. 20	1974. 9. 26
김웅택	정판공	1969. 6. 16	1973. 7. 20
김장덕	정판공	1973. 11. 20	1993. 12. 31
김정광	오프셋	1970. 3. 12	1976. 2. 12
김재순	영문공	1979. 3. 13	1986. 9. 23
김준태	기계공	1971. 7. 20	1977. 1. 21

성명	퇴직 시 직위	발령 일자	퇴직 일자
김태수	주조공	1964. 10. 23	1986. 10. 23
김태식	식자공	1970. 3. 18	1974. 2. 9
김형민	사원	2004. 2. 18	2019. 5. 10
노승수	문선공	1976. 6. 12	1990. 5. 7
노정호	조판공	1978. 9. 28	1998. 1. 31
박건래	조판공	1974. 9. 3	1977. 11. 4
박경화	문선책임	1962. 5. 16	1976. 5. 20
박광진	운전원	1985. 1. 15	1991. 4. 8
박달원	식자공	1964. 6. 13	1974. 4. 28
박명웅	기계공	1969. 11. 24	1974. 3. 4
박명희	사원	1989. 3. 30	1993. 10. 9
박상호	사원	1992. 2. 2	2001. 11. 10
박세희	문선공	1981. 6. 1	1990. 3. 5
박숙조	문선공	1962. 12. 1	1966. 2. 9
박옥분	영문공	1981. 1. 5	1986. 2. 1
박완규	사원	1978. 3. 15	2009. 1. 31
박정홍	조판공	1970. 3. 4	1976. 10. 21
박창호	문선공	1969. 8. 14	1974. 4. 15
박태권	정판공	1978. 11. 6	1987. 4. 20
박헌수	수위	1976. 1. 17	1984. 5. 9
박홍명	문선공	1985. 10. 21	1991. 8. 5
방판례	청소원	1979. 4. 1	1982. 3. 31
변안섭	식자공	1980. 10. 1	1991. 9. 5
변현옥	영문공	1979. 3. 16	1983. 10. 18
배종희	제본공	1962. 10. 8	1976. 5. 20
배태임	영문공	1970. 5. 23	1974. 3. 5
백수열	주조공	1978. 11. 6	1987. 9. 25
서기원	식자공	1974. 8. 30	1987. 2. 28
서순복	제본공	1970. 3. 24	1976. 2. 21
서업순	해판공	1974. 12. 16	1996. 6. 30
서정식	식자공	1972. 1. 28	1975. 7. 7
석연덕	문선공	1984. 4. 16	1991. 7. 12
성경애	영문공	1971. 1. 9	1974. 7. 11
성낙표	조판공	1970. 12. 4	1987. 1. 31
성영은	사원	1989. 1. 9	2003. 12. 31
성외경	운전원	1975. 12. 1	1996. 1. 31
송필근	정판공	1970. 8. 21	1974. 4. 26
송필인	문선공	1971. 1. 24	1974. 3. 29

성명	퇴직 시 직위	발령 일자	퇴직 일자
송하숙	문선공	1980. 3. 17	1987. 7. 7
신승철	사원	1976. 7. 14	1981. 4. 6
신종악	제본공	1972. 6. 2	1977. 10. 5
신현자	사원	1986. 3. 1	2006. 10. 31
신흥선	사원	1981. 4. 4	1991. 6. 8
안병화	정판공	1981. 4. 6	1997. 4. 30
여한구	문선공	1979. 6. 1	1982. 10. 27
염영배	조판공	1974. 6. 20	1977. 11. 4
오관영	연판공	1965. 4. 11	1977. 5. 14
오정희	영문공	1974. 11. 9	1978. 2. 6
오호창	사원	1965. 8. 14	1973. 7. 10
원보경	사원	1989. 3. 1	1992. 9. 9
원선웅	주조공	1973. 7. 23	1978. 10. 2
유민우	사원	1987. 5. 1	1998. 2. 28
유배근	주조공	1991. 2. 18	1995. 3. 27
유분형	청소원	1986. 11. 18	1990. 10. 31
유성용	사원	1992. 1. 8	2012. 9. 14
유인성	수위	1962. 5. 12	1966. 5. 31
유재팔	사원	1987. 2. 3	1990. 6. 7
유한준	문선공	1980. 3. 17	1984. 2. 6
유혜은	영문공	1966. 2. 28	1969. 10. 20
유희석	운전기사	1979. 3. 1	1982. 3. 31
윤부룡	문선공	1962. 5. 16	1976. 4. 23
윤종덕	사원	1978. 11. 6	1999. 8. 31
이강천	조판공	1977. 2. 21	1987. 1. 31
이건익	문선공	1981. 5. 30	1985. 12. 28
이건화	기계공	1965. 3. 4	1975. 5. 15
이경식	연판공	1972. 2. 21	1977. 5. 14
이계희	영문공	1979. 3. 13	1991. 12. 10
이규상	조판공	1977. 2. 21	1993. 4. 30
이근식	정판공	1970. 3. 21	1973. 10. 4
이도재	식자공	1969. 12. 11	1974. 2. 9
이문진	기계공	1962. 11. 3	1965. 12. 2
이민성	사원	1971. 3. 18	2009. 3. 1
이병순	영문공	1970. 10. 23	1976. 4. 20
이삼봉	식자공	1968. 9. 13	1974. 2. 9
이상윤	해판공	1962. 11. 28	1967. 11. 8
이선희	사원	1985. 2. 21	1990. 1. 15

성명	퇴직 시 직위	발령 일자	퇴직 일자
이성균	정판공	1969. 9. 23	1973. 10. 15
이수영	문선공	1970. 3. 16	1976. 10. 16
이수은	주조공	1974. 7. 16	1978. 8. 22
이영란	사원	1982. 1. 4	1985. 2. 26
이영휘	문선공	1973. 7. 23	1981. 5. 4
이원	사원	2010. 6. 28	2019. 9. 30
이일우	사원	1987. 1. 5	2011. 4. 30
이재성	식자공	1974. 5. 13	1978. 2. 8
이정구	문선공	1970. 10. 16	1975. 2. 13
이정술	기계공	1978. 6. 5	1992. 12. 12
이제형	식자공	1978. 7. 21	1995. 10. 4
이지화	사원	1989. 3. 20	1993. 1. 8
이진국	사원	2007. 11. 1	2020. 1. 31
이진옥	수위	1986. 3. 1	2000. 11. 30
이창우	식자공	1968. 10. 18	1977. 1. 21
이태근	문선공	1970. 7. 9	1974. 5. 2
이태선	사원	1978. 9. 27	1999. 8. 31
임기호	경비원	1976. 7. 1	1985. 2. 28
임두석	연판공	1973. 1. 30	1984. 5. 1
임명순	정판공	1979. 2. 4	1982. 5. 14
임성미	사원	1987. 7. 10	1991. 10. 31
임종옥	조판공	1970. 3. 2	1974. 2. 11
임해순	사원	1986. 11. 17	2008. 5. 31
장석실	조판공	1979. 1. 27	1990. 9. 5
장은순	사원	1991. 11. 1	2002. 4. 6
장태수	문선공	1976. 10. 21	1981. 2. 28
정갑수	문선공	1966. 2. 28	1989. 2. 28
정관호	괘	1969. 7. 21	1974. 3. 18
정길모	운영책임	1962. 5. 11	1965. 12. 27
정문목	조판공	1979. 11. 21	1998. 8. 30
정병준	문선공	1962. 11. 27	1967. 11. 20
정성근	문선공	1978. 1. 31	1998. 8. 30
정주희	사원	1976. 1. 20	1981. 12. 25
정찬오	기계공	1969. 1. 9	1977. 1. 21
정황락	조판공	1966. 8. 20	1969. 12. 8
정홍진	문선공	1974. 8. 3	1980. 1. 4
조근호	문선공	1973. 12. 1	1977. 4. 6
조병옥	사원	1977. 1. 13	2002. 8. 31

성명	퇴직 시 직위	발령 일자	퇴직 일자
조성묵	정판공	1974. 11. 15	1978. 8. 7
조준호	문선공	1970. 2. 9	1990. 6. 11
주영수	연판공	1986. 2. 27	1991. 8. 9
지경혜	사원	1984. 12. 12	1988. 9. 30
진영배	기계공	1965. 11. 15	1993. 2. 28
차용화	문선공	1976. 6. 12	1988. 3. 23
최경량	문선공	1986. 5. 16	1990. 11. 27
최계희	사원	1987. 3. 23	1990. 5. 10
최금순	해판공	1981. 10. 26	1992. 8. 31
최기일	편집	1969. 5. 27	1976. 10. 22
최병택	식자공	1962. 11. 25	1966. 3. 14
최성임	사원	1986. 11. 3	1991. 3. 11
최순옥	영문공	1971. 8. 23	1976. 1. 13
최종국	식자공	1970. 2. 23	1974. 4. 27
최종섭	사원	1982. 2. 1	1999. 8. 31
탁양진	기계공	1979. 3. 19	1991. 9. 9
한상균	주조공	1978. 11. 6	1990. 2. 3
한순영	식자공	1966. 9. 5	1975. 2. 17
함창덕	기계공	1968. 12. 13	1977. 1. 21
허용남	조판공	1977. 1. 18	1980. 10. 16
현우진	사원	2015. 3. 2	2018. 12. 17
홍순길	식자공	1969. 1. 18	1974. 3. 9
홍정자	영문공	1971. 1. 8	1974. 7. 3
홍종락	정판공	1969. 7. 1	1973. 10. 5
황규태	기계공	1977. 2. 28	1993. 9. 28
황병춘	조판공	1970. 5. 20	1974. 2. 11
황원	사원	1985. 5. 7	1989. 3. 13
황진후	사원	1977. 7. 21	2009. 12. 31

※ 주: 3년 이상 근무자의 명단으로, 부서와 직위는 퇴직 시점을 기준으로 표시하였음.

부록 3

서울대학교출판문화원 정관

제1장 총칙

제1조(명칭) 이 법인은 사단법인 서울대학교출판문화원이라 칭한다.

제2조(주소) 이 법인의 사무소는 서울특별시 관악구 대학동에 둔다.

제3조(목적) 이 법인은 서울대학교 교수의 학술 연구와 대학 학사의 지원 및 출판문화의 향상·발전을 도모함을 목적으로 한다.

제4조(사업) 이 법인의 목적을 달성하기 위하여 다음의 사업을 행한다.

1. 서울대학교 교재, 학술도서, 기타 출판물의 출판 및 인쇄에 관한 사항
2. 출판과 관련된 조사, 연구, 지도에 관한 사항
3. 도서 보급에 관한 사항
4. 기타 이 법인의 목적 달성에 필요한 사항

제2장 회원

제5조(회원의 자격)

1. 이 법인의 회원은 다음과 같다.
   ① 서울대학교 총장, 부총장, 처·실·국장, 대학·대학원 및 연구시설의 장
   ② 서울대학교 교직원 중 이 법인의 목적에 찬동하는 자
2. 전항 제2호에 규정된 회원은 소정의 입회원서를 제출하여 이사회의 승인을 얻은 자라야 한다.

제6조(회원의 권리 의무) 이 법인의 회원은 정관에 정한 권리와 의무를 갖

는다.

제7조(회원의 탈퇴) 제5조 제1항 제2호에 규정된 회원으로서 탈퇴하고자 하는 자는 이 법인에 서면통지를 하고 탈퇴할 수 있다.

제8조(회원의 제명) 이 법인의 회원으로서 이 법인의 목적에 배치되는 행위 또는 명예나 위신에 손상을 가져오는 행위를 하였을 때에는 이사회의 의결로써 이사장이 제명할 수 있다.

제3장 임원

제9조(임원의 종류와 정수) 이 법인에 다음의 임원을 둔다.

이사 8인 이상(이사장 1인, 부이사장 1인 포함), 감사 2인

제10조(임원의 선임 방법) 이 법인의 임원은 다음과 같이 선임한다.

1. 이사는 당연직이사와 선임이사로 구분하되 당연직이사는 서울대학교 총장, 기획부총장, 교무처장, 학생처장, 연구처장, 기획처장, 사무국장, 시설관리국장, 이사장이 지명하는 출판문화원장이 되고, 선임이사는 회원 중에서 이사장이 선임하여 취임한다.
2. 이사장은 서울대학교 총장, 부이사장은 서울대학교 기획부총장이 된다.
3. 출판문화원장은 이사장이 지명하는 서울대학교 교수 또는 부교수 1인이 된다.
4. 감사는 회원 중에서 총회가 선임한다.

제11조(임원의 임기)

1. 이사장, 부이사장, 원장 및 당연직이사의 임기는 서울대학교 당해 직위의 재임 기간으로 하고 잔여이사 및 감사 그리고 당연직이사 중 이사장이 지명하는 서울대학교 교수인 원장의 임기는 2년으로 한다.
2. 보선에 의하여 취임하는 임원의 임기는 전임자의 잔임 기간으로 한다.

제12조(이사장 및 이사의 직무)

1. 이사장은 이 법인을 대표하고 업무를 총괄 관장한다.
2. 이사는 이사회를 구성하고 이사회의 의결에 참가한다.

제13조(출판문화원장의 직무) 원장은 이사장의 권한을 위임받아 이 법인 업무 전반에 관한 사항을 관장한다.

제14조(이사장 직무대행자의 지정)

1. 이사장이 유고시에는 부이사장이 이사장의 직무를 대행한다.
2. 이사장이 궐위되었을 때에는 서울대학교 총장의 직무를 대행하는 자가 이사장의 직무를 대행한다.

제15조(감사의 직무) 감사는 다음의 직무를 행한다.

① 이 법인의 재산 및 업무 상황의 감사

② 전호의 감사결과 부정 또는 불비한 점이 있음을 발견한 때에는 이사회 및 총회에 그 시정을 요구하고 그래도 시정치 않을 때에는 주무관청에 보고하는 일

③ 전호의 보고를 하기 위하여 필요한 때에는 총회 및 이사회의 소집을 요구하는 일

④ 이 법인의 재산 상황 또는 총회 이사회의 운영과 그 업무에 관한 사항에 대하여 이사장 또는 총회 이사회에 의견을 진술하는 일

제4장 총회

제16조(총회의 소집)

1. 총회는 정기총회와 임시총회로 나누되 정기총회는 연 1회 회계연도 종료 후 2개월 이내, 임시총회는 이사장이 필요하다고 인정할 때 이사장이 소집하고 그 의장이 된다.
2. 이사장은 총회를 소집하고자 할 때에는 회의 목적을 명시하여 7일 전에 각 회원에게 통지하여야 한다. 단, 긴급하다고 인정되는 정당한 사유가 있을 때에는 예외로 한다.
3. 총회는 전항의 통지 사항에 한하여서만 의결할 수 있다. 단, 출석 회원 전원의 찬성이 있을 때에는 통지하지 아니한 사항이라도 부의하고 결의할 수 있다.

제17조(총회 의결 정족수)

1. 총회의 회의는 재적회원 과반수 이상의 출석으로 개의하고 출석회원 과반수의 찬성으로 의결한다. 다만 가부동수인 때에는 의장이 결정한다.

2. 회원은 총회의 의결권을 타 회원에게 위임하여 그 권한을 행사할 수 있다.

3. 전항의 경우에는 매 총회마다 위임장을 제출하여야 한다.

제18조(총회의 기능) 총회는 다음의 사항을 의결한다.

① 임원 선출에 관한 사항

② 법인의 해산 및 정관 변경에 관한 사항

③ 재산의 처분, 매도, 증여, 담보, 대여 취득의 승인

④ 예산 및 결산의 승인

⑤ 사업계획의 승인

⑥ 기타 중요한 사항

제19조(총회 의결 제척사유) 의장 또는 회원이 다음 각 호의 1에 해당하는 때에는 그 의결에 참여하지 못한다.

① 임원 취임 및 사임에 있어 자신에 관한 사항

② 금전 및 재산의 수수를 수반하는 사업으로서 회원 자신이 이 법인과 이해가 상반되는 사항

제20조(총회 소집의 특례) 1. 이사장은 다음 각 호의 1에 해당하는 경우 소집요구가 있을 때에는 그 소집요구일로부터 15일 이내에 총회를 소집하여야 한다.

① 재적이사 과반수 이상이 회의 목적을 제시하여 소집을 요구할 때

② 제15조 제3호의 규정에 의하여 감사가 소집을 요구할 때

③ 회원 5분의 1 이상이 회의의 목적을 제시하여 소집을 요구할 때

2. 이사장이 총회 소집을 기피함으로써 총회 소집이 불가능할 때에는 재적이사 3분의 1 이상의 찬성으로 주무관청의 승인을 받아 총회를 소집할 수 있다.

3. 전항에 의한 총회는 출석이사 중 연장자의 사회 아래 그 의장을 지명한다.

제5장 이사회

제21조(이사회의 소집)

1. 이사회는 정기이사회와 임시이사회로 나누며 정기이사회는 매년 1회

씩 이사장이 정하는 시기에, 임시이사회는 필요하다고 인정할 때 이사장이 소집하고 그 의장이 된다.

2. 이사장은 이사회를 소집하고자 할 때에는 적어도 회의 7일 전에 회의의 목적을 명시하여 각 이사에게 통지하여야 한다. 단, 긴급하다고 인정되는 정당한 사유가 있을 때에는 예외로 한다.

3. 이사회는 전항의 통지 사항에 한하여서만 의결할 수 있다. 단, 출석이사 전원의 찬성이 있을 때에는 통지하지 아니한 사항이라도 이를 부의하고 의결할 수 있다.

제22조(이사회 소집의 특례)

1. 이사장은 다음 각 호의 1에 해당하는 소집요구가 있을 때에는 그 소집요구일로부터 10일 이내에 이사회를 소집하여야 한다.

① 재적이사 과반수 이상이 회의의 목적을 제시하여 소집을 요구할 때

② 제15조 제3호의 규정에 의하여 감사가 소집을 요구한 때

2. 이사장이 이사회의 소집을 기피함으로써 10일 이상 이사회 소집이 불가능할 때에는 재적이사 3분의 2 이상의 찬성으로 주무관청의 승인을 받아 소집할 수 있다.

3. 전항에 의한 이사회는 출석이사 중 연장자의 사회 아래 그 의장을 지명한다.

제23조(이사회 의결정족수)

1. 이사회의 회의는 재적이사 과반수의 출석으로 개의하고 출석이사 과반수의 찬성으로 의결한다. 단, 가부동수인 때에는 의장이 결정한다.

2. 감사는 이사회에 출석하여 의견을 진술할 수 있다.

제24조(이사회의 기능) 이사회는 다음 사항을 의결한다.

① 업무 집행에 관한 사항

② 사업계획 운영에 관한 사항

③ 예산결산 심의에 관한 사항

④ 총회에서 위임받은 사항

⑤ 정관에 의하여 그 권한에 속하는 사항

⑥ 총회에 부의할 안건의 심의에 관한 사항

⑦ 기타 중요한 사항

제25조(서면회의) 이사장은 부의사항의 내용이 경미하다고 인정할 때에는 서면회의로써 이사회의 의결을 대행할 수 있다. 단, 과반수 이사가 정식 회부할 것을 요구할 때에는 이에 따라야 한다.

제6장 자산 및 회계

제26조(재정) 이 법인의 재정은 다음의 수입금으로 충당한다.

1. 이 법인의 재산 및 자산으로부터 생기는 수입
2. 독지가로부터 수입하는 기부금
3. 정부 또는 공공단체에서 수입하는 보조금

제27조(회계연도) 이 법인의 회계연도는 그해 1월 1일부터 12월 31일까지로 한다.

제28조

1. (세입세출예산) 이 법인의 세입세출예산은 매회계연도 개시 전 1개월 이내에 이사장의 승인을 받고, 해당 회계연도 이사회의 심의를 거쳐 총회의 승인을 얻어야 한다.
2. 제1항의 세입세출예산이 총회에서 확정될 때까지는 전년도 예산에 준하여 집행한다.
3. (예산의 과목간전용) 본조 1항에 의한 예산의 과목간전용은 이사장의 승인을 받아 집행하고 차기 정기총회에 보고하여 추인을 받아야 한다.
4. (잉여금의 처리) 이 법인은 매 회계연도에 있어서 세입세출의 결산상 잉여금이 있을 때에는 이를 교수의 학술연구 및 학생장학사업을 위해 지원할 수 있다. 단, 이사회 결의에 의하여 잉여금의 일부를 기본재산에 전입 또는 출판문화원의 운영자금으로 유보 적립할 수 있다.

제29조(회계감사) 이 법인의 감사는 연 1회 회계감사를 실시하여야 한다.

제30조(임원의 보수) 이 법인의 임원에게는 일정액의 수당을 지급할 수 있다.

제7장 사무부서

제31조(조직)

1. 이 법인은 출판문화원 사업 전반을 관리하기 위하여 출판문화원장 1인을 둔다.
2. 출판문화원장은 이사장이 지명한 서울대학교 교수 또는 부교수가 겸임한다.
3. 출판문화원장은 출판문화원 사업을 원활히 수행하기 위하여 출판부서와 관리부서를 둔다.
4. 출판문화원의 인사 관리에 관한 사항은 별도의 규정으로 정하고 법인 이사장의 승인을 얻어 시행한다.

제32조(출판위원회)

1. 출판문화원의 학술도서출판에 관한 사항을 심의하기 위하여 출판위원회를 둔다.
2. 본 위원회의 위원장은 부이사장이 되고 위원은 원장, 서울대학교 도서관장, 연구처장 및 이사장이 위촉하는 서울대학교 부교수 이상 전임교수 또는 기금교수로 하며 그 임기는 2년으로 한다.
3. 위원의 구성은 8인 이상으로 한다.

제8장 보칙

제33조(해산) 이 법인이 그 목적을 달성할 수 없어 이를 해산하고자 할 때에는 총회에서 재적회원 3분의 2 이상의 동의를 얻어 주무관청의 허가를 얻어야 한다.

제34조(잉여재산의 귀속) 이 법인이 해산할 때의 잉여재산은 총회의 의결에 의하여 주무관청의 허가를 받아 국가 또는 이 법인과 유사한 단체에 기증한다.

제35조(정관의 변경) 이 법인이 정관을 변경하고자 할 때에는 재적이사 3분의 2 이상의 동의를 거쳐 총회의 승인을 받고 주무관청의 허가를 얻어야 한다.

제36조 이 법인의 운영에 관한 필요한 규칙은 이사회의 의결을 거쳐야 한다.

제9장 부칙

1. (시행일) 본 정관은 서기 1961년 10월 11일부터 시행한다.
2. (경과조치) 본 정관 시행 당시 선임된 임원의 임기는 개정된 정관의 규정에 따른다(77. 6. 신설).
3. 본 정관은 1963년 6월 21일부터 시행한다.
4. 본 정관은 1967년 10월 18일부터 시행한다.
5. 본 정관은 1968년 2월 6일부터 시행한다.
6. 본 정관은 1970년 6월 9일부터 시행한다.
7. 본 정관은 1973년 2월 7일부터 시행한다.
8. 본 정관은 1975년 5월 14일부터 시행한다.
9. 본 정관은 1977년 7월 7일부터 시행한다.
10. 본 정관은 1979년 3월 22일부터 시행한다.
11. 본 정관은 1981년 8월 7일부터 시행한다.
12. 본 정관은 1983년 2월 10일부터 시행한다.
13. 본 정관은 1985년 2월 7일부터 시행한다.
14. 본 정관은 1987년 2월 18일부터 시행한다.
15. 본 정관은 1988년 5월 12일부터 시행한다.
16. 본 정관은 1990년 2월 13일부터 시행한다.
17. 본 정관은 1996년 2월 27일부터 시행한다.
18. 본 정관은 2004년 3월 12일부터 시행한다.
19. 본 정관은 2007년 6월 5일부터 시행한다.
20. 본 정관은 2009년 4월 21일부터 시행한다.
21. 본 정관은 2010년 4월 14일부터 시행한다.
22. 본 정관은 2012년 4월 1일부터 시행한다.
23. 본 정관은 2014년 4월 1일부터 시행한다.
24. 본 정관은 2015년 4월 1일부터 시행한다.
25. 본 정관은 2016년 3월 1일부터 시행한다.
26. 본 정관은 2018년 4월 1일부터 시행한다.
27. 본 정관은 2019년 4월 1일부터 시행한다.

부록 4

우수도서 선정 목록

2002-2020

▶ 대한민국학술원 우수학술도서

2002	
1	갑오개혁과 독립협회운동의 사회사 ｜ 신용하
2	고려시기 재정운영과 조세제도 ｜ 박종진
3	고려시대의 국가와 지방사회: '본관제'의 시행과 지방지배질서 ｜ 채웅석
4	교우론: 스물다섯 마디 잠언·기인십편 ｜ 마테오 리치 저, 송영배 역주
5	근현대 한일관계와 재일동포 ｜ 강덕상·정진성 외
6	미학의 중심 ｜ 김문환
7	북한경제의 구조: 경제개발과 침체의 메커니즘 ｜ 양문수
8	서포 김만중의 생애와 문학 ｜ 김병국
9	『성학십도』와 퇴계철학의 구조 ｜ 금장태
10	외국인노동자와 한국사회 ｜ 설동훈
11	월남민의 생활 경험과 정체성: 밑으로부터의 월남민 연구 ｜ 김귀옥
12	21세기 한국사회의 안과 밖: 세계체제에서 시민사회까지 ｜ 임현진
13	일본의 도시사회 ｜ 이시재 외
14	조선시대 간행 중국문학 관계서 연구 ｜ 김학주
15	중국당대문학사조사연구 1949-1993 ｜ 김시준
16	중국문학사론 ｜ 김학주
17	카오스와 비선형동역학 ｜ 문희태
18	한국 현대문학사상 논구 ｜ 조남현
19	한국의 갯벌: 환경, 생물 그리고 인간 ｜ 고철환 엮음

20	한국의 명문 종가 ǀ 이순형
21	한국의 역학 ǀ 강신항
22	한국의 제4기 환경 ǀ 박용안·공우석 외
23	한국천문학사 ǀ 나일성
24	한국현대문학비평사론 ǀ 김윤식
25	한국현대시인연구(상·하) ǀ 김용직
26	한국현대의 유교문화 ǀ 금장태
27	한말의 서양정치학 수용 연구: 유길준·안국선·이승만을 중심으로 ǀ 김학준
28	한자자의론(漢字字義論) ǀ 이영주

2003

1	고려전기의 재정구조 ǀ 안병우
2	국가와 폭력: 마키아벨리의 정치사상연구 ǀ 박상섭
3	미당의 어법과 김동리의 문법 ǀ 김윤식
4	북한의 전통음악 ǀ 황준연·신대철·권도희·성기련
5	상대론적 양자역학: 입자물리학 편극 ǀ 송희성
6	소순흠시역주 ǀ 송용준 역주
7	수사학과 현대 프랑스 문화이론 ǀ 박성창
8	언어와 문화 ǀ 나상배 저, 하영삼 역
9	의학적 인간학 ǀ 진교훈
10	20세기 전반기 상해사회의 지역주의와 노동자 ǀ 전인갑
11	장소의 국제정치사상 ǀ 장인성
12	중국 사천사회 연구 1644-1911 ǀ 이준갑
13	청말 신정기의 연구 ǀ 김형종
14	촉매공정 ǀ 서울대학교 유공연구실 동문 편저
15	통일문제와 정치·사회적 갈등 ǀ 홍석률
16	포유동물 생식세포학 ǀ 임경순 외
17	한국경제성장사 ǀ 안병직
18	한국유학의 심설: 심성론과 영혼론의 쟁점 ǀ 금장태

2004	
1	가치교육의 변천과 가치의식 ∣ 박용헌
2	공익론: 공법적 탐구 ∣ 최송화
3	구한말의 개혁·독립투사 서재필 ∣ 이정식
4	근현대 중국의 국가건설과 제3의 길 ∣ 강명희
5	동유럽 탈사회주의 체제개혁의 정치경제학 1989-2000 ∣ 진승권
6	미학강의 ∣ 오병남
7	백정과 기생 ∣ 박종성
8	성 해방과 성 정치 ∣ 조은·조주현·김은실
9	성찰과 모색: 영미 문학 연구의 새로운 방향 설정을 위하여 ∣ 백낙청 외
10	신라 화엄사상사연구 ∣ 김두진
11	신화와 역사 ∣ 서울대학교 종교문제연구소 편
12	인도의 건축 ∣ 윤장섭
13	일제 말기 한국 작가의 일본어 글쓰기론 ∣ 김윤식
14	정염의 맥박 ∣ 이형식
15	지구의 이해 ∣ 최덕근
16	지방문학사 ∣ 조동일
17	플랑크톤 생태학 ∣ 심재형 외
18	한국의 성씨와 족보 ∣ 이수건
19	해방 전후 미국의 대한정책 ∣ 정용욱

2005	
1	고구려 고분벽화의 세계 ∣ 전호태
2	근대도시 목포의 역사·공간·문화 ∣ 고석규
3	근사록(近思錄) ∣ 이범학 역주
4	대한제국 정치사 연구 ∣ 서영희
5	돈황사문학논고(敦煌詞文學論考) ∣ 차주환
6	동아시아적 시각으로 보는 중국문학 ∣ 전형준
7	몽테뉴의 <엣세> ∣ 이환
8	보부상: 근대 격변기의 상인 ∣ 조재곤
9	소설신론 ∣ 조남현
10	수량경제사로 다시 본 조선후기 ∣ 이영훈 편
11	시간을 찾아서 ∣ 최덕근

12	언어평가의 이해 ｜ 이영식·이완기·신동일·최인철
13	음운론 ｜ 전상범
14	인구·보건·환경 ｜ 권이혁
15	일본의 지방정부와 정책과정 ｜ 양기호
16	중도파의 민족주의운동과 분단국가 ｜ 윤민재
17	중세의 연애시문학 독일 민네장 ｜ 허창운
18	지눌연구 ｜ 심재룡
19	축제의 역동성과 현대일본사회 ｜ 김양주
20	텍스트의 욕망 ｜ 이정호
21	한국사회의 위험과 안전 ｜ 임현진 외
22	한국정치자금제도: 문제와 개선방안 ｜ 안청시·백창재
23	한글을 읽는 시선의 움직임 ｜ 이춘길

2006

1	경제위기의 사회학 ｜ 김은미·장덕진·Mark Granovetter
2	고려의 국가 불교의례와 문화 ｜ 안지원
3	괴테 그리고 그의 영원한 여성들 ｜ 안심환 엮음
4	국어교육과 한국어교육의 성찰 ｜ 박갑수
5	북한 주요산업지역의 토지이용변화와 개방지역에 관한 연구 ｜ 황만익·이기석
6	비정형 항정신병제의 임상 ｜ 김용식 외
7	상생 노사관계와 공정보상시스템 ｜ 최종태
8	셰익스피어 연구 ｜ 이경식
9	아편을 재배하는 사람들 ｜ 임봉길
10	역주 증수무원록언해 ｜ 송철의·이현희·장윤희·황문환
11	완역 소식시집 1 ｜ 류종목 역주
12	21세기 통일한국을 향한 모색 ｜ 임현진·정영철
13	일본군 성 노예제 ｜ 정진성
14	조선시대 궁중의 식생활문화 ｜ 한복진
15	종교사회학 ｜ 김종서
16	중국 조선족사회의 변화: 1990년 이후를 중심으로 ｜ 권태환 편저
17	중국소설사 ｜ 서경호
18	1930년대 중국의 중앙·지방·상인 ｜ 강진아
19	통일한국의 농업: 통일 이후 남북한 농산물의 통합생산 방안 ｜ 김완배 외

20	틱장애 | 조수철 외
21	학문과 교육(중1) | 장상호
22	한국 근대의 사회복지 | 안상훈·조성은·길현종
23	한국 전통음악의 악조 | 황준연
24	한국근대지성사 연구 | 신용하
25	현대 한국사회의 철학적 문제: 사회운영원리 | 백종현
26	Bioethics, Research Ethics and Regulation | Un Jong Pak

2007	
1	미국학의 이론과 실제 | 루시 매덕스 편, 김성곤 외 역
2	사회·경제공간으로서 접경지역 | 박삼옥·이원호·이현주·김상빈·정은진
3	3칸×3칸: 한국 건축의 유형학적 접근 | 전봉희·이강민
4	상해시기 대한민국임시정부 연구 | 윤대원
5	서양인의 한국 종교 연구 | 김종서
6	역학의 원리와 응용 | 안윤옥·유근영·박병주 외
7	영국 산업혁명의 재조명 | 김종현
8	자본주의 경제의 위기와 공황 | 김수행
9	조선시대 복식에 나타난 적색계 색명의 의미 | 남윤자·김순영·박성실
10	『조선왕조실록』 보존을 위한 기초 조사연구(1) | 송기중·신병주·박지선·이인성
11	중세미술과 도상 | 임영방
12	한국 고대의 온돌 | 송기호
13	한국기업 해외직접투자전략의 변천 | 이동기·박남규·조영곤·김동희
14	한국유학의 『노자』 이해 | 금장태
15	한국 PC산업의 발전 과정 | 김상훈·오정석
16	해방공간 한국 작가의 민족문학 글쓰기론 | 김윤식
17	후발 산업화와 국가의 동학 | 하용출
18	Looking into the Structure of English | Nahm-Sheik Park
19	Radiation Technology | Andrzej G. Chmielewski, Chang M. Kang 외

2008	
1	두보 진주동곡시기시 역해 | 이영주 외 역
2	매혹과 저항 | 장경렬

3	미학대계 1·2·3 ｜ 미학대계간행회
4	법치주의의 기초: 역사와 이념 ｜ 김도균·최병조·최종고
5	북한 산업개발 및 남북협력방안 ｜ 박삼옥·허우긍·박기호·박수진
6	브레히트 희곡선집 1·2 ｜ 임한순 역
7	산성비 ｜ 김준호
8	설문해자주 부수자 역해 ｜ 염정삼
9	우리나라의 회계감리제도 ｜ 이창우·유재규·고종권
10	일제 식민지 시기 한국의 언어와 문학 ｜ 이병근·송철의·정승철·이종묵 외
11	일제 식민지 시기의 어휘 ｜ 송철의·이현희·이용·양정호·서형국·이지영
12	자본주의 이후의 새로운 사회 ｜ 김수행·신정완 편
13	전통 구비문학과 근대 공연예술 I·II·III ｜ 서대석·손태도·정충권
14	조선 후기의 기술도: 서양 과학의 도입과 미술의 변화 ｜ 정형민·김영식
15	조선초기 고문서 이두문 역주 ｜ 박성종
16	중국의 전통 잡기 ｜ 안상복
17	탈북가족의 적응과 심리적 통합 ｜ 이순형·조수철·김창대·진미정
18	한국 근대사회와 문화 III ｜ 권태억 외
19	한국기업 성과급제도의 변천 ｜ 김성수·박찬희·김태호
20	한국서해안의 해안사구 ｜ 유근배·류호상
21	한국어 술어의 사건 구조와 논항 구조 ｜ 남승호
22	한국어의 주제와 통사 분석 ｜ 임홍빈
23	해방 이후 한국기업의 진화 1 ｜ 이근 외
24	핵심 병원미생물학 ｜ 서울대학교 의대 미생물학교실
25	훈민정음연구 ｜ 안병희

2009	
1	개항기 전후 경상도의 육상교통 ｜ 허우긍·도도로키 히로시
2	고려전기의 전시과 ｜ 이경식
3	김은국 그의 삶과 문학 ｜ 김욱동
4	대항해시대: 해상 팽창과 근대 세계의 형성 ｜ 주경철
5	사람과 물 ｜ 권순국 외
6	소비자와 법의 지배 ｜ 여정성·최종원·장승화 공편
7	인간의 얼굴을 한 과학 ｜ 홍성욱
8	인격: 고대로부터 현대에 이르기까지의 인격의 의미 ｜ 진교훈 외

9	중국근대언론발달사 1815-1945 | 차배근
10	푸슈킨 | 김진영
11	하늘에서 떨어진 돌, 운석 | 최변각
12	한·중 소화의 비교 | 서대석
13	한국 양명학의 쟁점 | 금장태
14	한국기업의 인사평가 변천사 | 박오수·김기태·전병준
15	한국의 자연지리 | 김종욱·이민부·공우석·김태호 외
16	한국 전자산업의 마케팅 발전과정 | 임종원·이한석·송상연
17	한국채소종자산업발달사 | 한국채소종자산업발달사 편찬위원회 편
18	현대 한국어의 공시형태론 | 최명옥
19	현대유럽정치론 | 김계동
20	A Study of the Middle Chulym Dialect of Chulym Language | Li Yong-Sŏng 외
21	A Study of the Tacheng Dialect of the Dagur Language | Yu Wonsoo 외
22	Materials of Spoken Manchu | Kim Juwon 외

2010	
1	고려국가의 집단의식 | 노명호
2	구북시화 | 조익 저, 송용준 역해
3	남북통합지수, 1989-2007 | 김병연·박명규·김병로·정은미
4	삼국통일전쟁사 | 노태돈
5	시장발전과 경제개발 | 이승훈
6	유교와 종교학 | 김종서 외
7	음악을 본다 | 서우석
8	전달체를 중심으로 한 유전자 치료 | 조종수 외
9	정부조직과 시간관리 | 임도빈
10	조경수 병해충 도감 | 나용준·우건석·이경준
11	지속 가능한 한국발전 모델과 성장동력 | 박삼옥·양승목·윤영관·이근·임현진
12	하이브리드시대의 문학 | 김성곤
13	한국사회의 트렌드를 읽는다 | 정진성·이재열·박경숙·정재기·남은영·장진호
14	한국적 패션 디자인의 제다움 찾기 | 김민자
15	한일관계의 근대적 개편과정 | 김흥수

2011	
1	김일성 사회주의 청년동맹과 조선민주녀성동맹 ∣ 이온죽·이인정
2	리스페리돈 장기지속형 주사제 임상사용의 실제 ∣ 김용식·안용민·정성훈
3	소동파사 ∣ 소식 저, 류종목 역해
4	순응과 저항을 넘어서 ∣ 신욱희
5	인권으로 읽는 동아시아: 한국과 일본의 인권 개선조건 ∣ 정진성·공석기·구정우
6	일제강점기의 철도수송 ∣ 허우긍
7	전후일본의 보수와 표상 ∣ 장인성
8	조선후기 재정과 시장 ∣ 이헌창
9	중국연구방법론 ∣ 정재호
10	태아 심초음파 ∣ 최정연
11	한국기업의 성과주의 인사시스템 변천 ∣ 김성수
12	한국의 언어 민속지: 전라남북도편 ∣ 왕한석
13	한유산문선 ∣ 오수형 역해
14	Development and Education ∣ Bom Mo Chung
15	Emotions in Literature ∣ An Sonjae, Francis K. H. So
16	New Asias ∣ Hyun-chin Lim, Wolf Schäfer, Suk-Man Hwang
17	Terribly at the Mercy of His Mind ∣ Marcus Klein

2012	
1	공감적 상상력에서 생명의 시학으로 ∣ 김영무
2	근현대 한국미술과 '동양' 개념 ∣ 정형민
3	나노기술의 이해 ∣ 서갑양
4	노래의 상상계 ∣ 신범순
5	발해 사회문화사 연구 ∣ 송기호
6	소설장르의 역동학 ∣ 우한용
7	소아당뇨병, 올바로 알고 관리하기 ∣ 양세원 외
8	양돈과 영양 ∣ 김유용·장영달·주원석
9	유럽의 대학: 어디로 갈 것인가 ∣ 요 리촌 저, 윤희원 역
10	유전성 망막질환 ∣ 유형곤 외
11	자민당 정권과 전후 체제의 변용 ∣ 박철희
12	작곡가를 위한 현대가야금기보법 ∣ 이지영
13	직업대표제, 근대 중국의 민주유산 ∣ 유용태

14	한국 기업과 사회의 경쟁력 ｜ 김광억·김병연·이재열·전재성·홍기현
15	한국 중세 토지제도사: 고려 ｜ 이경식
16	한국 회사의 탄생 ｜ 전우용
17	Handaxes in the Imjin Basin ｜ Seonbok Yi
18	Understanding of Stroke Mechanism ｜ Jae-Kyu Roh

2013	
1	경제발전의 철학적 기초 ｜ 좌승희
2	괴테 서·동 시집(번역·연구) ｜ 전영애·헨드릭 비루스
3	근대한국 국제정치관 자료집 제1권: 개항·대한제국기 ｜ 장인성·김현철·김종학
4	기업의 인재관리 전략: 하나금융그룹의 사례를 중심으로 ｜ 김성수
5	독도영유의 진실 이해 ｜ 신용하
6	두만강 하구 녹둔도 연구 ｜ 이기석·이옥희·최한성·안재섭·남영
7	문화의 정치와 지역사회의 권력구조: 안동과 안동김씨 ｜ 김광억
8	법치주의와 민주주의 ｜ 최대권
9	사불휴(死不休): 두보의 삶과 문학 ｜ 이영주 외
10	세포부착물질과 구강점막질환, 그리고 구강암 ｜ 김성민·이종호·김명진·명훈
11	소아 심초음파 ｜ 최정연·유정진·권보상
12	숲의 생태적 관리 ｜ 이돈구 외
13	오다·도요토미 정권의 사사(寺社) 지배와 천황 ｜ 박수철
14	우리 활터 석호정 ｜ 나영일
15	음악과 천재 ｜ 오희숙
16	정본완역 소동파시집 2 ｜ 류종목 역주
17	지구온난화 ｜ 김준호
18	진화고생물학 ｜ 하야미 이타루 저, 양승영 역
19	한국 근대 도면의 원점 ｜ 전봉희·이규철·서영희
20	한국의 언어 민속지: 경상남북도 편 ｜ 왕한석
21	Culture and Politics ｜ Seongmin Hong
22	Entre littérature et philosophie ｜ Myong-Hwan Jung

2014	
1	공삼 민병태 교수의 정치학 ǀ 김학준
2	국가의 추격, 추월, 추락: 아시아와 국제 비교 ǀ 이근 외
3	기관지 천식의 체계적 이해: 소아 천식을 중심으로 ǀ 고영률
4	북한사회와 굴절된 근대: 인구, 국가, 주민의 삶 ǀ 박경숙
5	서양문학에 나타난 죽음 ǀ 황훈성
6	예술과 지식 ǀ 제임스 O. 영 저, 오종환 역
7	의료관리 ǀ 신영수·김용익 외
8	타인에게로: 이타 행동의 진화와 심리학 ǀ 엘리엇 소버·데이비드 슬로안 윌슨 저, 설선혜·김민우 역
9	한국 조선산업의 성공요인 ǀ 이경묵·박승엽
10	한국어 명사구의 의미론 ǀ 전영철
11	Bridging the Technology GAP ǀ Youngsoo Bae, Buhm Soon Park
12	Natural Derivational Phonology ǀ Byung-Gun Lee
13	Overcoming Financial Crises: The Korean Experience ǀ In June Kim 외

2015	
1	개인의식의 성장과 중국소설: 四大奇書부터『紅樓夢』까지 ǀ 최형섭
2	개화기의 외국어교육 ǀ 이광숙
3	구강악안면재건을 위한 미세혈관피판 ǀ 김성민·명훈·이종호
4	노숙 문제의 현실과 대응: 한국과 일본의 비교 ǀ 구인회·정근식 편저
5	도시와 장소 기억 ǀ 한지은
6	두보 배율(排律) 연구 ǀ 강민호
7	예술기호론: 굿맨과 엘긴의 미학 ǀ 황유경
8	유럽의 발흥: 비교경제사 연구 ǀ 양동휴
9	치체로네(회화편) ǀ 야콥 부르크하르트 저, 박지형 역
10	한반도 형성사 ǀ 최덕근
11	A Quest for East Asian Sociologies ǀ Seung Kuk Kim 외
12	Contemporary Music in East Asia ǀ Hee Sook Oh
13	Fundamentals of Fluid Dynamics ǀ Kwang-Yul Kim
14	The Korean State, Public Administration, and Development ǀ Yong-duck Jung

2016	
1	개인화: 해방과 위험의 양면성 | 홍찬숙
2	경영사: 근대기업발전의 국제비교 | 김종현
3	공간, 장소, 젠더 | 도린 매시 지음, 정현주 옮김
4	글로벌 패러독스: 아시아의 도전과 과제 | 임현진·서문기·윤상우
5	독일, 민족, 그리고 신화 | 최윤영·이재원·황승환·권혁준
6	소동파(蘇東坡) 문학의 현장 속으로(1·2) | 류종목
7	수목의학 | 이경준
8	여성 북한이탈주민의 경제적 적응 | 정진화·손상희
9	우리 복지국가의 역사적 변화와 전망 | 김병섭·강인철·김수현 외
10	인도 힌두신화와 문화 | 류경희
11	(컴퓨터보조 항법시스템을 이용한) 악교정 및 임플란트 수술 | 김명진·김성민
12	한국어 사건과 시간 표현 | 신효필·유현조
13	한국의 건강 불평등 | 김창엽·김명희·이태진·손정인

2017	
1	고구려 생활문화사 연구 | 전호태
2	기지국가의 탄생 | 남기정
3	독일 근현대 주거건축 | 전남일
4	정본완역 두보전집 제7권: 두보 2차성도시기시역해 | 김만원 외 역
5	마음과 시간: 불교 견성론의 현상학적 해명 | 정은해
6	민주사회와 시민을 위한 역사교육 | 김한종
7	북한, 조선으로 다시 읽다 | 김병로
8	북한의 수학 연구 현황 분석 | 김도한·신정선
9	아시아의 혁신·창조활동과 세계경제질서 | 박지형·안덕근·이석배·이지홍
10	역사 인식의 논리와 역사교육 | 송상헌
11	정당의 생명력: 영국 보수당 | 박지향
12	조선시대 소설의 생산과 유통 | 정병설
13	춘향전: 남원고사 | 조경남 저, 설성경 역주
14	통일 의료: 남북한 보건의료 협력과 통합 | 신희영·이혜원·안경수 외
15	한국 근대문학의 러시아 문학 수용 | 권영민·박종소·오원교·이지연
16	한국민족의 기원과 형성 연구 | 신용하
17	한국의 언어 민속지: 충청남북도 편 | 왕한석

18	한국전쟁 사진의 역사사회학 ∣ 정근식·강성현
19	CYCLOSTATIONARY EOF ANALYSIS: Theory and Applications ∣ Kwang-Yul Kim

2018

1	국가와 좋은 행정 ∣ 임도빈 편저
2	노화의 심리학 ∣ 이언 스튜어트-해밀턴 저, 이동영·서은현·우종인 역
3	동아시아 국제사회와 동아시아 상상: 한국국제정치사상 연구 ∣ 장인성
4	의료: 아시아의 근대성을 읽는 창 ∣ 이현정·김태우 엮음
5	이란 도시 젊은이, 그들만의 세상 만들기 ∣ 구기연
6	1880년대 조선-청 공동감계와 국경회담의 연구 ∣ 김형종
7	패권의 비밀 ∣ 김태유·김대륜
8	포스트모던 시대의 정신 ∣ 신정현
9	한국 사회와 종교학 ∣ 서울대학교 종교문제연구소 편
10	한국커뮤니케이션학사 ∣ 차배근

2019

1	대학연의(상·중·하) ∣ 진덕수 저, 김병섭 편집, 정재훈 외 역주
2	대항적 공존: 글로벌 책무성의 아시아적 재생산 ∣ 김태균
3	동아시아 발전국가모델의 재구성 ∣ 임혜란
4	레온 바티스타 알베르티의 『건축론』 1·2·3권 ∣ 서정일 번역·주해
5	마음의 새로운 과학: 인지혁명의 역사 ∣ 하워드 가드너 저, 장병탁 외 역
6	미학이 재현을 논하다 ∣ 오종환 외
7	역사교육 목적의 인식과 실제 ∣ 백은진
8	일본 내셔널리즘의 사상사 ∣ 조관자
9	전기경련치료: 이론과 실제 ∣ 김용식·정인원·강웅구·안용민·윤탁
10	천체물리학: 복사와 기체역학 ∣ 구본철·김웅태
11	학교수학의 역사-발생적 접근 ∣ 우정호
12	한국 가족과 친족의 인류학 ∣ 정향진 편저
13	한국 복지자본주의의 역사: 자산기반복지의 형성과 변화 ∣ 김도균
14	한국어의 재구조화 1·2 ∣ 임홍빈
15	화성이론과 분석: 리만·포스트리만 기능이론 다시 읽기 ∣ 서정은
16	Dynamics of a Rice Cultivating Village in Korea, 1977-2015 ∣ Joo-Hee Kim
17	Mobile Asia ∣ Joonkoo Lee 외

2020	
1	경제 원리의 두 길: 자연·인성·경제의 상호관계와 변화의 원리 분석 ∣ 박우희
2	『老乞大』와 『朴通事』 언해서의 중국어음 연구 ∣ 신용권
3	만문노당: 태조(1·2) ∣ 김주원
4	메이지유신과 사대부적 정치문화 ∣ 박훈
5	주권과 국제정치: 근대 주권국가체제의 제국적 성격 ∣ 전재성
6	중국 중세도성과 호한체제 ∣ 박한제
7	지형학의 기초 ∣ 김종욱
8	한국 온돌의 역사: 최초의 온돌 통사 ∣ 송기호
9	Machine Gun Voices: Favelas and Utopia in Brazilian Gangster Funk ∣ Paul Sneed
10	The Evolution of Modern English Drama ∣ Hoon-sung Hwang

▶ 세종도서(舊 문화체육관광부 우수도서)

1979	
1	20세기 이데올로기와 문학사상 ǀ 정명환·이환·송동준·김현·오생근
2	근대화 ǀ 김경동·임종철·이홍구·김려수

1981	
1	동남아와 ASEAN ǀ 안청시·김광웅·임종철·김일철·이홍구
2	한국 고미술의 이해 ǀ 김원용
3	한국 전통음악의 이해 ǀ 장사훈
4	한국불교음악연구 ǀ 한만영
5	향가해독법연구 ǀ 김완진

1982	
1	빛은 있어야 한다 ǀ 김제완
2	영동영서의 언어분화 ǀ 이익섭
3	한국 아동의 언어 획득 연구 ǀ 조명한

1983	
1	법과 사회정의 ǀ 김철수
2	세종조음악연구 ǀ 장사훈
3	한국의 전통사상과 문학 ǀ 김동욱·이우성·장덕순·최진원
4	현대문학비평의 방법론 ǀ 김치수·이동렬·이형식·안느 끌랑시에

1984	
1	아동복지론 ǀ 장인협

1985	
1	공업발전과 한국농촌 ǀ 이만갑
2	베네딕트 ǀ 이광규
3	수학의 세계 ǀ 박세희
4	한국선박사연구 ǀ 김재근

1986	
1	고분자물리학 ǀ 김상용

2	지성과 근대화 ｜ 황성모

1987	
1	사진판독과 원격탐사 ｜ 김갑덕
2	염상섭연구 ｜ 김윤식
3	한의약서고 ｜ 김신근
4	홍만종 시론 연구 ｜ 홍인표

1988	
1	물리탐사의 기본원리 ｜ 현병구·서정희
2	사기: 중국고대사회의 형성 ｜ 이성규 편역

1989	
1	우리 배의 역사 ｜ 김재근
2	한국법사상사 ｜ 최종고

1990	
1	인구의 이해 ｜ 권태환·김두섭
2	카프시인 비평 ｜ 김재홍
3	한국근대의 유학사상 ｜ 금장태

1991	
1	우리 소설의 판과 틀 ｜ 조남현

1992	
1	서포연보 ｜ 김병국·정운채·최재남
2	현대미국소설론 ｜ 김종운

1993	
1	미국문학과 작가들의 초상 ｜ 김성곤
2	신판 한국미술사 ｜ 김원용·안휘준

1994	
1	통합문법론 ｜ 장석진

1995	
1	단군 | 윤이흠 외
2	분단조국과 통일문화 | 김문환
3	한국 현대문학사상 연구 | 조남현

1996	
1	레오스트라우스의 정치철학 | 김영국 외
2	중국문학의 향연 | 차주환
3	한국 고전문학의 비평적 이해 | 김병국
4	한국무속과 연희 | 이두현
5	한국의 건축 | 윤장섭

1997	
1	19세기 일본의 근대화 | 김용덕·박영재·박충석
2	공리주의·개혁주의·자유주의 | 김완진·송현호·이재율
3	동아시아문화사논고 | 고병익
4	변혁기 사회주의와 계급·계층 | 김채윤·장경섭
5	서양건축문화의 이해 | 윤장섭
6	아리스토텔레스의 시학과 신고전주의 | 이경식
7	약의 역사 | 김신근·이동석
8	종교문화의 인식과 해석 | 정진홍
9	중국조선민족언론사 | 오태호·차배근
10	중국초기혁명운동의 연구 | 민두기
11	현대음악 | 이석원

1998	
1	감성과 문학 | 이형식
2	노인의학 | 서울대학교 의학교육연수원 편
3	언어학과 인문학 | 권재일·김윤한·김효중·문양수·허창운
4	조선후기의 요역제와 고용노동 | 윤용출
5	중국의 농촌개혁과 경제발전 | 이일영
6	퇴계의 삶과 철학 | 금장태
7	의상 화엄사상 연구 | 정병삼
8	20세기의 중국 | 김태승·신승하·임상범
9	문화의 다학문적 접근 | 김광억 외

1999	
1	서술이론과 문학비평 | 김종갑·석경징·전승혜
2	임상윤리학 | 서울대학교 의학교육연수원 편
3	일제침략과 한국철도 | 정재정
4	한국과 국제정치환경 | 구영록

2000	
1	21세기 일본의 국가개혁 | 배성동
2	서사양식과 담론의 근대성 | 권영민
3	역사와 도시 | 동양사학회 편
4	제국주의 | 박지향
5	조선시대 농업과학기술사 | 김영진·이은웅

2001	
1	한국의 사회이동 | 장상수
2	대원군집권기 부국강병정책 연구 | 연갑수
3	역대한국문법의 통합적 연구 | 고영근
4	종교문화의 논리 | 정진홍
5	한국근대 지세제도와 농민운동 | 이영호
6	한국인의 종교관 | 윤이흠 외
7	한국인의 죽음관 | 이은봉
8	신사회운동의 사회학 | 권태환·송호근·임현진
9	영국 낭만기 문학 새로 읽기(1) | 이정호

2002	
1	단백질대사 | 김해리·최정희
2	도이치문학 용어사전 | 안삼환·김병옥·안문영
3	문법과 텍스트 | 고영근
4	생명유지술 | 윤여규·서길준·이중의·임용수
5	셰익스피어 비평사(상·하) | 이경식
6	제3의 텍스트 | 고원
7	조선후기 환곡제개혁연구 | 송찬섭
8	독도영유권에 대한 일본주장 비판 | 신용하

2003	
1	교통망분석론 ∣ 임강원·임용택
2	문화연구와 인문학의 미래 ∣ 김성곤
3	한국어의 의성어와 의태어 ∣ 채완
4	북한의 전통음악 ∣ 황준연·신대철·권도희·성기련
5	성 ∣ 프란츠 카프카 저, 이유선 역

2004	
1	한국사회의 연결망 연구 ∣ 송호근·김우식·이재열
2	현상학과 해석학 ∣ 이남인
3	Economic Crisis and Dual Transition in Korea ∣ Sunhyuk Kim, Doh Chull Shin
4	일본고중세 고려자료연구 ∣ 장동익
5	한국 생태학 100년 ∣ 김준호
6	강용흘 ∣ 김욱동
7	과학은 얼마나 ∣ 홍성욱

2005	
1	한국의 중산층 ∣ 홍두승
2	고대국어 어휘 표기 한자의 자별 용례 연구 ∣ 송기중
3	경제학의 기본원리 ∣ 박우희
4	한·러관계사료집 1990-2003 ∣ 한정숙·홍현익·강윤희·최우익
5	한국 고대·중세초기 토지제도사 ∣ 이경식

2006	
1	역주 오륜행실도 ∣ 송철의·이현희·장윤회·황문환
2	한국 브랜드의 진화 및 발전 ∣ 김재일
3	한국 중세 토지제도사 ∣ 이경식
4	한국철학자료집: 불교편 2-고려시대의 불교사상 ∣ 심재룡 외 편역
5	실험동물의 질병관리 ∣ 박재학
6	미국 흑인문학과 그 전통 ∣ 천승걸
7	영화 속의 청소년 ∣ 신민섭·한수정

2007

1	한국의 소득불평등과 빈곤 ｜ 구인회
2	참살이 의학 ｜ 정희순 외
3	한국어 체언의 음변화 연구 ｜ 이상억

2008

1	고구려 고분벽화 읽기 ｜ 전호태
2	세상 읽기와 세상 만들기: 사회과학의 이해 ｜ 김광억 편
3	여운형 ｜ 이정식
4	한글본 이언 연구 ｜ 민현식
5	운명을 읽는 코드 열두 동물 ｜ 천진기

2009

1	21세기 한국정치의 발전방향 ｜ 이정복
2	알의 혁명 ｜ 송계원·이무하·한재용·임정묵·김희발
3	한국 근대문학교육사 연구 ｜ 우한용
4	한국의 사회운동과 진보정당 ｜ 임현진

2010

1	한국의 소수자 정책 ｜ 전영평
2	한국인의 자아정체 형성과 변화 ｜ 이순형
3	창조적 세계화론 ｜ 박세일

2011

1	네트워크 세계정치 ｜ 하영선
2	다문화사회 일본과 정체성 정치 ｜ 권숙인
3	주시경의 언어이론과 표기법 ｜ 송철의
4	춤은 말한다: 기호의 세계와 춤의 언어들 ｜ 김지원
5	건강검진이 기다려지는 식사이야기 ｜ 서울대학교병원 강남센터
6	나는 격류였다 ｜ 고은
7	붓다와 다윈이 만난다면 ｜ 안성두·우희종·이한구·최재천·홍성욱

2012	
1	경관의 해석 ǀ 황기원
2	미국의 지성, 통합을 말하다 ǀ 이형대
3	학문간 경계를 넘어 ǀ 김세균
4	법, 셰익스피어를 입다 ǀ 안경환

2013	
1	독일 통일과 여성 ǀ 한정숙·홍찬숙·이재원
2	인도의 종교와 종교문화 ǀ 류경희
3	텃밭정원 도시미학 ǀ 안명준
4	한국의 노숙인: 그 삶을 이해한다는 것 ǀ 구인회·정근식·신명호
5	시선에 갇힌 진실: 조선을 찾은 서양의 세 여인 ǀ 정영목

2014	
1	국제환경의 변화와 한국의 미래 ǀ 백창재·신욱희·유근배·윤석민·전경수
2	금융백서: 한국 금융의 변화와 전망 ǀ 김상조·김영식·박창균·최흥식·함준호
3	넘다, 보다, 듣다, 읽다 ǀ 조영복
4	미국·프랑스·영국 교육제도 ǀ 정일용
5	직장여성의 삶과 건강 ǀ 윤순녕
6	크리스토퍼 콜럼버스, 종말론적 신비주의자 ǀ 주경철
7	마음과 철학 유학편 ǀ 서울대학교 철학사상연구소 편
8	스페인 문화 순례: 세비야에서 산티아고 데 콤포스텔라까지 ǀ 김창민 편
9	예이츠 서정시 전집 1: 아일랜드 ǀ 김상무 역주

2015	
1	격동기에 겪은 사상들 ǀ 정범모
2	경제원리, 물처럼 흐른다 ǀ 박우희
3	근대한국 국제정치관 자료집 제2권: 제국-식민지기 ǀ 장인성·이경미·김태진
4	사회약료와 보건의료체계 ǀ 한병현
5	조선실학의 경전이해 ǀ 금장태
6	녹내장 ǀ 박기호
7	생명 ǀ 장대익·우희종·김형숙
8	우리역사읽기 6: 임금되고 신하되고 ǀ 송기호
9	파리의 풍경 1-6 ǀ 이영림 외

2016

1	2차전지 ∣ 선우 준
2	근대한국외교문서 제8권: 갑신정변 I ∣ 근대한국외교문서 편찬위원회 편
3	근대한국외교문서 제9권: 갑신정변 II ∣ 근대한국외교문서 편찬위원회 편
4	근대한국외교문서 제10권: 갑신정변 III ∣ 근대한국외교문서 편찬위원회 편
5	근대한국외교문서 제11권: 갑신정변 IV ∣ 근대한국외교문서 편찬위원회 편
6	역사용어사전 ∣ 서울대학교 역사연구소 편
7	오차분석입문 ∣ 존 테일러 지음, 김재관 옮김
8	주체·언어·총체성: 문학비평의 문제틀을 찾아서 ∣ 신광현
9	통섭을 넘어서 ∣ 이남인
10	한국건설의 가치를 말하다 ∣ 이복남

2017

1	《금오헌록》 역주 ∣ 김영석
2	민족의 통일과 다문화사회의 갈등 ∣ 최윤영
3	중세 아랍시로 본 이슬람 진영의 대(對)십자군 전쟁 ∣ 김능우 역주
4	그리스 문학의 신화적 상상력 ∣ 김헌
5	암에 대해 알아야 할 모든 것 ∣ 서울대학교암병원

2018

1	동서양의 접점: 이스탄불과 아나톨리아 ∣ 고일홍·곽문석·김기영 외
2	Beyond Risk Society: Ulrich Beck and the Korean Debate ∣ Sang-Jin Han
3	The Jesuits, Images, and Devotional Practices ∣ Junhyoung Michael Shin
4	동아시아사를 보는 눈 ∣ 유용태
5	수운 최제우의 종교 체험과 신비주의 ∣ 성해영
6	아비뇽의 여인들 또는 폭력의 두 얼굴 ∣ 정항균
7	정보의 역할을 고려한 거시경제모형 ∣ 윤택
8	조선시대어 형태 사전 ∣ 이상억·서승완

2019

1	교황 칼릭스투스의 『산티아고 순례 안내서』 ∣ 박용진 번역·주해
2	바로 쓰는 파이썬(기초편) ∣ 박진수
3	성찰(省察)의 서(書) ∣ 우사마 이븐 문끼드 지음, 김능우 역주
4	이야기가 있는 나무백과 1·2·3 ∣ 임경빈

5	재일동포 | 정진성
6	재현 분열 시대의 건축 | 달리보 베즐리 지음, 서정일 옮김
7	죽음과 내셔널리즘: 전후 일본의 특공위령과 애도의 정치학 | 이영진

2020	
1	18세기 통신사 필담 1 | 박희병·이효원 외
2	정치사상사 속 제국 | 박성우 외
3	한국언론학선구자: 김동성과 김현준 | 차배근·박정규·김영희·박선희

부록 5

발간 총서 목록

	총서명
1	20세기 문명연구총서
2	21세기 한국의 미래 발전과 성장동력 연구총서
3	Altaic Language Series
4	Korean Studies Series
5	SNUAC Series in Asian Studies
6	SNU 일본연구총서
7	SNUPRESS 동서양의 고전
8	SNUP 박물관교양강좌
9	The Center for Social Science International Studies
10	간호학강의
11	교수산문집
12	국어교육연구소총서
13	기초교양교육시리즈
14	농업생명과학연구원 학술총서
15	대학교양총서
16	대학생활총서
17	동아시아학술연구총서
18	멘토르 시리즈
19	문학비평총서
20	미국학총서

	총서명
21	법학전서
22	베리타스 시리즈
23	서울대학교 건설환경종합연구소 연구총서
24	서울대학교 경영연구소 기업경영사 연구총서
25	서울대학교 경제연구소 경제연구총서
26	서울대학교 관악초청강연
27	서울대학교 국제지역원 연구총서
28	서울대학교 규장각한국학연구원 한국문화연구총서
29	서울대학교 규장각한국학연구원 한국학공동연구총서
30	서울대학교 규장각한국학연구원 한국학모노그래프
31	서울대학교 규장각한국학연구원 한국학연구총서
32	서울대학교 규장각한국학연구원 한국학자료총서
33	서울대학교 글쓰기교실 연구노트총서
34	서울대학교 노사관계연구소총서
35	서울대학교동물병원 Health⁺
36	서울대학교병원 Health⁺
37	서울대학교 동양음악연구소 연구총서
38	서울대학교 법학연구소 법학학술총서
39	서울대학교 비교문화연구소 한국인류학총서
40	서울대학교 사회과학연구원 사회과학연구총서
41	서울대학교 사회과학총서
42	서울대학교 사회발전연구총서
43	서울대학교 생활과학총서
44	서울대학교 아시아연구소총서 기초연구시리즈
45	서울대학교 아시아연구소총서 동남아연구시리즈
46	서울대학교 아시아연구소총서 모노그래프
47	서울대학교 아시아연구소총서 열린강연시리즈
48	서울대학교 언어교육원총서
49	서울대학교 인문과학연구소 대학고전총서
50	서울대학교 인문학연구소 고전총서
51	서울대학교 인문학연구원 문명공동연구
52	서울대학교 인문학연구원 문명지평
53	서울대학교 인문학연구원 문명텍스트

	총서명
54	서울대학교 통일평화연구원 탈사회주의 연구총서
55	서울대학교 통일학신서
56	서울대학교 통일학연구총서
57	서울대학교 한국사연구총서
58	서울대학교 행정대학원 국가리더십연구센터 국가리더십연구총서
59	암곡학술총서
60	역사교육연구총서
61	영미문학 주석본 총서
62	의과대학통합교재
63	의학연수교육총서
64	인문학 공동연구 총서
65	제3기 인생 길라잡이 시리즈
66	중국조선민족학술총서
67	커뮤니케이션학 총서
68	크리티컬 이디엄 총서
69	한국의 탐구
70	한국정치연구총서
71	한국학교재총서(베트남어)
72	한국학총서
73	현대언론학총서

부록 6

주요 총서별 도서 목록

* 총서 일련번호 중 누락된 것은 발간 전 또는 타 출판사 발행 도서임.

▶ SNUAC Series in Asian Studies

1	New Asias ∣ Hyun-Chin Lim, Wolf Schäfer, Suk-Man Hwang 편
2	Nonkilling Korea: Six Culture Exploration ∣ Glenn D. Paige, Chung-Si Ahn 편
3	Global Challenges in Asia ∣ Hyun-Chin Lim, Wolf Schäfer, Suk-Man Hwang 편
4	A Quest for East Asian Sociologies ∣ Seung Kuk Kim, Peilin Li, Shujiro Yazawa
5	The Possibility of Peace in the Korean Peninsula ∣ Hyug Baeg Im
6	Mobile Asia ∣ Hyun-Chin Lim, Joonkoo Lee
7	Capitalism and Capitalisms in Asia ∣ Hyun-Chin Lim 외 편

▶ SNU 일본연구총서

1	전후 일본의 보수와 표상 ∣ 장인성 엮음
2	다문화사회 일본과 정체성 정치 ∣ 권숙인 엮음
3	'관광'으로 읽는 홋카이도: 관광산업과 문화정치 ∣ 조아라
5	월경의 아방가르드 ∣ 나미가타 츠요시 지음, 최호영·나카지마 켄지 옮김
6	일본 민주당 정권의 성공과 실패 ∣ 박철희 외
7	일본 국가기구의 변화와 연속성 ∣ 엄석진 외
8	일본의 집단적 자위권 도입과 한반도 ∣ 박철희 엮음
9	현대 일본의 분권개혁과 민관협동 ∣ 이정환
10	서브컬처로 읽는 일본현대미술 ∣ 정신영

▶ SNUPRESS 동서양의 고전

1	당시선 ｜ 이병한·이영주 역해
2	구북시화 ｜ 조익 지음, 송용준 역해
3	예브게니 오네긴 ｜ 푸슈킨 지음, 최선 역주
4	중용 ｜ 김학주 역주
5	대학 ｜ 김학주 역주
6	논어 ｜ 김학주 역주
7	송시선 ｜ 류종목·송용준 역해
8	구운몽 ｜ 김만중 지음, 김병국 교주·옮김
9	한유산문선 ｜ 오수형 역해
10	걸리버 여행기 ｜ 조나단 스위프트 지음, 송낙헌 옮김
11	소동파사 ｜ 소식 지음, 류종목 역해
12	팡세 ｜ 블레즈 파스칼 지음, 김형길 옮김
13	바가바드기타 ｜ 길희성 역주
14	더버빌 가의 테스 ｜ 토머스 하디 지음, 김보원 옮김
15	군주론 ｜ 니콜로 마키아벨리 지음, 박상섭 옮김
16	친화력 ｜ 요한 볼프강 폰 괴테 지음, 오순희 옮김
17	안도라 ｜ 막스 프리쉬 지음, 김정용 옮김
18	잃어버린 환상 ｜ 오노레 드 발자크 지음, 이철 옮김
19	젊은 예술가의 초상 ｜ 제임스 조이스 지음, 나영균 옮김
20	맹자 ｜ 김학주 역주
21	예이츠 서정시 전집 1: 아일랜드 ｜ 김상무 역주
22	예이츠 서정시 전집 2: 사랑 ｜ 김상무 역주
23	예이츠 서정시 전집 3: 상상력 ｜ 김상무 역주
24	에다: 북유럽 신화 ｜ 임한순·최윤영·김길웅 역주
25	춘향전: 남원고사 ｜ 원작 조경남, 설성경 역주

▶ 서울대학교 규장각한국학연구원 한국학모노그래프

1	예빈도에 보인 고구려: 당 이현묘 예빈도의 조우관을 쓴 사절에 대하여 ｜ 노태돈
2	현대 한국유교와 전통 ｜ 금장태
3	살인의 진화심리학 ｜ 최재천·한영우·김호·황희선·홍승효·장대익
4	무협소설의 문화적 의미 ｜ 전형준
5	정조시대의 무예 ｜ 나영일

6 벼락도끼와 돌도끼: 고고자료에 대한 전통적 인식 연구 | 이선복
7 한국 옛 경관 속의 생태지혜 | 이도원
8 식민권력과 통계: 조선총독부의 통계체계와 센서스 | 박명규·서호철
9 한국의 천연염료: 전통염료와 천연염색기술 | 김재필·이정진
10 북한의 의학교육 | 박재형·김옥주·황상익
11 국문 글쓰기의 재탄생 | 권영민
12 사할린 귀환자 | 이순형
13 조선시대 간척지 개발: 국토 확장과정과 이용의 문제 | 박영한·오상학
14 3칸×3칸: 한국 건축의 유형학적 접근 | 전봉희·이강민
15 위성영상을 이용한 북한지역의 해안습지연구: 평안남도를 사례로 | 유근배
16 한국 구비문학에 수용된 재담 연구 | 서대석
17 한국자본자유화와 금융자유화의 근년변화 | 이천표
18 구어 한국어의 의향법 실현방법 | 권재일
19 조선시대 복식에 나타난 적색계 색명의 의미 | 남윤자·김순영·박성실
20 우리나라 인체기생충 및 의용절지동물의 동물상과 개요 | 채종일
21 경제개방이 우리나라 노동시장에 미친 효과 | 김대일
22 한국 고소설에 나타난 오이디푸스 콤플렉스: <심청전>·<콩쥐팥쥐전> | 류인균
23 남북한 경제의 이질성: 경제통합에 관한 함의 | 이지순
24 한국에서 마르크스주의 경제학의 도입과 전개과정 | 김수행
25 한국 장수인의 개체적 특성과 사회환경적 요인 | 박상철·이미숙·이정재·한경혜
26 전통마을 경관요소들의 생태적 의미 | 이도원
27 한국의 중산층 | 홍두승
28 한국 여성의 건강증진행위 | 윤순녕·김숙영·이지윤
29 心과 性: 다산의 『맹자』 해석 | 금장태
30 20세기 초기 국어의 문법 | 권재일
31 한국의 고령노동: 경제활동과 고용구조의 장기적 변화 | 이철희
32 웃음으로 눈물 닦기: 한국 언어문화의 한 특질 | 김대행
33 한국의 좌파 경제학자들 | 김수행·김공회
34 온돌과 한국인의 수면 생활: 침상 기후를 중심으로 | 최정화·김문숙
35 한국 고대의 온돌: 북옥저, 고구려, 발해 | 송기호
36 한국 시민단체의 내부의사결정과정에 관한 연구 | 김준기
37 한국문화를 쓴다: 강용흘의 『초당』과 이미륵의 『압록강은 흐른다』 비교연구 | 최윤영
38 정약용 사상 속의 과학기술: 유가 전통, 실용성, 과학기술 | 김영식
39 仁과 禮: 다산의 『논어』 해석 | 금장태

40 서양인의 한국 종교 연구 | 김종서
41 한국시화(韓國詩話)에 보이는 두시(杜詩) | 이영주
42 한국의 소득불평등과 빈곤: 소득분배 악화와 사회보장정책의 과제 | 구인회
43 한국인 치매환자의 행동 및 심리 증상의 횡문화적 특성 | 조맹제·김진영
44 한국사회복지 네트워크의 구성과 효과성 | 김준기
45 근대한국의 국제관념에 나타난 도덕과 권력 | 장인성
46 한국의 의료체제: 제도와 지배구조 | 송호근
47 몽골제국과 고려: 쿠빌라이 정권의 탄생과 고려의 정치적 위상 | 김호동
48 한국무협소설의 작가와 작품 | 전형준
49 한국 근대소설에 나타난 오이디푸스 콤플렉스의 이해 | 류인균
50 한국의 하구역: 하구둑 건설 이후의 지형변화 | 유근배·김성환·신영호
51 한국의 신용평가제도 | 이인호
52 전통 마을숲의 생태계 서비스 | 이도원·고인수·박찬열
53 두 개의 예외적인 복제체제 비교 연구: 한국 복지국가 모형의 탐색 | 김태성
54 박정희 체제의 성립과 전개 및 몰락 | 김수행·박승호
55 한국 서해안의 해안사구: 지형학적 관점을 중심으로 | 유근배·류호상
56 『기우제등록』과 기후의례: 기우제, 기청제, 기설제 | 최종성
57 한국어 술어의 사건 구조와 논항 구조 | 남승호
58 구한말의 한독 외교문서 덕안(德案) 연구 | 권오현
59 현대 한국어의 공시 형태론: 경주지역어를 실례로 | 최명옥
60 서양문화를 쓴다 | 최윤영
61 시장발전과 경제개발 | 이승훈
62 고려국가와 집단의식 | 노명호
63 근현대 한국미술과 '동양' 개념 | 정형민
65 현대 한국복지국가의 제도적 전환 | 안상훈
66 순응과 저항을 넘어서: 이승만과 박정희의 대미정책 | 신욱희
67 생태서식처로서 한국 서해안 해안사구 | 유근배·신영호·김대현·김성환
69 한국 정신보건서비스의 전개 과정: 사회서비스의 관점에서 | 김상경
70 일제의 한국 식민지화와 문명화(1904-1919) | 권태억
71 이즈미 세이이치와 군속인류학: 뉴기니 조사를 중심으로 | 전경수
72 조선후기 공론정치의 새로운 전개: 18, 19세기 향회, 민회를 중심으로 | 김인걸

▶ 서울대학교 규장각한국학연구원 한국학연구총서

34	한국의 언어 민속지: 전라남북도 편 | 왕한석
35	주시경의 언어이론과 표기법 | 송철의
36	일제강점기의 철도 수송 | 허우긍
37	인권으로 읽는 동아시아: 한국과 일본의 인권 개선조건 | 정진성·공석기·구정우
38	정조와 정조시대 | 김인걸 외
39	문화의 정치와 지역사회의 권력구조: 안동과 안동김씨 | 김광억
40	한국어 명사구의 의미론: 한정성/특정성, 총칭성, 복수성 | 전영철
41	한국의 건강 불평등 | 김창엽·김명희·이태진·손정인
42	한국어의 재구조화 1·2 | 임홍빈

▶ 서울대학교 규장각한국학연구원 한국학자료총서

1	古代國語 語彙表記 漢字의 字別 用例 硏究 | 송기중
2	한국철학자료집: 불교편 1-삼국과 통일신라의 불교사상 | 허남진 외 편역
3	한국철학자료집: 불교편 2-고려시대의 불교사상 | 심재룡 외 편역
4	한국철학자료집: 불교편 3-조선시대의 불교사상(근간) | 심재룡 외 편역
5	서울대학교 중앙도서관 고문헌자료실 소장『경제문고』해제집 | 권태억 외 편역
6	한글본 이언 연구 | 민현식
7상	원문 교주 구운몽 | 김병국
7하	현대역 구운몽 | 김병국
8	해방 이후 한국기업의 진화 I: 1976-2005년간의 통계의 구축과 기초분석 | 이근 외
9	해방 이후 한국기업의 진화 II: 1956-1977년간의 통계의 구축과 기초분석 | 이근 외
10	서울대학교박물관 소장 식민지시기 유리건판 | 이문웅·강정원·선일 편
11	풍자 우화 그리고 계몽담론 | 권영민
12	한국근현대문학의 프랑스문학수용 | 이건우·이규현·김용기·박성창·김종욱·문혜원
13	한국 근대도면의 원점 | 전봉희·이규철·서영희
14-1	유원총보역주 1 | 허성도·김창환·강성위 역주
14-2	유원총보역주 2 | 허성도·김창환·강성위 역주
14-4	유원총보역주 4 | 이영주·허성도·김창환 역주
14-5	유원총보역주 5 | 이영주·김창환·이남종 역주
15	식민권력과 근대지식 | 정근식·정진성·박명규·정준영·조정우·김미정
16-1	근대한국 국제정치관 자료집 제1권: 개항·대한제국기 | 장인성·김현철·김종학 엮음
16-2	근대한국 국제정치관 자료집 제2권: 제국-식민지기 | 장인성·김태진·이경미 엮음
17	1880년대 조선-청 국경회담 관련 자료 선역 | 김형종 편역

18	한국 근대문학의 러시아 문학 수용 ∣ 권영민·박종소·오원교·이지연
19	18세기 통신사 필담 1 ∣ 박희병·이효원 외
20	한국 서지학(書誌學)의 선편(先鞭) ∣ 한재영·이현희·가와사키 케이고
21	사도세자의 죽음과 그 후의 기억: 『현고기(玄皐記)』 번역과 주해 ∣ 김용흠·원재린·김정신·정두영·최성환 역주
22	손와만록(巽窩謾錄) ∣ 이대형·이미라·박상석 역주
23	충역의 시비를 정하다: 『정변록』 역주 ∣ 김용흠·원재린·김정신·정두영 역주
24	《금오헌록》 역주 ∣ 박명양·이의현 편, 김영석 역주
26	교점역해(校點譯解) 정원고사(政院故事) ∣ 김태웅·이강욱 감수·해설, 진현·하명준 교열·해제, 조은미 외 표점·번역
27	혜빈궁일기: 현전 유일의 궁궐 여성처소 일지 ∣ 정병설
28	육주약선·육권수고 ∣ 당윤희·오수형·장유승

▸ 서울대학교 글쓰기교실 연구노트총서

1	서론과 결론 쓰기 노하우 ∣ 조은주
2	문학작품 감상문 및 보고서 쓰기 ∣ 홍진호
3	사회과학 글쓰기 ∣ 김원택
4	영화평 어떻게 쓸 것인가 ∣ 김지미

▸ 서울대학교동물병원 Health+

1	우리 집에 멍이가 들어왔어요 ∣ 신남식·김선아
2	멍이가 임신을 했어요 ∣ 장구
3	우리 집에 냥이가 들어왔어요: 입양에서 장례까지 ∣ 신남식·신윤주
4	멍이 배가 왜 아플까요?: 내장 질환 ∣ 한호재
5	우리 멍이 사춘기일까요?: 반려견 심리탐구 ∣ 신남식·신윤주
6	냥이가 임신을 했어요 ∣ 장구

▸ 서울대학교병원 Health+

1	위암 ∣ 양한광
2	유방암 ∣ 노동영
3	간암 ∣ 서경석
4	췌장암 ∣ 김선회

5	심장 ｜ 구본권
6	요통과 디스크 ｜ 정선근
7	천식과 알레르기 비염 ｜ 조상헌
8	녹내장 ｜ 박기호
9	우울증 ｜ 안용민
10	당뇨병 ｜ 박경수
11	전립선암 ｜ 김현회·곽철·정창욱
12	간염 ｜ 김윤준
13	골다공증 ｜ 신찬수
14	갑상선암 ｜ 이규언·김수진

▶ 서울대학교 아시아연구소총서 기초연구시리즈

1	국가의 추격, 추월, 추락: 아시아와 국제 비교 ｜ 이근 외
2	노숙 문제의 현실과 대응: 한국과 일본의 비교 ｜ 구인회·정근식 편저
3	두보 고체시 명편 ｜ 이영주·이남종·이석형 외 역해
4	글로벌 패러독스: 아시아의 도전과 과제 ｜ 임현진·서문기·윤상우
5	평화적 세력전이의 국제정치 ｜ 정재호 편
6	아시아의 혁신·창조활동과 세계경제질서 ｜ 박지형·안덕근·이석배·이지홍
7	삼각관계의 국제정치: 중국, 일본과 한반도 ｜ 신욱희
8	의료, 아시아의 근대성을 읽는 창 ｜ 이현정·김태우 엮음
9	동아시아 국제사회와 동아시아 상상: 한국국제정치사상 연구 ｜ 장인성
10	1880년대 조선·청 공동감계와 국경회담의 연구 ｜ 김형종
11	네트워크로 바라본 아시아: 사회과학적 관점에서 ｜ 박경숙·손정렬·김상배·권규상
12	동아시아 발전국가모델의 재구성 ｜ 임혜란
13	대항적 공존: 글로벌 책무성의 아시아적 재생산 ｜ 김태균
14	글로벌 냉전과 동아시아 ｜ 신욱희·권헌익 엮음
15	한국의 동남아시아 연구: 역사, 현황 및 분석 ｜ 안청시·전제성 엮음
16	메이지유신과 사대부적 정치문화 ｜ 박훈
17	중국 고도(古都)를 거닐다: 대중문화와 도시경관의 길을 따라 ｜ 박정희
18	아시아 생산네트워크의 진화, 비교우위와 노동의 분배 몫 ｜ 박순찬
19	글로벌 미디어와 아시아 정체성: 혼종성과 저항성의 경계 ｜ 윤선희
20	아세안의 WTO 무역분쟁 연구 ｜ 나희량
21	옐로우 퍼시픽: 다중적 근대성과 동아시아 ｜ 조영한·조영헌

▶ 서울대학교 아시아연구소총서 모노그래프

1	개인의식의 성장과 중국소설: 四大奇書부터 『紅樓夢』까지 | 최형섭
2	도시와 장소 기억 | 한지은
3	두보 배율 연구 | 강민호
4	쫓겨난 신선 이백의 눈물 | 임도현
5	재난과 살다: 대지진에 대비하는 일본 방재과학의 집합실험 | 이강원
6	한국 복지자본주의의 역사: 자산기반복지의 형성과 변화 | 김도균
7	이란 도시 젊은이, 그들만의 세상 만들기 | 구기연
8	죽음과 내셔널리즘: 전후 일본의 특공위령과 애도의 정치학 | 이영진

▶ 서울대학교 인문학연구원 문명공동연구

5	문학이론 입문 | 아힘 가이젠한스뤼케 지음, 박배형·신혜정·안성찬 옮김
7	1905년 러시아혁명과 동아시아 3국의 반응 | 이혜경·고영란·김수연 외
8	덕의 귀환(동양편) | 이혜경
9	덕의 귀환(서양편) | 송유레
10	제국, 문명의 거울 | 김능우·김수현·김헌 외 9인
11	매체이론의 지형도 I. 브레히트에서 보드리야르까지 | 안성찬·박배형·윤미애·황승환 공역
12	기독교인이 본 십자군, 무슬림이 본 십자군 | 김능우·박용진 편역

▶ 서울대학교 인문학연구원 문명지평

1	중국한시 | 송용준
2	헤겔 미학 개요 | 박배형
3	통섭을 넘어서 | 이남인
4	독일, 민족 그리고 신화 | 최윤형·이재원·황승환·권혁준
5	나는 뭐란 말인가: 『가게로 일기』의 세계 | 이미숙
6	그리스문학의 신화적 상상력 | 김헌
7	황종희가 꿈꾸는 도덕정치 | 이혜경
8	동서양의 접점: 이스탄불과 아나톨리아 | 고일홍·곽문섭·김기영 외
9	문명과 전쟁 | 박배형
10	몸으로 세계를 보다 | 김성수·신규환

▶ 서울대학교 인문학연구원 문명텍스트

21	신민설 | 양계초 지음, 이혜경 주해
22	겐지 모노가타리 1 | 무라사키시키부 지음, 이미숙 주해
23	문명 속의 불만 | 지그문트 프로이트 지음, 성해영 옮김
24	공간, 장소, 젠더 | 도린 매시 지음, 정현주 옮김
25	장가르 2 | 유원수 주해
26	중세 아랍시로 본 이슬람 진영의 대(對)십자군 전쟁 | 김능우 역주
27	중국 근대 미디어와 소설의 시대 | 김수연
28	독일적 특성과 예술에 대하여 | 안성찬
29	크리스티안 볼프: 중국의 실천철학에 대한 강연 | 안성찬
30	겐지 모노가타리 2 | 무라사키시키부 지음, 이미숙 주해
31	헤겔과 시민사회: 『법철학』「시민사회」장 해설 | G. W. F. 헤겔 지음, 박배형 주해
32	수운 최제우의 종교 체험과 신비주의 | 성해영
33	그리스 지도자들에게 고함: 이소크라테스의 아홉 통의 편지 | 김헌 주해
34	식민지 지식인의 근대 초극론 | 홍종욱 엮음
35	장가르 3 | 유원수 주해
36	레온 바티스타 알베르티의 『건축론』 1·2·3권 | 서정일 번역·주해
37	선사시대 사회들의 과거 인식 | 리처드 브래들리 지음, 고일홍 옮김
38	성찰(省察)의 서(書) | 우사마 이븐 문끼드 지음, 김능우 역주
39	재현 분열 시대의 건축 | 달리보 베즐리 지음, 서정일 옮김
40	중국문학 50년(1872-1922) | 김수연
41	교황 칼릭스투스의 『산티아고 순례 안내서』 | 박용진 번역·주해
42	공손룡자 | 염정삼 번역·주해
43	바리공주/바리데기 | 이경하
44	'어떤 철학'의 변명: 이소크라테스의 연설문 『교환소송(antidosis)에 관하여』 | 이소크라테스 지음, 김헌 주해
45	신기한 것에 관한 서술 | 요르다누스 카탈라 드 세베락 지음, 박용진 번역·주해

▶ 서울대학교 통일평화연구원 탈사회주의 연구총서

1	탈사회주의 체제전환과 발트3국의 길 | 정근식·김병로·김성철 외
2	통일 연구자의 눈에 비친 사회주의 베트남의 역사와 정치 | 채수홍·김병로 외

▶ 서울대학교 통일학연구총서

1	북한체제의 형성과 한반도 국제정치 | 김세균·유홍림·임경훈 외
2	북한 산업개발 및 남북협력방안: 지리적 접근 | 박삼옥·허우긍·박기호·박수진
3	탈북가족의 적응과 심리적 통합 | 이순형·조수철·김창대·진미정
4	남북한 환경정책 비교연구 1 | 윤여창 외
5	남북한 환경정책 비교연구 2 | 김정욱 외
6	남북통합지수, 1989-2007 | 김병연·박명규·김병로·정은미
7	통일한국의 어린이영양 | 이연숙·윤지현·심재은·장수정
8	북미대립: 탈냉전 속의 냉전 대립 | 장달중·이정철·임수호
9	네트워크 세계정치: 은유에서 분석으로 | 하영선·김상배 엮음
10	김일성사회주의청년동맹과 조선민주녀성동맹 | 이온죽·이인정
11	다플랫폼 다채널 시대의 통일방송 | 윤석민·배진아·곽정래 외
12	기초자료로 본 독일통일 20년 | 임홍배·송태수·정병기
13	탈북인의 공·사적 관계와 의사소통 | 이순형·김창대·진미정
14	북한의『조선어학전서』연구 | 권재일
15	판례로 보는 남북한관계 | 이효원
16	북한 경제에서의 시장과 정부 | 김병연·양문수
17	통일농업 성장보고서(1991-2009) | 최징남 김완배·리금·최장호
18	남북한 교류협력 거버넌스의 구조와 동학 | 정근식·정은미·강동완
19	독일 통일과 여성 | 한정숙·홍찬숙·이재원
20	북한사회와 굴절된 근대: 인구, 국가, 주민의 삶 | 박경숙
21	북한이탈청소년과 남한청소년의 도덕성, 법의식, 권위 인식 | 이순형·김창대·진미정
22	남북 언어의 어휘 단일화 | 권재일
23	남북한 젊은 세대의 통일관 | 강원택·이재철·조진만·한정택·김새미
24	북한이탈주민의 종교경험 | 이순형·최연실·진미정
25	여성 북한이탈주민의 경제적 적응: 취업, 소득, 소비 | 정진화·손상희
26	북한의 체육과 여가 | 나영일·현주·안지호·신영진·진현주·성제훈
27	중국의 대북 무역과 투자: 단둥시 현지 기업 조사 | 김병연·정승호
28	북한주민의 질병관과 질병행태 | 김석주·이왕재·박상민·이혜원·최희란
29	북한의 수학 연구 현황 분석 | 김도한·신정선
30	한국전쟁 사진의 역사사회학: 미군 사진부대의 활동을 중심으로 | 정근식·강성현
31	통일 의료: 남북한 보건의료 협력과 통합 | 신희영·이혜원·안경수 외

▶ 서울대학교 행정대학원 국가리더십연구센터 국가리더십연구총서

1	대항해시대의 국가지도자 이순신 ｜ 김병섭 편
2	우리 복지국가의 역사적 변화와 전망 ｜ 김병섭·강인철·김수현 외 11인
3	대학연의 상·중·하 ｜ 진덕수 저, 김병섭 편집, 정재훈 외 역주
4	고용노동정책의 역사적 변화와 전망 ｜ 금현섭·김성중·김원배 외 9인
8	교육정책의 역사적 변동과 전망 ｜ 김신복·김인희·김재춘 외 6인
9	감사정책의 역사적 변동과 전망 ｜ 문호승·심호·임보영·신민철
10	해운항만정책의 역사적 변동과 전망 ｜ 이재균·주성호·강범구·류영하·심동현

▶ 암곡학술총서

1	유가 전통에서의 자연세계와 과학 ｜ 김영식
2	과학, 세상을 보는 눈: 통합학문의 모색 ｜ 최무영

▶ 역사교육연구총서

1	역사 인식의 논리와 역사교육 ｜ 송상헌
2	민주사회와 시민을 위한 역사교육 ｜ 김한종
3	소통으로 만드는 역사교육: 역사 문서 읽기와 성찰적 역사의식 ｜ 강선주
4	역사교육 목적의 인식과 실제 ｜ 백은진

▶ 한국의 탐구

1	퇴계의 삶과 철학 ｜ 금장태
2	한국의 석조미술 ｜ 정영호
3	실학의 국가 개혁론 ｜ 김태영
4	한국의 샤머니즘 ｜ 조흥윤
5	한국유학의 탐구 ｜ 금장태
6	한국의 목조건축 ｜ 주남철
7	북한의 언어문화 ｜ 고영근
8	조선시대 건축의 이해 ｜ 김동욱
9	한국 고대의 금속공예 ｜ 이난영
10	한국의 역학 ｜ 강신항
11	한국의 원형신화 원앙부인 본풀이 ｜ 조흥윤

12	재외동포 ∣ 이광규
13	이율곡, 그 삶의 모습 ∣ 황준연
14	김소월, 그 삶과 문학 ∣ 오세영
15	한국천문학사 ∣ 나일성
16	한국의 선비와 선비정신 ∣ 금장태
17	한국인의 죽음관 ∣ 이은봉
18	서포 김만중의 생애와 문학 ∣ 김병국
19	춘향전의 비밀 ∣ 설성경
20	신라 화엄사상사연구 ∣ 김두진
21	장영실과 자격루: 조선시대 시간측정 역사 복원 ∣ 남문현
22	구한말의 개혁·독립투사 서재필 ∣ 이정식
23	한국어의 의성어와 의태어 ∣ 채완
24	보부상: 근대 격변기의 상인 ∣ 조재곤
25	한국의 성씨와 족보 ∣ 이수건
26	조선시대 도자기 ∣ 김영원
27	홍길동전의 비밀 ∣ 설성경
28	이익사상의 구조와 사회 개혁론 ∣ 김용걸
29	근내도시 목포의 역사·공간·문화 ∣ 고석규
30	고구려 고분벽화의 세계 ∣ 전호태
31	삼국사기의 현대적 이해 ∣ 정구복
32	한국어의 부사 ∣ 서정수
33	한국어 문법 ∣ 이익섭
34	조선시대 궁중의 식생활문화 ∣ 한복진
35	여운형: 시대와 사상을 초월한 융화주의자 ∣ 이정식

▶ 커뮤니케이션학 총서

1	커뮤니케이션학이란 무엇인가 ∣ 차배근·하종원·이종혁
2	한국언론학선구자: 김동성과 김현준 ∣ 차배근·박정규·김영희·박선희

부록 7

발간 도서 목록

1948-2020

E 표시된 도서는 전자책으로도 발행된 도서임

NO	발행	도서명	저자/역자/편자명
1	1948	신세기의 원자세력	박철재
2	1948	사회주의정당사론(서울대학신문사출판부 간)	한춘섭
3	1963	한국농촌가족의 연구	고황경, 이효재 외 2인
4	1963	한국정치체계	윤천주
5	1965	주석 한국판례집: 민사법 I	서울대학교판례연구회
6	1965	주석 한국판례집: 민사법 II	서울대학교판례연구회
7	1966	한강하류의 저위침식면지형연구	김상호
8	1966	Aphids of Korea	Woon Hah Pak
9	1966	국악논고	장사훈
10	1966	Korean Folk Medicine	Sun Ju Lee
11	1966	한국신극사연구	이두현
12	1966	청장관전서(상)	서울대학교고전간행회
13	1966	청장관전서(중)	서울대학교고전간행회
14	1966	청장관전서(하)	서울대학교고전간행회
15	1966	현대교육철학	이은우
16	1966	임원십육지(1)	서울대학교고전간행회
17	1966	임원십육지(2)	서울대학교고전간행회
18	1966	임원십육지(3)	서울대학교고전간행회
19	1966	임원십육지(4)	서울대학교고전간행회
20	1966	임원십육지(5)	서울대학교고전간행회
21	1966	임원십육지(6)	서울대학교고전간행회
22	1966	서울대학교20년사	서울대학교20년사편찬위원회
23	1967	탁지지(전)	서울대학교고전간행회

NO	발행	도서명	저자/역자/편자명
24	1967	교육사상가백선	한국교육사교육철학회
25-68	1967	일성록(1-44)	서울대학교고전간행회
69	1967	헤에겔 철학과 자유의 정신	김계숙
70	1967	한국가족법연구	정광현
71	1968	Humanism in Korea To-day	Jai-hi Choi
72	1968	비교정치론(1)	구범모
73	1968	비교정치론(2)	구범모
74	1968	국어방언연구	최학근
75	1968	한국교육의 이념	한기언
76	1968	A Proposed Social Security System for Korea Based on an Analysis of Programs in Great Britain, Japan, Malaysia, and the United States	Kap Soo Bang
77-89	1968	대동야승(1-13)	조선고서간행회
90	1968	정조병오소회담록	서울대학교 규장각
91	1968	호구총수(戶口總數)	서울대학교 규장각
92	1968	주영편(晝永編)	정동유
93	1968	주석 한국판례집: 형사법 I	서울대학교판례연구회
94	1968	주석 한국판례집: 형사법 II	서울대학교판례연구회
95	1968	서양윤리사상사	최재희
96	1968	한국음악서설	이혜구
97	1968	경제발전론	이현재, 김수행
98	1969	한성순보	서울대학교고전간행회
99	1969	한국교육사상사연구	한기언
100	1969	주석 한국판례집: 민사법 III	서울대학교판례연구회
101	1969	아시아 정치론	구범모
102	1969	한국 가족제도 연구	김두헌
103	1969	한국의 영토	이한기
104	1969	아시아의 역사상	고병익
105	1970	주석 한국판례집: 공법 I	서울대학교판례연구회
106	1970	생리학	남기용
107	1970	동아교섭사의 연구	고병익
108	1970	근로자의 단결권	김치선
109	1970	심리학사	이의철
110	1970	알타이 인문연구	박시인
111	1970	국민윤리	최재희
112	1970	언어학논고(1)	김방한
113	1970	매스 컴뮤니케이션	김규환
114	1970	한국설화문학연구	장덕순

NO	발행	도서명	저자/역자/편자명
115	1970	행정과 경제개발	황인정
116	1971	농업근대화의 필수요인	박진환
117	1971	만문 대료국사	최학근
118	1971	주석 한국판례집: 형사법 III	서울대학교판례연구회
119	1971	우서	유수원
120	1971	신종합영어	장왕록
121	1971	동학란기인에 관한 연구	한우근
122	1971	훈몽자회연구	이기문
123	1971	몽어유해(蒙語類解)	서울대학교고전간행회
124	1971	위험과 보험	방갑수
125	1972	주석 한국판례집: 민사법 IV	서울대학교판례연구회
126	1972	근세사회사상사	최문환
127	1972	경제성장과 국민소득 구조변동	이현재
128	1972	문화사	서울대학교 교양교재편찬위원회
129	1972	사회학	최홍기
130	1972	의미론 개설	이용주
131	1972	전통적 법체계와 법의식	박병호
132	1973	한국농촌사회의 구조와 변화	이만갑
133	1973	이조후기 수공업에 관한 연구	송찬식
134	1973	신소설의 문학사적 성격	조동일
135	1973	한국의 매스 커뮤니케이션	김규환
136	1973	정도전사상의 연구	한영우
137	1974	대학·자유·지성(증보판)	서울대학교 대학신문사
138	1974	덴마크의 새마을운동	김형호
139	1974	Postwar Korean Short Stories	Chong-un Kim
140	1974	해상보험이론과 실무	이기태
141	1974	국민학교교사를 위한 수학	박한식
142	1974	동방사논총	김상기
143	1974	한국방언연구	김형규
144	1974	미국문학산고	김종운
145	1975	철학과 논리의 연구	김준섭
146	1975	미학서설	백기수
147	1975	조선초기 언관 언론연구	최승희
148	1975	약물의 상호작용	김응찬
149	1975	정치학개론	서울대학교 정치학과
150	1975	응급처치	서울대학교 의학교육연수원
151	1976	실험미생물학	김병각
152	1976	美學 藝術論	백기수

NO	발행	도서명	저자/역자/편자명
153	1976	아테네 민주정치사	양병우
154	1976	서울대학교30년사	서울대학교30년사편찬위원회
155	1976	독일공익경제이론과 협동조합 및 노동조합기업	김영호
156	1976	근대독일사연구	이민호
157	1977	Demography of Korea	Tai Hwan Kwon
158	1977	한국문화론특강	이만렬
159	1977	현대생활과 과학	장세희
160	1977	인체의 생리	김우겸
161	1977	현대사조론	이규호
162	1977	인류와 문화	한상복
163	1977	한국근대사의 재조명	서울대학교 대학신문사
164	1977	법학통론	서울대학교 법학연구소
165	1977	자연주의	김종운
166	1977	리얼리즘	천승걸
167	1978	淸末改革派五種期刊目次綜纂	고병익, 민두기
168	1978	대학한문	서울대학교 중어중문학과
169	1978	국조인물고(상)	서울대학교 도서관
170	1978	국조인물고(중)	서울대학교 도서관
171	1978	국조인물고(하)	서울대학교 도서관
172	1978	낭만주의	이상옥
173	1978	부조리문학	황동규
174	1978	상징주의	박희진
175	1978	은유	심명호
176	1978	고전주의	강대건
177	1978	풍자	송낙헌
178	1978	비극	문상득
179	1978	풀롯	문우상
180	1978	Unification Policies of South and North Korea	Hakjoon Kim
181	1978	부동산등기법의 개정에 관한 연구	한국민사법학회
182	1978	노동법총설	김치선
183	1978	미학	백기수
184	1978	법률문헌색인(I): 1945-1974	서울대학교 법학도서관
185	1978	한국도교사상연구	차주환
186	1978	국어	김윤식 외 3인
187	1978	Sericultural Technology	Byong Hee Choe
188	1979	Politics of Dissent in U.S. Foreign Policy	Youngnok Koo
189	1979	Korean Fishermen	Sang-Bok Han
190	1979	대학생물학	서울대학교 교양교재편찬위원회

NO	발행	도서명	저자/역자/편자명
191	1979	20세기 이데올로기와 문학사상	정명환, 이환, 송동준, 김현, 오생근
192	1979	한국현대시의 정수	정한모
193	1979	근대화	김경동, 임종철, 이홍구, 김려수
194	1979	수학개요	서울대학교 교양교재편찬위원회
195	1979	한국산 논거미의 연구	백운하, 남궁준
196	1979	현대미술의 이해	임영방
197	1979	현대사회론	이상희
198	1979	현대국제정치의 이해	여정동, 노재봉
199	1979	다다와 초현실주의	박희진
200	1979	공상과 상상력	심명호
201	1979	단편소설	김종운
202	1979	신정치학개론	김영국, 구영록, 배성동 외 3인
203	1979	Man and Society in Korea's Economic Growth	Kyong-Dong Kim
204	1979	심미주의	이상옥
205	1979	수사법	강대건
206	1979	전기문학	이경식
207	1979	한국화분도감	장남기
208	1979	영국근대사연구	나종일
209	1979	중소 국제법이론 및 러시아 소련의 한말외교사 연구	김용구
210	1980	셰익스피어본문 연구	이경식
211	1980	아이러니	문상득
212	1980	셰익스피어의 생애와 작품	이경식
213	1980	한국의 개국과 국제관계	동덕모
214	1980	모던이즘	황동규
215	1980	Unity of Culture in Yeats's Drama	J. L. Schneider
216	1980	Korea: A Decade of Development	Yunshik Chang
217	1980	알레고리	송낙헌
218	1980	Maoism and Development	Chong-Wook Chung
219	1980	문화인류학의 세계	이광규
220	1980	현대의 철학 I	한전숙, 차인석
221	1980	한국 고미술의 이해	김원용
222	1980	Political Opposition in Korea, 1945-1960	Chi-Young Pak
223	1980	Urban-to-Rural Return Migration in Korea	On-Jook Lee
224	1980	성호 이익 연구	한우근
225	1980	Limits of Leadership in Foreign Policy	Jong Ryool Lee
226	1980	토지경제학	주봉규
227	1980	로망스	문우상
228	1980	서독의 사회복지와 노사관계	최종태

NO	발행	도서명	저자/역자/편자명
229	1980	영국의 사회복지	이해영, 한승수
230	1980	프랑스의 사회보장제도	김동희
231	1980	전창 12가사	장사훈
232	1980	향가해독법연구 E	김완진
233	1981	수학(1·2)	서울대학교 교양교재편찬위원회
234	1981	대학국어	서울대학교 대학국어편찬위원회
235	1981	Soviet Deterrence Doctrine	Young-Hoon Kang
236	1981	철학개론	서울대학교 교양교재편찬위원회
237	1981	Intellect and Imagination	서울대학교 교양교재편찬위원회
238	1981	대학체육	서울대학교 교양교재편찬위원회
239	1981	한국 전통음악의 이해	장사훈
240	1981	한국불교음악연구	한만영
241	1981	정치문화와 통치형	윤천주
242	1981	행정조직법·지방행정법·공무원법	김이열, 박윤흔, 윤세창
243	1981	조선전기사학사연구	한영우
244	1981	영국희곡연구	이경식
245	1981	희극	석경징
246	1981	미의 사색	백기수
247	1981	우리나라의 선거실태	윤천주
248	1981	극과 극적 요소	천승걸
249	1981	동남아와 ASEAN	안청시, 김광웅, 임종철 외 2인
250	1981	소련외교론서설	김학준
251	1981	현대교육론(I)	이돈희
252	1981	현대교육론(II)	김종서
253	1981	현대교육론(III)	김종철
254	1981	Legislative Process in Korea	Chong Lim Kim 외
255	1981	Management of Rural Change in Korea	In-Joung Whang
256	1981	한국신극사연구(개정판)	이두현
257	1981	빛은 있어야 한다	김제완
258	1981	영동영서의 언어분화	이익섭
259	1981	한국형출혈열	이문호
260	1981	Social Development and Political Violence	Chung-Si Ahn
261	1982	The Breakdown of Authority Structure in Korea in 1960	Yong Pil Rhee
262	1982	Die Buddhistische Musik in KOREA	Hai-Yup Yang
263	1982	La musique bouddhique en Corée	Hai-Yup Yang
264	1982	한국 아동의 언어 획득 연구	조명한
265	1982	삐아제연구	한국심리학회

NO	발행	도서명	저자/역자/편자명
266	1982	Sociology and Social Change in Korea	Man-Gap Lee
267	1982	The Making of Modern Korean Poetry	Myung-Ho Sym
268	1982	세종조음악연구	장사훈
269	1982	중국사문학논고	차주환
270	1982	박은식의 사회사상연구	신용하
271	1982	한국 현대문학 비평사	김윤식
272	1982	신중국론	정종욱
273	1982	한국의 전통사상과 문학	김동욱, 이우성, 장덕순, 최진원
274	1982	규장각도서한국본종합목록(상)	서울대학교 규장각
275	1983	규장각도서한국본종합목록(하)	서울대학교 규장각
276	1983	대학중국어	서울대학교 중어중문학과
277	1983	East Asia and the Law of the Sea	Choon-Ho Park
278	1983	경영학 핸드북	서울대학교 경영대학 경영연구소
279	1983	Securities Regulation in Korea	Yung Moo Shin
280	1983	Nuclear Proliferation, World Order and Korea	Young-Sun Ha
281	1983	현대문학비평의 방법론	김치수, 이동렬 외 2인
282	1983	미국신문사	차배근
283	1983	전산통계프로그램	서울대전자계산소
284	1983	정도전사상의 연구(개정판)	한영우
285	1983	User's Guide to the SNU Statistical Packages	Computer Center Seoul National University
286	1983	철학과 행동의 연구	김준섭
287	1983	법사회학	최대권
288	1983	실험동물학	이영순
289	1984	현대 법학의 이해	최종고
290	1984	미학서설(개정판)	백기수
291	1984	아동복지론	오정수, 장인협
292	1984	한국불교음악연구(증보판)	한만영
293	1984	항생제	구양모
294	1984	농촌생활개선지도론	송해균
295	1984	중국전근대언론사	차배근
296	1984	한국선박사연구	김재근
297	1984	인문과학의 새로운 방향	서울대학교 인문과학연구소
298	1984	소련 및 동구공산주의	김학준, 전인영
299	1984	Reciprocity and Korean Society	Chun Kyung-Soo
300	1984	한국의 농촌	정지웅
301	1984	한국기업의 특성과 과제	신유근
302	1984	정치체계분석	이용필

NO	발행	도서명	저자/역자/편자명
303	1984	공업발전과 한국농촌	이만갑
304	1985	현대 매스커뮤니케이션 원론	박유봉
305	1985	대학작문	서울대학교 대학국어편찬위원회
306	1985	Wege zur Humanität	서울대학교 교양독일어교재 편찬위원회
307	1985	WEGE des GEISTES	
308	1985	지역사회복지론	최일섭, 류진석
309	1985	문화인류학개론	김광억, 이문웅, 한상복
310	1985	농촌지도론	최민호
311	1985	현대 전기화학과 공업	김준용
312	1985	고려시대사	김상기
313	1985	한국근대문학논고	김용직
314	1985	국어연구의 발자취(1)	김완진, 안병희, 이병근
315	1985	토지경제학(개정판)	주봉규
316	1985	Supersymmetry	H. S. Song
317	1985	한국의 전통사회와 법	박병호
318	1985	한국의 지방자치와 지역사회발전	김경동 외
319	1985	로마공화정 연구	허승일
320	1985	수학의 세계	박세희
321	1985	예술의 사색	백기수
322	1985	논어	김학주
323	1985	파스칼-팡세	이환
324	1985	베네딕트	이광규
325	1985	서양문화사	나종일, 민석홍
326	1985	Living, Knowing and Education	Hong-Woo Lee
327	1985	신사회방위론	이수성, 이영란
328	1985	마로니에	서울대학교 대학신문사
329	1985	종양학	서울대학교 의과대학
330	1985	시스템 분석과 설계	강석호
331	1985	Migrating Birds on the Charles River	Chang Wang-rok
332	1985	Rethinking Development	Kyong-Dong Kim
333	1985	Dependent Development in Korea 1963-1979	Hyun-Chin Lim
334	1985	표현주의	김길중
335	1985	한국사회 한 세대	김경동 외
336	1985	내분비학	서울대학교 의과대학
337	1985	Education and Development	Jongchol Kim
338	1985	목재해부학	이필우
339	1985	한국의 전통적 자연관	이숭녕
340	1985	미국문학과 그 전통	천승걸

NO	발행	도서명	저자/역자/편자명
341	1985	신장학	서울대학교 의과대학
342	1985	Asian Perspectives in Social Science	W. R. Geddes
343	1985	The Political Character of the Japanese Press	Lee Jung Bock
344	1985	심장학	서울대학교 의과대학
345	1985	혈액학	서울대학교 의과대학
346	1985	경영학 핸드북(증보판)	서울대학교 경영대학 경영연구소
347	1985	언어학논고(2)	김방한
348	1985	셰익스피어	이경식
349	1985	한국기업의 현황과 과제	서울대학교 경영대학 경영연구소
350	1985	소화기학	서울대학교 의과대학
351	1985	행정과 경제개발(증보판)	황인정
352	1985	원시주의	김성곤
353	1985	소극	홍기창
354	1985	훔볼트(상)	신익성
355	1985	사회변동의 이론과 실제	서울대학교 인구 및 발전문제 연구소
356	1985	의학교육평가	김용일
357	1986	조셉 콘라드 연구	이상옥
358	1986	노동조합의 활동전략	박준성, 최종태
359	1986	근대미학연구(I)	김문환
360	1986	집단지도방법론	남세진, 조흥식
361	1986	사회학개론	권태환, 김채윤, 홍두승
362	1986	이데올로기와 사회변동	서울대학교 현대사상연구회
363	1986	사회교육학개론	김지자, 정지웅
364	1986	농업경제학	김문식
365	1986	도시교통계획	임강원
366	1986	언어이론과 현대과학사상	이정민
367	1986	현대문예학개론	허창운
368	1986	경제인구학	권태환, 한상복
369	1986	고분자물리학	김상용
370	1986	한국의 전통육아방식	유안진
371	1986	한국의 물레방아	이춘녕, 채영암
372	1986	정보화사회	서울대학교 사회과학연구소
373	1986	지성과 근대화	황성모
374	1986	그로테스크	김영무
375	1986	과학과 환경	주광열
376	1986	쉴러의 문학과 미학	고창범
377	1986	키츠시의 연구	이정호
378	1986	임상총론	서울대학교 의과대학

NO	발행	도서명	저자/역자/편자명
379	1986	생식의학 및 가족계획	서울대학교 의과대학
380	1986	홍만종 시론 연구	홍인표
381	1986	목재이학	정희석
382	1986	지역사회의학	서울대학교 의과대학
383	1986	면역학	서울대학교 의과대학
384	1986	산업화약과 발파공학	김재극
385	1986	한국행정체제론	안해균
386	1986	사회복지학개론	장인협
387	1986	투표참여와 정치발전	윤천주
388	1986	Rural Development Studies	In Keun Wang
389	1986	신경학	서울대학교 의과대학
390	1986	서울대학교40년사	서울대학교40년사편찬위원회
391-400	1986	대학신문영인축쇄본(1-10)	서울대학교 대학신문사
401	1986	대학신문영인축쇄본(부록)	서울대학교 대학신문사
402	1986	해방 40년 가치의식의 변화와 전망	서울대학교 사회과학연구소
403	1986	Asian Peoples and Their Cultures	Sang-Bok Han
404	1986	벼의 유전과 육종	허문회
405	1986	호흡기학	서울대학교 의과대학
406	1986	독일문학사조사	지명렬
407	1986	프루스트 토마스 만 조이스	김길중, 이형식, 한기상
408	1986	한국경제 33과제의 인식	서울대학교 대학신문사
409	1986	시조음악론	장사훈
410	1986	문학과 자기성찰	이상옥
411	1986	한국악기대관 E	장사훈
412	1986	행동과학	서울대학교 의과대학
413	1986	사진판독과 원격탐사	김갑덕
414	1986	한국사회과학방법론의 탐색	안청시, 김경동
415	1986	한국형출혈열(개정판)	이문호
416	1986	한반도국제정치사론	박준규
417	1986	해방직후의 민족문학운동연구	권영민
418	1986	Spoken English for Koreans	서울대학교 어학연구소
419	1986	Applied Economic Research on Livestock Production Management	Hong Yong Lee
420	1987	염상섭연구	김윤식
421	1987	Automobile Workers in Korea	Kyuhan Bae
422	1987	수의약리학	이장락
423	1987	Phenomenology and Political Philosophy	Hongwoo Kim
424	1987	현대한국과 종속이론	임현진

NO	발행	도서명	저자/역자/편자명
425	1987	Dependency Issues in Korean Development	Kyong-Dong Kim
426	1987	라스키	김학준
427	1987	The Local Political System in Asia	Chung-Si Ahn
428	1987	농촌청소년지도론	최민호
429	1987	가정의학	서울대학교 의학교육연수원
430	1987	경제학의 최근동향	김신행, 김종현
431	1987	한국문학의 근대성과 이데올로기 비판	김윤식
432	1987	남성과학	이희영
433	1987	노인복지학	장인협, 최성재
434	1987	Deutsch Übungen (I)	신수송
435	1987	Deutsch Übungen (II)	신수송
436	1987	한국경제의 이론과 현실	조순, 주학중
437	1987	근대미학연구(1)(증보판)	김문환
438	1987	한국현대문학사연표(1)	권영민
439	1987	한국현대문학사연표(2)	권영민
440	1987	비교사회교육론	정지웅
441	1987	한의약서고	김신근
442	1987	플라톤	박종현
443	1987	완월회맹연(1): 1-15 E	김진세
444	1987	Promising Education for Community Development	Ji Woong Cheong
445	1987	한국근대 민족주의의 형성과 전개	신용하
446	1987	현대사회와 사회정책	김상균
447	1987	불어교수법	박옥줄
448	1987	농업교육학	송해균, 백대현, 이무근 외 2인
449	1987	South-South Cooperation in the Asia-pacific Region	Cae-One Kim
450	1987	오스틴	장석진
451	1987	임상심전도학	최윤식
452	1987	구강외과학	김수경
453	1987	Antologia de la Poesia Coreana	Hyun Chang Kim
454	1987	서사시	이성원
455	1987	현대문예학개론(개정판)	허창운
456	1987	증권거래법	신영무
457	1987	사회정책학강론	전남진
458	1987	한국인의 민주정치의식	김광웅, 박동서
459	1987	완월회맹연(2): 16-30 E	김진세
460	1987	한국행정의 역사적 분석(1968-1984)	김운태, 박동서, 유훈, 조석준

NO	발행	도서명	저자/역자/편자명
461	1987	응급처치(증보판)	서울대학교 의학교육연수원
462	1987	신화	김명렬
463	1987	사기: 중국고대사회의 형성	이성규
464	1988	농작업기계학	김경욱, 정창주
465	1988	Methode de Stylistique Française I	정지영
466	1988	Methode de Stylistique Française II	정지영
467	1988	College English	김종운, 이상옥, 석경징
468	1988	법학통론(개정판)	서울대학교 법학연구소
469	1988	한국근대리얼리즘 비평선집	김윤식
470	1988	파우스트 I·II	강두식
471	1988	한국인의 교육철학	한기언
472	1988	휴머니즘연구	서울대학교 인문학연구소
473	1988	다면적 인성검사	김중술
474	1988	한국경영학 30년	소진덕
475	1988	임상총론(개정판)	서울대학교 의과대학
476	1988	수도권지역연구(개정판)	김인
477	1988	완월회맹연(3): 31-45 E	김진세
478	1988	생식의학 및 가족계획(개정판)	서울대학교 의과대학
479	1988	사회복지조사방법론	남세진, 최성재
480	1988	물리탐사의 기본원리	현병구, 서정희
481	1988	면역학(개정판)	서울대학교 의과대학
482	1988	구강외과학도해	김수경
483	1988	종양학(개정판)	서울대학교 의과대학
484	1988	체육학자료분석법	김종택
485	1988	약물요법	서울대학교 의학교육연수원
486	1988	신장학(개정판)	서울대학교 의과대학
487	1988	Korean and Her Neighboring Economies	Ungsuh K. Park
488	1988	한국치학사	이한수
489	1988	심장학(개정판)	서울대학교 의과대학
490	1988	부정정구조물	고재군, 오무영, 조진구 외 2인
491	1988	천연물과학	강삼식, 윤혜숙, 장일무
492	1988	농업시설공학	고재군, 김문기, 이석건 외 2인
493	1988	북한사회연구	이온죽
494	1988	호흡기학(개정판)	서울대학교 의과대학
495	1988	혈액학(개정판)	서울대학교 의과대학
496	1988	법학교육과 사법제도개혁	서울대학교 법학연구소
497	1988	한국기업의 국제화와 경영전략	곽수일, 심병구, 임종원 외 2인
498	1988	세계문화사	민석홍, 나종일, 윤세철

NO	발행	도서명	저자/역자/편자명
499	1989	우리 배의 역사	김재근
500	1989	대학중국어(개정판)	서울대학교 중어중문학과
501	1989	대학교양불어(1)	교양불어교재편찬위원회
502	1989	대학교양불어(2)	교양불어교재편찬위원회
503	1989	불어기본구문의 이해	홍재성
504	1989	배아 및 태아의 형태발달	서연림, 지제근
505	1989	사회복지실천론(상)	장인협
506	1989	80년대 우리 문학의 이해	김윤식
507	1989	한국사회와 재구조화과정	김일철
508	1989	80년대 우리소설의 흐름(1)	김윤식
509	1989	80년대 우리소설의 흐름(2)	김윤식
510	1989	컴퓨터프로그램보호법 축조연구	김문환, 송상현, 양창수
511	1989	종합농촌개발론	김성수, 정지웅, 최민호
512	1989	설득 커뮤니케이션 이론	차배근
513	1989	탈모더니즘시대의 미국문학	김성곤
514	1989	기본간호실습	김금순
515	1989	투표참여와 정치발전(증보판)	윤천주
516	1989	음악현상학	서우석
517	1989	한국법사상사	최종고
518	1989	중국시론	차주환
519	1989	국어형태론연구	고영근
520	1989	인체의 구조와 기능	최명애
521	1989	공작기계	이영배
522	1989	간호학개론	김매자, 박정호, 이선옥
523	1989	실험동물의학	이영순
524	1989	동북아시아 구석기연구	이선복
525	1989	사회사업실천방법론(하)	장인협
526	1989	완월회맹연(4): 46-60 E	김진세
527	1989	완월회맹연(5): 61-75 E	김진세
528	1989	완월회맹연(6): 76-90 E	김진세
529	1989	중국회화의 조형의식연구	김병종
530	1989	한국의 법학자	최종고
531	1989	해방공간의 문학사론	김윤식
532	1989	사회교육학개론(개정판)	김지자, 정지웅
533	1989	환경지리학	박동원, 손명원
534	1989	세계외교사(상)	김용구
535	1990	세계외교사(하)	김용구
536	1990	한국근대의 유학사상	금장태
537	1990	미적분학(자연계)	김도한, 김홍종

NO	발행	도서명	저자/역자/편자명
538	1990	한국사특강	한국사특강편찬위원회
539	1990	신경병리학	지제근
540	1990	Deutsch Aktuell	서울대학교 교양독일어교재 편찬위원회
541	1990	세포생물학	서울대학교 의과대학
542	1990	실용 의학 통계론	박병주, 안윤옥, 유근영
543	1990	조세법	장재식
544	1990	계산적 설계를 위한 곡선과 곡면론	지동표
545	1990	Traditional Cultures of the Pacific Societies	Sang-Bok Han, Kwang-Ok Kim
546	1990	카프시인 비평	김재홍
547	1990	철강산업의 인사제도	박기찬, 박준성, 방연근, 최종태
548	1990	한국문화사론	김철준
549	1990	한국 전통사회의 유아교육	유안진
550	1990	한국사학사연구	김철준
551	1990	인구의 이해	권태환, 김두섭
552	1990	한국고대사회연구	김철준
553	1990	한국고대사연구	김철준
554	1990	조선후기 문학사상사	정옥자
555	1990	고려시대 부곡제연구	박종기
556	1990	토지정책 E	주봉규
557	1990	자원공학개론	헌병구
558	1990	한국민주주의의 미래	김광웅, 박찬욱, 신도철, 최명
559	1990	Korea and Germany	Myung-Kyu Kang 외
560	1990	법률문헌색인(II): 1975-1985	서울대학교 법학도서관
561	1990	자율신경약리학	박찬웅
562	1990	한국인의 생명표	권태환, 김태헌
563	1990	동물약품해설	이장락
564	1990	미국의 대외관계	표학길, 양건, 하영선 외 3인
565	1990	상황과 기초	한기언
566	1990	석유공학개론	강주명
567	1990	임상진단학	서울대학교 의학교육연수원
568	1991	철강산업의 경쟁과 협력	임종원
569	1991	국어작문	서울대학교 대학국어편찬위원회
570	1991	석유시추공학 E	강주명
571	1991	물권법	김상용
572	1991	어음법 수표법	서돈각, 정찬형
573	1991	아바쿰	이인영
574	1991	독일 표현주의 드라마	조창섭

NO	발행	도서명	저자/역자/편자명
575	1991	프루스트의 예술론	이형식
576	1991	언어학연구사	김방한
577	1991	러시아어 I	이인영
578	1991	러시아어 II	이인영
579	1991	한국현대모더니즘 비평선집	김윤식
580	1991	한국의 종 E	염영하
581	1991	엘리자베스시대 비극의 세네카 전통	이경식
582	1991	브라질의 한국이민	전경수
583	1991	포스트모던 시대에서의 영미문학의 이해	이정호
584	1991	증상별 임상검사	서울대학교 의학교육연수원
585	1991	쌀과 문화	이춘녕
586	1991	보건사회학	정경균 외
587	1991	완월회맹연(7): 91-105 E	김진세
588	1991	대학진학을 뜻하는 젊은이에게	김원수
589	1991	중국사회문화사전	서울대학교 국제문제연구소
590	1991	소련사회문화사전	서울대학교 국제문제연구소
591	1991	우리소설의 판과 틀	조남현
592	1992	Media Culture in Korea	Hyeon-Dew Kang
593	1992	SPSS^{x}와 SPSS/PC^{+} 統計 패키지	박성현, 김성수
594	1992	재정법	유훈
595	1992	근대 독일사 연구	이민호
596	1992	국어표기법연구	이익섭
597	1992	도시빈민의 삶과 공간	조옥라, 조은
598	1992	변혁기의 시와 문학	김용직
599	1992	한국의 현대미술 무엇이 문제인가	안휘준
600	1992	간호과정론	김매자, 최영희, 김조자 외 2인
601	1992	현대산업사회와 에너지	강창순, 김태유, 문상흡 외 3인
602	1992	법약학	김박광
603	1992	신경계간호학	김금순, 송미순, 최경숙 외 2인
604	1992	조세법(개정판)	장재식
605	1992	사랑의 의미	김중술
606	1992	천문학의 이해	최승언
607	1992	목재절삭학	정희석
608	1992	농촌사회복지론	정지웅, 최병익
609	1992	맹자	홍인표
610	1992	존 듀이-教育論	이돈희
611	1992	서포연보	김병국, 정운채, 최재남
612	1992	경영학 핸드북(전정판)	서울대학교 경영대학 경영연구소

NO	발행	도서명	저자/역자/편자명
613	1992	농작업기계의 분석과 설계	정창주
614	1992	현대미국소설론	김종운
615	1992	간호진단과 중재	이은옥, 서문자, 김매자 외 4인
616	1992	Public Finance in Korea	Kwang Choi 외 3인
617	1992	종양학(전정판)	서울대학교 의과대학
618	1992	심장학(전정판)	서울대학교 의과대학
619	1992	의학논문작성과 문헌검색	윤봉자, 지제근
620	1992	대학생활의 설계	서울대학교 대학생활문화원
621	1992	한국현대문학사	김윤식
622	1992	기초의학 종합평가	서울대학교 의과대학
623	1992	완월회맹연(8): 106-120 E	김진세
624	1992	원자력과 지역이해	홍두승, 김경동
625	1992	대학생활과 교양	서울대학교 대학생활문화원
626	1992	대학생활과 학문	서울대학교 대학생활문화원
627	1993	동아시아문학사비교론	조동일
628	1993	기초간호과학	김금순, 최명애
629	1993	세계외교사	김용구
630	1993	사회복지행정	이정호, 장인협
631	1993	사회복지행정론	이정호, 장인협
632	1993	로마사 입문	허승일
633	1993	수목생리학	이경준
634	1993	미국문학과 작가들의 초상	김성곤
635	1993	간호학 연구방법론입문	박성애, 박현애, 이은옥, 임난영
636	1993	실패할 수 있는 용기	유안진
637	1993	응용지구화학 E	전효택, 김종대, 김옥배 외 3인
638	1993	한국의 현대정치: 1945-1948년	서울대학교 한국정치연구소
639	1993	신판 한국미술사	김원용, 안휘준
640	1993	인간생명과학	박재갑
641	1993	완월회맹연(9): 121-135 E	김진세
642	1993	꿈의 해석-프로이트	조대경
643	1993	약-수용체 상호작용	박찬웅
644	1993	재활의 이론과 실제	서문자, 강현숙, 임난영 외 2인
645	1993	기업경영과 노사관계의 한일비교	좌호예, 한희영
646	1993	중국 연변의 조선족	권태환, 한상복
647	1993	집합주거와 사회환경	이동원, 홍두승
648	1993	법과 사회정의	김철수
649	1993	제3세계 연구	임현진
650	1993	호흡기학(전정판)	서울대학교 의과대학

NO	발행	도서명	저자/역자/편자명
651	1993	MEDLINE 검색의 실제	윤봉자, 윤정선
652	1993	학과선택의 길잡이(인문·사회·예체능계열)	서울대학교 대학생활문화원
653	1993	학과선택의 길잡이(자연계열)	서울대학교 대학생활문화원
654	1993	겨레말 갈래 큰사전	박용수
655	1993	예술시대의 독일문학	조창섭
656	1993	신장학(전정판)	서울대학교 의과대학
657	1993	브레히트의 서사극	송동준, 김형기, 오제명 외 4인
658	1993	조직학강의	조석준
659	1993	수의독성학	이창업
660	1993	가정의학(개정판) E	서울대학교 의과대학
661	1993	한국법사상사(증보판)	최종고
662	1993	임상의학 종합평가(1)	서울대학교 의과대학
663	1993	임상의학 종합평가(2)	서울대학교 의과대학
664	1993	임상의학 종합평가(3)	서울대학교 의과대학
665	1993	완월회맹연(10): 136-150 E	김진세
666	1993	발해사연구 1 E	연변대학출판사
667	1993	발해사연구 2 E	연변대학출판사
668	1993	발해사연구 3 E	연변대학출판사
669	1993	논문작성법	임인재
670	1993	한국농민의 불안과 희망	김일철, 김태헌, 김흥주
671	1993	환경지구화학과 건강	전효택
672	1993	나의 삶 나의 생각	김영식, 김형국, 차재호 외 2인
673	1993	선과 공간	심재기, 이병한, 임강원 외 2인
674	1994	독일문학의 이해	박환덕
675	1994	언어와 예술의 철학	김준섭
676	1994	국어 표기 4법 논의	이상억
677	1994	근대작가의 삶과 문학	구인환
678	1994	사람과 자동차	조대경
679	1994	역사와 사회 속의 과학	김영식
680	1994	경제학개론	임종철
681	1994	정의의 상을 찾아서	최종고
682	1994	젊은 시절의 꿈 그리고	김윤식, 이익섭, 이상옥 외 2인
683	1994	솔바람 먹내음	곽수일, 김신일, 박우희 외 2인
684	1994	투표참여와 정치발전(전정판)	윤천주
685	1994	산업화약과 발파공학	최명옥
686	1994	조직 커뮤니케이션 원론	오두범
687	1994	대학에서의 공부, 어떻게 다른가?	서울대학교 대학생활문화원
688	1994	고분자물리학(전정판)	김상용

NO	발행	도서명	저자/역자/편자명
689	1994	EVERYMAN, GORBODUC, DR FAUSTUS	이경식
690	1994	농림해충학총론	현재선
691	1994	미국 경제사 탐구	양동휴
692	1994	지역사회간호학 실습지침서	윤순녕, 전경자, 현혜진
693	1994	서울대 트리비아	서울대를사랑하는모임
694	1994	한국전통문화의 구조적 이해	이광규
695	1994	약물체내속도론	심창구
696	1994	90년대 한국소설의 표정	김윤식
697	1994	도시공원녹지의 계획·설계론	김귀곤
698	1994	문화설계의 심리학	차재호
699	1994	민주주의와 사회주의	이용필
700	1994	아름다움의 잣대	김영중, 박명진, 이순형 외
701	1994	속한국선박사연구	김재근
702	1994	완월회맹연(11): 151-165 E	김진세
703	1994	러시아 국제법	김용구
704	1994	인류학과의 만남	전경수
705	1994	변화의 시대에 우리 젊은이들에게	곽수일
706	1994	시인의 노래	조창섭
707	1994	프랑스어 문화권의 이해	원윤수
708	1994	공동체로서의 회사	한경구
709	1994	젊음으로 도전한 학문의 길	서울대학교 대학생활문화원
710	1994	인공장기	민병구, 이상훈, 김철생 외 8인
711	1994	중국경제구조론	이근
712	1994	중국 조선족 취락지명과 인구분포	심혜숙
713	1994	유교사상과 종교문화	금장태
714	1994	한국가면극 E	이두현
715	1994	섬유공정해석	이재곤
716	1994	간호방법	서울대학교병원
717	1994	언어와 역사	김방한
718	1994	조선전기 의례연구	지두환
719	1994	한·중 두 나라의 가무와 잡희	김학주
720	1994	통합문법론	장석진
721	1994	현실주의 독일문학	조창섭
722	1994	콩: 유전육종 및 재배생리	이홍석 외
723	1994	우리는 신이 아니다	김광웅, 김용일, 심창구 외 2인
724	1994	정치사회화	이순형
725	1994	독서·학문·문화	조동일
726	1994	청소년 수련활동 지도론	권일남, 김성수

NO	발행	도서명	저자/역자/편자명
727	1994	일반보건학	김정순, 김철준, 문옥륜 외 7인
728	1994	영미시의 포스트모던적 읽기	이정호
729	1994	국민국가형성과 지방자치	김장권
730	1994	한민족의 세계사적 소명	이광규
731	1994	발해사연구 4	연변대학출판사
732	1994	예술사	북경대학조선문화연구소
733	1994	조선족민속연구 제1권	연변대학출판사
734	1994	현대문학과의 대화	김윤식
735	1994	곡선에 깃든 생명	이상만, 김채윤, 박병호 외 2인
736	1994	단군	윤이흠 외
737	1994	고급 독일어 강좌	허창운
738	1994	완월회맹연(12): 166-180 E	김진세
739	1994	섬유집합체공학 I	이재곤
740	1994	입의 문화	김수경
741	1994	간호진단과 계획	서울대학교병원
742	1994	분단조국과 통일문화	김문환
743	1994	한국의 배 E	김재근
744	1994	한말 호남지역 의병운동사 연구	홍순권
745	1994	한국 현대문학사상 연구	조남현
746	1994	우리말갈래사전	박용수
747	1994	일본의 농촌사회	문옥표
748	1994	신사랑의 의미	김중술
749	1994	수목생리학(수정판)	이경준
750	1994	한국지방재정연구	차병권
751	1994	Korea in the Global Wave of Democratization	Doh Chull Shin 외 2인
752	1994	한국사회의 비리	임종철 외
753	1994	의학개론 I E	이부영
754	1995	의학개론 II E	이부영
755	1995	의학개론 III	이부영
756	1995	대학국어작문(1)	서울대학교 대학국어편찬위원회
757	1995	대학국어작문(2)	서울대학교 대학국어편찬위원회
758	1995	미적분학(인문·사회계)	김홍종, 이현구
759	1995	해석개론	계승혁, 김도한, 김성기
760	1995	포스트모던 문화읽기	이정호
761	1995	참여연구법과 그 사례	정지웅
762	1995	간호학 연구 방법론 입문	박성애, 박현애, 이은옥, 임난영
763	1995	정치현상의 체계적 이해	이용필
764	1995	임상약리학	서울대학교 의과대학

NO	발행	도서명	저자/역자/편자명
765	1995	불문의 구조(상)	박옥줄
766	1995	불문의 구조(하)	박옥줄
767	1995	세포생물학(전정판)	서울대학교 의과대학
768	1995	소설감상방법론 연구	김중신
769	1995	노인간호학	송미순, 하양숙
770	1995	정치개혁과 사법개혁	김철수
771	1995	에너지와 그 자원	현병구
772	1995	50년대 지방자치	정정길, 김병찬
773	1995	벡터와 행렬	김명환, 김홍종, 정재명
774	1995	현대 미국문학론	김종운 외
775	1995	Mrs. Dalloway	천승걸
776	1995	통일사회의 재편과정	서병철, 전경수
777	1995	이동통신용어사전	이동통신용어사전 편집위원회
778	1995	JOSEPH ANDREWS	송낙헌
779	1995	유럽의 대일본정책	조홍식
780	1995	로마법연구(I)	최병조
781	1995	경영윤리론	김원수
782	1995	법률문헌색인(III): 1986-1992	서울대학교 법학도서관
783	1995	농촌지도론(전정판)	최민호
784	1995	건강한 청소년기를 위하여	김응익
785	1995	고통받는 인간	손봉호
786	1995	국제관계의 이해	최종기
787	1995	현대음악분석집	강석희
788	1995	섬유형성공학	김상용
789	1995	한국문학의 사실과 가치	조남현
790	1995	국어교육의 내용 연구	이성영
791	1995	Chiral Dynamics in Hadrons & Nuclei	Dong-Pil Min 외
792	1995	가정간호	서문자, 김매자, 한경자 외 4인
793	1995	국어교육의 반성과 개혁	이용주
794	1995	유목민에서 도시민으로	송도영
795	1995	여명기에서 폭풍 노도기까지의 독일 문학	조창섭
796	1995	새로운 민족관의 수립을 위하여	이광규
797	1995	전통과 창작	김수경, 박찬웅, 유안진 외 2인
798	1995	고지 리사이클링	신동소
799	1995	고분자물성론	박문수, 성용길, 조원호, 한상준
800	1995	유엔 정치와 한국문제	박치영
801	1995	아프리카 농업발전	왕인근
802	1995	언론과 윤리법제	한병구

NO	발행	도서명	저자/역자/편자명
803	1995	일반보건학(개정판)	김정순, 김철준, 문옥륜 외 7인
804	1995	조세법(전정판)	장재식
805	1995	토지문제의 이론과 실제	주봉규
806	1995	레오스트라우스의 정치철학	김영국 외
807	1995	분석서지학	이경식
808	1995	일제하 농업경제사	주봉규
809	1995	마키아벨리와 군주론	김영국
810	1995	셰익스피어 희곡론	홍기창
811	1995	약과 건강	정원근
812	1995	한국정치의 이해	이정복
813	1995	처방조제와 복약지도	손인자, 신완균, 이병구
814	1995	아동의 간호진단과 계획	서울대학교병원
815	1995	미국의 통상정책 결정과정	서울대학교 미국학연구소
816	1995	Germany and Korea: Lessons in Unification	Myung-Kyu Kang, Helmut Wagner
817	1995	경영사례연구(1)	서울대학교 경영대학 경영연구소
818	1995	경영사례연구(2)	서울대학교 경영대학 경영연구소
819	1995	경영사례연구(3)	서울대학교 경영대학 경영연구소
820	1995	경영사례연구(4)	서울대학교 경영대학 경영연구소
821	1995	경영사례연구(5)	서울대학교 경영대학 경영연구소
822	1995	소아정신약물학 E	조수철
823	1995	로마공화정 연구(증보판)	허승일
824	1995	한국음악논고	이혜구
825	1995	국어교과학의 지평	김대행
826	1995	지방화시대의 지역복지실천방법론	장인협
827	1995	Women's Wages and Employment in Korea	Moo Ki Bai, Woo Hyun Cho
828	1995	서비스산업의 국제경쟁력	이동기, 민상기
829	1995	어휘기능문법	류수린, 신수송
830	1995	한국 고전문학의 비평적 이해	김병국
831	1995	적과 흑(상)	이동렬
832	1995	적과 흑(하)	이동렬
833	1995	농업의 이념과 철학	이은웅
834	1995	농촌의 발전	왕인근
835	1995	젊은 예술가의 초상	나영균
836	1995	시교육과 텍스트 해석	김창원
837	1995	대학	김학주
838	1995	중용	김학주
839	1996	루쉰소설전집	김시준
840	1996	셰익스피어 4대 비극	이경식

NO	발행	도서명	저자/역자/편자명
841	1996	재일교포의 법적 지위	정인섭
842	1996	망막박리	이재흥
843	1996	간호방법(개정판)	서울대학교병원
844	1996	한국의 자원식물(1-5)	김태정
845	1996	민주화 세계화와 교육과제	박용헌
846	1996	한국무속과 연희	이두현
847	1996	북한 핵과 경수로 지원	이은철
848	1996	목재보존학	신동소, 안세희
849	1996	행정판례연구 I	한국행정판례연구회
850	1996	행정판례연구 II	한국행정판례연구회
851	1996	행정판례연구 III	한국행정판례연구회
852	1996	한국의 건축	윤장섭
853	1996	병원약학	서울대학교병원 약제부
854	1996	천연물화학 연구법	우원식
855	1996	실용 의학 통계론(전정판)	박병주, 안윤옥, 유근영
856	1996	고고학과 자연과학	신숙정, 이동영, 최몽룡
857	1996	니벨룽겐의 노래(상)	허창운
858	1996	니벨룽겐의 노래(하)	허창운
859	1996	소설교육의 방법 연구	김상욱
860	1996	경영학의 이해	김원수
861	1996	우리의 배	김재근
862	1996	사회주의 체제의 허상	최종기
863	1996	지역사회복지론(개정판)	류진석, 최일섭
864	1996	복지국가의 위기와 재편	김영순
865	1996	생식의학 및 가족계획(전정판)	서울대학교 의과대학
866	1996	전후 한국소설의 연구	박동규
867	1996	포스트모던 T.S. 엘리엇	이정호
868	1996	간호정보관리	박정호, 박현애, 조현
869	1996	중국문학의 향연	차주환
870	1996	건강사정	강현숙, 김금순, 김종임, 최경옥
871	1996	종교문화의 인식과 해석	정진홍
872	1996	의학-보건학을 위한 범주형 자료분석론	유근영
873	1996	근대 지역농업사 연구	소순열, 주봉규
874	1996	변혁기 사회주의와 계급·계층	김채윤, 장경섭
875	1996	페미니즘과 영미문학 읽기	이정호
876	1996	이론언어학의 비교 연구	박형달
877	1996	서양건축문화의 이해	윤장섭
878	1996	약, 그 허와 실	박찬웅

NO	발행	도서명	저자/역자/편자명
879	1996	중국 조선족사 연구 I	김종국 외
880	1996	중국 조선족사 연구 II	박문일 외
881	1996	팡세	김형길
882	1996	문학교육과정의 구조와 이론	박인기
883	1996	서울대학교 50년사(상)	서울대학교 50년사편찬위원회
884	1996	서울대학교 50년사(하)	서울대학교 50년사편찬위원회
885	1996	산해경 연구	서경호
886	1996	역학과 지역사회 보건관리	김정순, 안수연, 양숙자 외 4인
887	1996	음성학과 언어학	이현복
888	1996	겨레말 용례사전	박용수
889	1996	한일 과거사 처리의 원점	이원덕
890	1996	님의 침묵-한용운	한계전
891	1996	회계학 핸드북	서울대학교 경영대학 회계학연구실
892	1996	정보고속도로와 정보기술산업	조형제 외
893	1996	기적의 진실과 환상 속의 현실(2)	송동준, 임한순 외
894	1996	의학교육산책	김용일
895	1996	Complex Systems Model of South-North Korean Integration	Yong Pil Rhee
896	1996	다면적 인성검사(개정판)	김중술
897	1996	세계문학 속의 동양사상	김현창
898	1996	상록수-심훈	조남현
899	1996	Rational Analysis of Social Institution	Jaehyuck Lee
900	1996	개발독재와 재정환상	이필우
901	1996	트리테르페노이드 사포닌 E	강삼식
902	1996	생명의 기원	박인원
903	1996	광복 후 가정생활의 변천	백희영, 옥선화, 이기영 외 2인
904	1996	Natural Products Research in Korea: A Half Century of Academic Achievements	Natural Products Research Institute Seoul National University
905	1996	고려 태조의 국가경영	홍승기
906	1996	현대 한국가족의 이해	이광규
907	1996	19세기 일본의 근대화	김용덕, 박영재, 박충석
908	1996	문화인류학 노트	이광규
909	1996	현대 일본사회와 지방의 아이덴티티	권숙인
910	1996	김소월전집 E	김용직
911	1996	공리주의·개혁주의·자유주의	김완진, 송현호, 이재율
912	1996	공학과 공학자 그리고 기술	이택식
913	1996	현대독일어	신수송

NO	발행	도서명	저자/역자/편자명
914	1996	한국의 천연물과학 연구	서울대학교 천연물과학연구소
915	1996	한국인의 식생활과 질병	백희영, 문현경, 최영선 외 3인
916	1996	기본간호실습(전정판)	김금순
917	1997	세계외교사(전정판)	김용구
918	1997	도시·문명·국가	최몽룡
919	1997	수목생리학(2차수정판)	이경준
920	1997	Issues of Development in the Yellow Sea Region	Kwang-Ok Kim
921	1997	East Asia and the University in the Twenty-first Century	Seoul National University
922	1997	법과 사회	최대권
923	1997	집단지도방법론(전정판)	남세진, 조흥식
924	1997	한국공간구조론	김형국
925	1997	지구자원과 환경	전용원
926	1997	해양생물학	고철환, 박철, 유신재 외 6인
927	1997	의학연구방법론	안윤옥, 신영수
928	1997	간호중재	한경자, 서문자, 박영숙 외 5인
929	1997	계통분류학의 이해	박규택, 우건석, 조광선
930	1997	중국조선민족언론사	오태호, 차배근
931	1997	국어표기법연구	이익섭
932	1997	인문학문의 사명	조동일
933	1997	화혼을 사르며	김병종
934	1997	농촌청소년지도론(전정판)	최민호
935	1997	지역사회간호학 실습지침서(개정판)	윤순녕, 전경자, 현혜진
936	1997	학문과 교육(상)	장상호
937	1997	파스칼 - 그 생애와 사상	이환
938	1997	기적의 진실과 환상 속의 현실(1)	송동준, 임한순 외
939	1997	아리스토텔레스의 시학과 신고전주의	이경식
940	1997	농민조직론	김성수, 정지웅, 최영찬, 최민호
941	1997	로마공화정	허승일
942	1997	정치경제학과 경제주의	김광수, 유임수, 정현식
943	1997	동아시아문화사논고	고병익
944	1997	역할놀이	남세진
945	1997	20세기의 새로운 음악	김정길
946	1997	현대음악	이석원
947	1997	서울대학교 교수민주화운동 50년사	서울대학교 교수민주화운동 50년사발간위원회
948	1997	임상약동학	신완균
949	1997	타이스·붉은 백합	이환

NO	발행	도서명	저자/역자/편자명
950	1997	농업교육학 개론	이용환 외
951	1997	신간호학개론	김매자, 박정호, 이선옥
952	1997	노인간호의 연구와 전망	김신미, 송미순, 오진주
953	1997	브레히트의 서사극(개정판)	송동준, 김형기, 오제명 외 4인
954	1997	응용암석역학	양형식, 이희근
955	1997	한국민족주의와 남북관계	도진순
956	1997	약의 역사	김신근, 이동석
957	1997	법학통론(전정판)	서울대학교 법학연구소
958	1997	중국초기혁명운동의 연구	민두기
959	1997	지역사회개발학	임상봉, 정지웅
960	1997	상황과 선택	박이문
961	1997	프랑스 근대여명기의 거인들 1: 라블레	이환
962	1997	근대사회의 여가문화	김문겸, 박재환
963	1997	사회주의운동과 노동운동	박기덕, 박효종, 이용필
964	1997	신물리탐사의 기본원리	현병구, 서정희
965	1997	Deutsch Aktuell	서울대학교 교양독일어교재 편찬위원회
966	1997	농작업기계학원론	김경욱, 정창주
967	1997	Induced Abortion in Korea	Kwon Tai-Hwan 외 2인
968	1997	유럽 마르크스주의의 전개	윤용탁, 이용필, 진덕규
969	1997	발견으로서의 한국현대문학사	김윤식
970	1997	인간생명과학(개정판)	박재갑
971	1997	중국회화연구	김병종
972	1997	국어지식 교육론	김광해
973	1997	Essais philosophiques et littéraires	Ynhui Park
974	1997	한국현대문학의 사적 탐색	김용직
975	1997	일본사회의 재해관리	김경동
976	1997	한국재정정책연구	김명숙
977	1997	소화기학원론	서울대학교 의과대학
978	1997	Men and Ideas in Modern Chinese History	Tu-Ki Min
979	1997	한국산 목재의 성질과 용도(I)	이필우
980	1997	한국산 목재의 성질과 용도(II)	이필우
981	1997	숲과 물과 문화의 마을, 유스하라	김양주, 전경수, 정병호, 한경구
982	1997	증상별 임상검사(전정판)	서울대학교 의학교육연수원
983	1997	태양계 천문학	안병호, 이시우
984	1997	한국의 정치적 과제	이정복
985	1997	국제화 시대의 한민족의 진로	이광규
986	1997	과학철학 산고	김준섭

NO	발행	도서명	저자/역자/편자명
987	1997	노인의학	서울대학교 의학교육연수원
988	1997	문화경제론	김문환
989	1997	원대려사 자료집록	장동익
990	1997	신임상의학 종합평가(I)	서울대학교 의과대학
991	1997	신임상의학 종합평가(II)	서울대학교 의과대학
992	1997	신임상의학 종합평가(III)	서울대학교 의과대학
993	1997	한국호적제도사연구	최홍기
994	1997	러시아어학	이인영
995	1997	19세기 자연과학과 자연관	고갑희, 윤효녕, 최문규
996	1997	안저검사에 의한 감별진단	이재흥
997	1997	산업혁명과 기계문명	송승철, 양동휴, 윤혜준
998	1997	조선 전기의 유학사상	금장태
999	1997	탁류	우한용
1000	1997	한국인의 건강영양조사	백희영 외
1001	1997	조선전기 군신권력관계 연구	김돈
1002	1997	문학교육과 문화론	우한용
1003	1997	전통문화산책	이광규
1004	1997	한국사회 50년	홍두승
1005	1997	말테의 수기	전영애
1006	1997	근대가족의 변모와 여성문제	이정옥, 조은, 조주현
1007	1997	중국의 농촌개혁과 경제발전	이일영
1008	1997	1980년대 한국의 민주화이행과정	윤상철
1009	1998	간호과정론(개정판)	김매자 외
1010	1998	경제원리탐구	박우희
1011	1998	Visions and Revisions	서울대학교 영문학과
1012	1998	한국인의 삶의 질	이세용, 임현진, 장경섭
1013	1998	국제경제의 이론과 현실	김세원
1014	1998	Asian Studies in the Age of Globalization	Kwon Tai-Hwan, Oh Myung-Seok
1015	1998	조선후기의 요역제와 고용노동	윤용출
1016	1998	한국의 지역연구	권태환, 이상섭
1017	1998	현대 대중문화의 형성	강현두, 원용진, 전규찬
1018	1998	퇴계의 삶과 철학 E	금장태
1019	1998	서양근대건축	윤장섭
1020	1998	현대일본정치론	길승흠
1021	1998	Reality, Rationality and Value	Ynhui Park
1022	1998	학교수학의 교육적 기초	우정호
1023	1998	Complexity of Korean Unification Process	Yong Pil Rhee
1024	1998	훔볼트(하): 언어와 인간	신익성

NO	발행	도서명	저자/역자/편자명
1025	1998	20세기의 중국	김태승, 신승하, 임상범
1026	1998	The Narrative of Arthur Gordon Pym of Nantucket	김성곤
1027	1998	파우스트-비극 제1부	박환덕
1028	1998	감성과 문학	이형식
1029	1998	워더링 하이츠	유명숙
1030	1998	한국현대문학작품연표 1: 1894-1975 E	권영민
1031	1998	한국현대문학작품연표 2: 1976-1994 E	권영민
1032	1998	전통성의 현대적 발견	류정아
1033	1998	지구시대 세계의 변화와 한국의 발전	임현진
1034	1998	이상문학 텍스트 연구	김윤식
1035	1998	19세기 문화의 상품화와 물신화	김문환 외
1036	1998	영시 새로 읽기	이정호
1037	1998	보건학개론	편찬위원회
1038	1998	에너지와 환경	이재성
1039	1998	고고학연구방법론	신숙정, 최몽룡, 최성락
1040	1998	의상 화엄사상 연구	정병삼
1041	1998	법률문헌색인(IV): 1993-1995	서울대학교 법학도서관
1042	1998	지역사회와 인간생활	김일철
1043	1998	간계와 사랑·빌헬름 텔	이원양
1044	1998	문화의 다학문적 접근	김광억 외
1045	1998	간호학 연구방법론입문(개정판)	박성애, 박현애, 이은옥, 임난영
1046	1998	이순신의 일기	김명섭, 박혜일, 배영덕, 최희동
1047	1998	한국의 석조미술	정영호
1048	1998	당시선	이병한, 이영주
1049	1998	회사정리제도	지헌열, 최도성
1050	1998	바다의 과학	박용안
1051	1998	19세기 조선의 향촌사회연구	고석규
1052	1998	내분비학원론	서울대학교 의과대학
1053	1998	언어와 역사(개정·증보판)	김방한
1054	1998	조경이 만드는 도시	임승빈
1055	1998	실크과학	남중희, 신봉섭
1056	1998	중국정치사상사	최명, 손문호
1057	1998	Koreans and Korean Business Interests in Central Europe & CI	Chung-Si Ahn, Tai-Hwan Kwon
1058	1998	청소년 수련활동 지도론(전정판)	권일남, 김성수
1059	1998	실학의 국가 개혁론	김태영
1060	1998	Womens Education Work and Marriage in Korea	Mijeong Lee
1061	1998	현대기호학의 발전	김성도, 김치수, 박인철, 박일우

NO	발행	도서명	저자/역자/편자명
1062	1998	영지의 약효 성분과 구조	김병각, 김하원, 심미자
1063	1998	시 교육론·II	윤여탁
1064	1998	신임상의학 종합평가(I) 해설서	서울대학교 의과대학
1065	1998	신임상의학 종합평가(II) 해설서	서울대학교 의과대학
1066	1998	신임상의학 종합평가(III) 해설서	서울대학교 의과대학
1067	1998	Religion, Ethnicity and Modernity in Southeast Asia	Oh Myung-Seok, Kim Hyung-Jun
1068	1998	Habermas and the Korean Debate	Sang-Jin Han
1069	1998	IMF시대의 멕시코	이성형
1070	1998	뇌-학습과 기억의 구조	박찬웅
1071	1998	고리오 영감	이동렬
1072	1998	한국고대불교사	박노자
1073	1998	전자현미경진단학	권태정, 지제근
1074	1998	환경지질학	김규한, 문희수, 전효택, 정명채
1075	1998	조선 후기의 유학사상	금장태
1076	1998	IMF체제의 사회과학적 진단	신용하, 홍원탁, 김인준 외 3인
1077	1998	지식 정보사회학	서이종
1078	1998	Forecasting Change	Yong Pil Rhee
1079	1998	미국 사회의 지적 흐름: 정치 경제 사회 문화	서울대학교 미국학연구소
1080	1999	미국 사회의 지적 흐름: 법	서울대학교 미국학연구소
1081	1999	사회복지실천론(중)	장인협
1082	1999	아시아·태평양 1998-1999	서울대학교 국제지역원
1083	1999	주체 개념의 비판	윤평중, 윤혜준, 윤효녕, 정문영
1084	1999	예금보험론	정운찬
1085	1999	실해석	계승혁, 김성기
1086	1999	사회복지행정론(전정판)	장인협, 이정호
1087	1999	생물약제학	심창구
1088	1999	식물세균병학	조용섭 외
1089	1999	타키투스의 게르마니아	이광숙
1090	1999	체육행정의 이론과 실제	이범제
1091	1999	구조안정론	김문영, 김성보, 장승필
1092	1999	피부면역학	은희철 외
1093	1999	한국과 국제정치환경	구영록
1094	1999	서술이론과 문학비평	김종갑, 석경징, 전승혜
1095	1999	한국의 샤머니즘 E	조흥윤
1096	1999	국어형태론연구(증보판)	고영근
1097	1999	천주실의 E	송영배 외
1098	1999	동·서양 시의 이해	이병한 외
1099	1999	윌리엄 포크너	김욱동

NO	발행	도서명	저자/역자/편자명
1100	1999	구조 신뢰성 공학	서용석, 양영순, 이재옥
1101	1999	라신 희곡선집	이화원, 심민화, 정병희, 주경미
1102	1999	언어학논고	김방한
1103	1999	도시·지역과 산업	권태준 외
1104	1999	임상윤리학	서울대학교 의학교육연수원
1105	1999	문화교육론	김문환
1106	1999	외국인노동자와 한국사회	설동훈
1107	1999	한국어의 발상·영어의 발상	문용
1108	1999	한국유학의 탐구 E	금장태
1109	1999	당뇨병과 눈	정흠
1110	1999	지역연구, 어떻게 하나	전경수
1111	1999	조선조 궁중의례와 음악	이재숙 외
1112	1999	한국 고미술의 이해(개정판)	김원용
1113	1999	하이데거	박찬국, 이수정
1114	1999	한국 현대문학사상 논구	조남현
1115	1999	Current Perspectives in the History of Science in East Asia	Yung Sik Kim, Francesca Bray
1116	1999	일제침략과 한국철도	정재정
1117	1999	Man, Language and Poetry	Ynhui Park
1118	1999	잃어버린 환상	이철
1119	1999	한국근대문학연구방법입문	김윤식
1120	1999	의료서비스의 배분적 정의	문옥륜, 이규식, 이기효 외 4인
1121	1999	물리학과 대승기신론	소광섭
1122	1999	Toward New Paradigm of Systems Science	Yong Pil Rhee
1123	1999	의과대학 졸업생의 진로설계	김용일
1124	1999	중국의 건축 E	윤장섭
1125	1999	동아시아: 위기의 정치경제	윤영관, 백광일
1126	1999	한국경제연구	임종철
1127	1999	걸리버 여행기	송낙헌
1128	1999	조직학 강의(증보판)	조석준
1129	1999	언어학과 인문학	권재일, 김윤한, 김효중 외 2인
1130	1999	한반도와 중국 동북 3성의 역사 문화	김시준 외
1131	1999	세월과 세대	고병익
1132	1999	정보통신산업의 공정경쟁과 규제정책	이명호, 전영섭, 조신
1133	1999	제주 농어촌의 지역개발	전경수, 한상복
1134	1999	심시요함(審視瑤函)	장일무, 지제근
1135	1999	인간관계와 적응	박현순, 원호택
1136	1999	사회과학연구와 새로운 패러다임	이용필

NO	발행	도서명	저자/역자/편자명
1137	1999	세계화시대의 정보통신산업	김재홍, 방석호, 윤창호, 이승훈
1138	1999	근·현대 한일관계와 재일동포	강덕상, 정진성 외
1139	1999	사회복지학	오정수, 이혜경, 장인협
1140	1999	행정판례연구 IV	한국행정판례연구회
1141	1999	아동간호중재	한경자, 권미경, 김정수 외 5인
1142	1999	건강식품 생약	지형준
1143	1999	서사양식과 담론의 근대성	권영민
1144	1999	한국의 사회구조와 지역사회	김일철
1145	1999	한국고대국가형성론	최몽룡, 최성락
1146	1999	한국의 목조건축	주남철
1147	1999	사회계약론	이환
1148	1999	세계체육사	노희덕
1149	1999	신장학(전정개정판)	서울대학교 의과대학
1150	1999	Music, Mind, and Science	Suk Won Yi
1151	1999	몽골어연구	김방한
1152	1999	북한의 언어문화	고영근
1153	1999	월남민의 생활 경험과 정체성	김귀옥
1154	1999	영산회상연구	황준연
1155	1999	조선시대 건축의 이해 E	김동욱
1156	1999	Politics and Economy of Regime Transformations	Chung-Si Ahn, Chon-Pyo Lee
1157	1999	동아시아 일식도	박창범
1158	1999	소아정신질환의 개념	조수철
1159	1999	빌헬름 마이스터의 편력시대	곽복록
1160	1999	한국현대의 유교문화	금장태
1161	1999	한국의 직업구조	김병조, 조동기, 홍두승
1162	2000	21세기 민족통일에 대한 사회과학적 접근	이정복, 신욱희, 이승훈 외 6인
1163	2000	간호진단 중재 결과 분류체계	김정은, 박현애, 조인숙
1164	2000	교우론: 스물다섯 마디 잠언·기인십편 E	송영배
1165	2000	구조주의 혁명	임봉길, 윤소영, 송기형 외 2인
1166	2000	미적분학 1(자연계)	김홍종
1167	2000	미적분학 2(자연계)	김홍종
1168	2000	더버빌 가의 테스	김보원
1169	2000	허블 망원경으로 본 우주 E	구본철, 이명균
1170	2000	한국연극의 위상	김문환
1171	2000	조선시대 농업과학기술사	김영진, 이은웅
1172	2000	Teaching Philosophy for Democracy	In-Suk Cha
1173	2000	고전역학	문희태
1174	2000	고려시대의 국가와 지방사회	채웅석

NO	발행	도서명	저자/역자/편자명
1175	2000	대학국어	서울대학교 대학국어편찬위원회
1176	2000	독일문예학	허창운
1177	2000	지역사회학	고순철, 이성우, 정득진, 정지웅
1178	2000	해외법률문헌 조사방법	정인섭 외
1179	2000	제국주의	박지향
1180	2000	사회체육개론	임번장
1181	2000	수학학습	우정호
1182	2000	재활의 이론과 실제(개정판)	서문자, 강현숙, 임난영 외 2인
1183	2000	한국 고대의 금속공예	이난영
1184	2000	문학교육원론	김대행, 우한용, 정병헌 외 4인
1185	2000	단계의집(丹溪醫集) E	장일무, 지제근
1186	2000	아시아·태평양 2000	서울대학교 국제지역원
1187	2000	한국현대시인연구(상)	김용직
1188	2000	한국현대시인연구(하)	김용직
1189	2000	조선시대 간행 중국문학 관계서 연구 E	김학주
1190	2000	퇴계학파와 리철학의 전개 E	금장태
1191	2000	역사와 도시	동양사학회
1192	2000	텍스트언어학과 국어교육	이은희
1193	2000	북한의 문화재와 문화유적(1-5): 고려편	조선유적물도감편찬위원회
1194	2000	한말의 서양정치학 수용연구	김학준
1195	2000	한국의 명문 종가 E	이순형
1196	2000	국어교육을 위한 응용국어학 연구	민현식
1197	2000	송대려사자료집록	장동익
1198	2000	1930년대 세계 대공황 연구	양동휴
1199	2000	목재의 특수건조	정희석 외
1200	2000	문학 인문학 대학	이상옥
1201	2000	사회교육학개론	김지자, 정지웅
1202	2000	Recent Transformations in Korean Law and Society	Dae-Kyu Yoon
1203	2000	노동력의 국제이동	설동훈
1204	2000	비무장지대와 민통지역의 생물상 E	김귀곤
1205	2000	21세기 일본의 국가개혁	배성동
1206	2000	한국의 역학 E	강신항
1207	2000	경제개발 5개년 계획	강광하
1208	2000	한반도의 분단과 전쟁	김계동
1209	2000	한국의 원형신화 원앙부인 본풀이	조흥윤
1210	2000	진정한 세계화의 모색: 불어권의 경우	원윤수
1211	2000	투표참여와 정치발전(부록)	윤천주
1212	2000	한국현대문학비평사론	김윤식

NO	발행	도서명	저자/역자/편자명
1213	2000	한자자의론	이영주
1214	2000	대학·중용(합본)	김학주
1215	2000	신라상고사연구	강종훈
1216	2000	중국도시의 이해	김종범
1217	2000	재외동포	이광규
1218	2000	현대 미국정치의 이해	백창재, 최명
1219	2000	학문과 교육(하)	장상호
1220	2000	한국고대중세고문서연구(상)	노명호, 박영제, 박재우 외 5인
1221	2000	한국고대중세고문서연구(하)	노명호, 박재우, 오영선 외 4인
1222	2000	고려시기 재정운영과 조세제도	박종진
1223	2000	강유전체입문	권숙일, 김종진, 장민수
1224	2000	여백의 아름다움	금장태
1225	2000	이율곡, 그 삶의 모습	황준연
1226	2000	사회복지학(개정판)	오정수, 이혜경, 장인협
1227	2000	영국 낭만기 문학 새로 읽기(1)	이정호
1228	2000	김소월, 그 삶과 문학	오세영
1229	2000	소아정신약물학(개정판)	조수철
1230	2000	현대 영어교육의 이해와 전망	황적륜
1231	2000	영미 모더니즘 문학의 전개	심명호
1232	2000	사례로 배우는 의학교육	김용일
1233	2000	한국전분학사 E	나임성
1234	2000	언어와 근대정신	원윤수
1235	2000	토양사전 E	류순호
1236	2000	행정판례연구 V	한국행정판례연구회
1237	2000	로마 제정사 연구	허승일 외
1238	2000	개화기일본유학생들의 언론출판활동연구(I)	차배근
1239	2000	종교문화의 논리	정진홍
1240	2000	여러 나라 곤충의 자원화와 그 이용 E	남중희, 마영일
1241	2000	마담 드 스탈 연구	권유현
1242	2000	은유, 그 형식과 의미작용	정희경
1243	2000	볼프강 보르헤르트의 삶과 문학	조창섭
1244	2000	한국의 선비와 선비정신 E	금장태
1245	2000	일본의 건축 E	윤장섭
1246	2000	독일 낭만주의 총설	지명렬
1247	2000	일석 이희승 전집(1) E	일석이희승전집간행위원회
1248	2000	일석 이희승 전집(2) E	일석이희승전집간행위원회
1249	2000	일석 이희승 전집(3) E	일석이희승전집간행위원회
1250	2000	일석 이희승 전집(4) E	일석이희승전집간행위원회

NO	발행	도서명	저자/역자/편자명
1251	2000	일석 이희승 전집(5) E	일석이희승전집간행위원회
1252	2000	일석 이희승 전집(6) E	일석이희승전집간행위원회
1253	2000	일석 이희승 전집(7) E	일석이희승전집간행위원회
1254	2000	일석 이희승 전집(8) E	일석이희승전집간행위원회
1255	2000	일석 이희승 전집(9) E	일석이희승전집간행위원회
1256	2000	한국인의 죽음관 E	이은봉
1257	2000	천연물성분 구조결정법 E	강삼식, 손건호
1258	2000	불문학텍스트의 한국어번역 연구	김윤진
1259	2000	라블레 연구	이혜은
1260	2000	당송팔대가의 산문 세계	오수형
1261	2000	향가와 고려가요	김완진
1262	2000	법률문헌색인(V): 1996-1998	서울대학교 법학도서관
1263	2001	천로역정 정편	황찬호
1264	2001	21세기 한국사회의 안과 밖	임현진
1265	2001	간호과정론(제2개정판)	김매자, 최영희, 김조자 외 3인
1266	2001	아시아·태평양 2001	서울대학교 국제지역원
1267	2001	학교수학의 교육적 기초(증보판)	우정호
1268	2001	한국인의 종교관 E	윤이흠 외
1269	2001	임상진단학(개정판)	서울대학교 의학교육연수원
1270	2001	생활과학의 이해	서울대학교 생활과학대학 교재개발위원회
1271	2001	카오스와 비선형동역학 E	문희태
1272	2001	중국당대문학사조사연구 1949-1993	김시준
1273	2001	혈의 누 - 이인직	권영민
1274	2001	Structure-Borne and Flow Noise Reductions E	Sung-Hwan Ko 외 2인
1275	2001	한국정치와 정치폭력	박종성
1276	2001	그림으로 보는 암	서울대학교 의과대학 암연구소
1277	2001	역대한국문법의 통합적 연구	고영근
1278	2001	동아시아경제론	권태환, 배용호
1279	2001	대원군집권기 부국강병정책 연구	연갑수
1280	2001	현대농업경제학개론 E	박정근, 주봉규
1281	2001	*Pride and Prejudice* with Essays in Criticism	박희진
1282	2001	축제의 무대	정연복
1283	2001	케어·케이스 매니지먼트 E	우국희, 장인협
1284	2001	한국법사상사(전정판)	최종고
1285	2001	기술경제학개론	박우희, 배용호
1286	2001	페미니즘의 경계와 여성문학 다시 읽기 E	유제분
1287	2001	21세기 미국의 역사적 전망(I)	서울대학교 미국학연구소

NO	발행	도서명	저자/역자/편자명
1288	2001	제2경제원론	박우희
1289	2001	한국의약사	김신근
1290	2001	소순흠시역주	송용준
1291	2001	지식정보사회의 이론과 실제(증보판)	서이종
1292	2001	유럽의 파시즘	고규진, 김수용, 조경식, 최문규
1293	2001	누보 로망 연구	김치수, 고광단, 권은미 외 2인
1294	2001	한국의 사회이동	장상수
1295	2001	경관생태학 E	이도원
1296	2001	읽기 지도의 이해	박수자
1297	2001	단군(개정판)	윤이흠 외
1298	2001	갑오개혁과 독립협회운동의 사회사	신용하
1299	2001	가정의학(개정판)	서울대학교 의학교육연수원
1300	2001	한국의 갯벌 E	고철환
1301	2001	3.1운동과 독립운동의 사회사	신용하
1302	2001	알기 쉬운 정치경제학	김수행
1303	2001	한국근대 지세제도와 농민운동	이영호
1304	2001	주의력 결핍·과잉운동장애 E	조수철
1305	2001	송시선	류종목, 송용준
1306	2001	로마법상의 사무관리	최병조
1307	2001	신경종양학	김현집
1308	2001	g-test 글로벌시티즌이 되는 길	김계현
1309	2001	한·일 근대문학의 관련양상 신론	김윤식
1310	2001	신사회운동의 사회학	권태환, 송호근, 임현진
1311	2001	이론언어학	박형달
1312	2001	포유동물 생식세포학	임경순 외
1313	2001	생명유지술	윤여규, 서길준, 이중의, 임용수
1314	2001	『성학십도』와 퇴계철학의 구조	금장태
1315	2001	도이치문학 용어사전 E	안삼환, 김병옥, 안문영
1316	2001	미학의 중심	김문환
1317	2001	조경수 식재관리기술	이경준, 이승제
1318	2001	한국의 제4기 환경 E	박용안, 공우석 외
1319	2001	한국경제성장사	안병직
1320	2001	종양학(제2전정판)	서울대학교 의과대학
1321	2001	일제강점기 한국민족사(상)	신용하
1322	2001	중국문학사론	김학주
1323	2001	CRM을 이끄는 세계적 기업 21	김병도, 서울대학교 데이터베이스 마케팅 연구회
1324	2001	국제재판관할에 관한 연구	석광현

NO	발행	도서명	저자/역자/편자명
1325	2001	프란티셰크 팔라츠키의 정치활동	김장수
1326	2001	일본의 도시사회	이시재 외
1327	2001	단백질대사	김해리, 최정희
1328	2001	T.S. 엘리엇 새로 읽기	이정호
1329	2001	통일문제와 정치·사회적 갈등: 1953-1961	홍석률
1330	2001	20세기의 새로운 음악(증보판)	김정길
1331	2001	혈액학(제2전정판)	서울대학교 의과대학
1332	2001	행정판례연구 VI	한국행정판례연구회
1333	2001	북한의 농업: 성장과 발전방향 E	부경생 외
1334	2001	음악, 마음의 산책	서우석
1335	2001	북한경제의 구조 E	양문수
1336	2001	계량국어학 연구	이상억
1337	2001	독도영유권에 대한 일본주장 비판 E	신용하
1338	2001	역사학과 지식정보사회	역사학회
1339	2001	최신 임상의학 종합평가	서울대학교 의과대학
1340	2001	통일에 앞서 보는 북한의 가정생활문화	이기춘, 이기영, 이은영 외 4인
1341	2001	서포 김만중의 생애와 문학 E	김병국
1342	2001	북한농업연구백서	김완배
1343	2001	한역 도연명전집 E	차주환
1344	2001	춘향전의 비밀 E	설성경
1345	2001	새로운 한국식량산업정책의 방향	이질현 외
1346	2001	한국 가족상의 변화	하용출
1347	2001	한국과 일본의 생활시간 비교연구	이기영, 이연숙, 김외숙 외 3인
1348	2001	중도의 정치 E	정경희
1349	2001	인도네시아의 정치경제	신윤환
1350	2001	글쓰기와 글쓰기교육	이지호
1351	2002	아시아·태평양지역의 환경문제, 환경운동 및 환경정책	구도완, 박길성, 양종회 외 3인
1352	2002	해석개론(개정판)	계승혁, 김도한, 김성기
1353	2002	독일문학사조사(개정증보판)	지명렬
1354	2002	『자본론』의 현대적 해석	김수행
1355	2002	의학적 인간학	진교훈
1356	2002	조선후기 환곡제개혁연구	송찬섭
1357	2002	독일 자연주의 문학 E	조창섭
1358	2002	가구공학: 목제가구의 설계, 제조 및 성능 E	강욱, 김현중, 박병대 외 2인
1359	2002	촉매공정 E	서울대학교 유공연구실 동문
1360	2002	상대론적 양자역학: 입자물리학과 편극	송희성
1361	2002	노인복지학(개정판)	장인협, 최성재
1362	2002	북한의 문화재와 문화유적(1-4): 조선편	조선유적물도감편찬위원회

NO	발행	도서명	저자/역자/편자명
1363	2002	셰익스피어 비평사(상)	이경식
1364	2002	셰익스피어 비평사(하)	이경식
1365	2002	문법과 텍스트 E	고영근
1366	2002	신경외과 중환자관리	정천기, 설호준
1367	2002	제3의 텍스트	고원
1368	2002	독어학 입문	이광숙
1369	2002	혁신하는 경영, 신뢰받는 기업 E	서울대학교 경영대학 경영연구소
1370	2002	미국전쟁소설 E	정연선
1371	2002	고전역학(수정판)	문희태
1372	2002	음악, 마음의 산책(증보판) E	서우석
1373	2002	지구촌 생태계 위기와 환경윤리교육	박지운, 변종헌, 이범웅, 이용필
1374	2002	Diversity of Urban Development and Urban Life	Inn Kim 외 2인
1375	2002	환경을 살리는 농업, 농업을 살리는 환경	정지웅 외
1376	2002	세계화와 일본의 구조전환	장달중 외
1377	2002	인구의 이해(개정판)	권태환, 김두섭
1378	2002	정염의 맥박	이형식
1379	2002	암석역학	양형식, 이희근
1380	2002	21세기 미국의 역사적 전망(II)	서울대학교 미국학연구소
1381	2002	*Lord Jim: A Tale*	이상옥
1382	2002	고려전기의 재정구조	안병우
1383	2002	제국주의 시대의 독일문학	조찬섭
1384	2002	퇴계서분류색인	금장태
1385	2002	수사학과 현대 프랑스 문화이론	박성창
1386	2002	생식 내분비학	이진용
1387	2002	페미니즘 시각에서 영미소설 읽기	박희진 외
1388	2002	중국 사천사회 연구 1644-1911	이준갑
1389	2002	장소의 국제정치사상	장인성
1390	2002	풀어쓴 기초한문	서울대학교 중어중문학과
1391	2002	프랑스 산문선	서울대학교 불어불문학과
1392	2002	신라 화엄사상사연구	김두진
1393	2002	공익론	최송화
1394	2002	개체군생태학	류문일, 이준호
1395	2002	현대 마르크스경제학의 쟁점들	김수행, 신정완
1396	2002	미당의 어법과 김동리의 문법	김윤식
1397	2002	국제이동과 사회동화	다웰 마이어, 이성우, 하성규
1398	2002	일제강점기 한국민족사(중)	신용하
1399	2002	의약품집 E	서울대학교 약학교육연수원
1400	2002	노인간호학(개정판)	박연환, 송미순, 유수정, 하양숙

NO	발행	도서명	저자/역자/편자명
1401	2002	초서의 『캔터베리 이야기』에 대한 텍스트 비평	안선재, 이동춘
1402	2002	까자흐스딴의 고려인	전경수
1403	2002	중국당대문학사조사연구 1949-1993(개정판)	김시준
1404	2002	남명 조식의 철학사상연구	손영식, 조남호
1405	2002	국어교육과 텍스트구조	김봉순
1406	2002	20세기 전반기 상해사회의 지역주의와 노동자	전인갑
1407	2002	가치교육의 변천과 가치의식	박용헌
1408	2002	한국어 표준발음사전	이현복
1409	2002	한국의 백세인 E	박상철
1410	2002	황무지 새로 읽기	이정호
1411	2002	국가와 폭력	박상섭
1412	2002	한국의 건축(최신판) E	윤장섭
1413	2002	베토벤의 삶과 음악세계	조수철
1414	2002	고려시대의 종교문화	김일권, 윤이흠, 최종성
1415	2002	이순신의 일기(개정판)	박혜일, 최희동, 배영덕, 김명섭
1416	2002	언어와 문화	하영삼
1417	2002	인도의 건축 E	윤장섭
1418	2002	성	이유선
1419	2002	Korean Questions in the United Nations E	In Seop Chung
1420	2002	청말 신정기의 연구	김형종
1421	2002	장영실과 자격루 E	남문현
1422	2002	북한의 전통음악	황준연, 신대철, 권도희, 성기련
1423	2002	한국유학의 심설	금장태
1424	2002	성찰과 모색	백낙청 외
1425	2002	나노테크놀로지	주승기
1426	2002	프랑스의 고등교육	류진현, 원윤수
1427	2002	성 해방과 성 정치 E	조은, 조주현, 김은실
1428	2003	한국사회의 위험과 안전	임현진 외
1429	2003	조경수 식재관리기술(수정판)	이경준
1430	2003	백정과 기생 E	박종성
1431	2003	한국신소설선집(1) E	권영민, 김종욱, 배경열
1432	2003	한국신소설선집(2) E	권영민, 김종욱, 배경열
1433	2003	한국신소설선집(3) E	권영민, 김종욱, 배경열
1434	2003	훼손지환경녹화공학	우보명
1435	2003	플랑크톤 생태학	심재형 외
1436	2003	한국어 표준발음사전(수정보완판) E	이현복
1437	2003	반추동물영양학실험법	고종열, 이성실, 하종규
1438	2003	개발경제론	박정동

NO	발행	도서명	저자/역자/편자명
1439	2003	국제관계의 이해(전정판)	최종기
1440	2003	조선 후기 유교와 서학 E	금장태
1441	2003	CERAD-K	우종인 외 12인
1442	2003	CERAD-K(신경심리평가집)	우종인 외 12인
1443	2003	CERAD-K(임상평가집)	우종인 외 12인
1444	2003	교통망분석론	임강원, 임용택
1445	2003	한반도와 만주의 역사 문화	이병근, 정인호, 권재일 외 4인
1446	2003	구한말의 개혁·독립투사 서재필	이정식
1447	2003	문화연구와 인문학의 미래	김성곤
1448	2003	사례로 읽는 임상심리학	김중술, 이한주, 한수정
1449	2003	사회복지행정론(전정·증보판)	이정호, 장인협
1450	2003	원형 파우스트	지명렬
1451	2003	보부상 E	조재곤
1452	2003	한국어의 의성어와 의태어	채완
1453	2003	토지정책(전정판)	주봉규
1454	2003	SNULT 영어	서울대학교 언어교육원
1455	2003	현대 스페인 희곡선	임호준
1456	2003	한국의 성씨와 족보 E	이수건
1457	2003	SNULT 스페인어	서울대학교 언어교육원
1458	2003	중국시론(정보판)	차주환
1459	2003	신화와 역사	서울대학교 종교문제연구소
1460	2003	미학강의	오병남
1461	2003	제3의 길과 신자유주의	김수행, 안삼환, 정병기, 홍태영
1462	2003	신경학원론(개정판)	서울대학교 의과대학
1463	2003	대학생의 건강관리	김화중
1464	2003	일제 말기 한국 작가의 일본어 글쓰기론 E	김윤식
1465	2003	한국정치자금제도	안청시, 백창재
1466	2003	교양 프랑스어	서울대학교 불어불문학과
1467	2003	한의학과 현대의학 E	김우겸
1468	2003	장수의 비결 E	김우겸
1469	2003	기초복소해석	계승혁, 김영원
1470	2003	벼락도끼와 돌도끼 E	이선복
1471	2003	식민권력과 통계	박명규, 서호철
1472	2003	정조시대의 무예	나영일
1473	2003	지방문학사	조동일
1474	2003	현대 한국유교와 전통 E	금장태
1475	2003	무협소설의 문화적 의미	전형준
1476	2003	북한의 노동과 인력관리	김강식, 최종태

NO	발행	도서명	저자/역자/편자명
1477	2003	지구의 이해	최덕근
1478	2003	운동발달의 이해	김선진
1479	2003	효당 엄상섭 형법논집 E	신동운, 허일태
1480	2003	예빈도에 보인 고구려	노태돈
1481	2003	살인의 진화심리학	최재천, 한영우, 김호 외 2인
1482	2003	북한의 의학교육 E	박재형, 김옥주, 황상익
1483	2003	조선시대 도자기 E	김영원
1484	2003	한국 옛 경관 속의 생태지혜 E	이도원
1485	2003	한국의 천연염료 E	김재필, 이정진
1486	2003	남북한 농업관련 생물명 비교집 E	부경생
1487	2003	독일 현대문학	조창섭
1488	2003	중국 역대 도시구조와 사회변화	서울대학교 동아문화연구소
1489	2003	상대론적 양자역학 E	송희성
1490	2003	백범 김구의 사상과 독립운동 E	신용하
1491	2003	북방정책	하용출 외
1492	2003	해방 전후 미국의 대한정책	정용욱
1493	2003	중세의 연애시문학 독일 민네장 E	허창운
1494	2003	논어(전정판)	김학주
1495	2003	위성영상을 이용한 북한지역의 해안습지 연구 E	유근배
1496	2003	한국병합의 불법성 연구 E	이태진, 김기석, 백충현 외 3인
1497	2003	한국 근대사회와 문화 I	이병근, 송기중, 권영민 외 9인
1498	2003	신문의 언어문화와 미디어 교육	우한용, 강명구, 민현식 외 5인
1499	2003	일본의 지방정부와 정책과정 E	양기호
1500	2003	한국신소설선집(4) E	권영민, 김종욱, 배경열
1501	2003	한국신소설선집(5) E	권영민, 김종욱, 배경열
1502	2003	한국신소설선집(6) E	권영민, 김종욱, 배경열
1503	2003	한국신소설선집(7) E	권영민, 김종욱, 배경열
1504	2003	16대 대선의 선거과정과 의의 E	김세균
1505	2003	근현대 중국의 국가건설과 제3의 길	강명희
1506	2003	대한제국 정치사 연구	서영희
1507	2003	남북한 농업용어 비교집 E	부경생
1508	2003	간호방법(제2개정판)	서울대학교병원
1509	2003	텍스트의 욕망 E	이정호
1510	2003	법률문헌색인(VI): 1999·2000·2001	서울대학교 법학도서관
1511	2003	성교육 이론과 실제	이시백 외
1512	2003	동유럽 탈사회주의 체제개혁의 정치경제학 1989-2000 E	진승권
1513	2003	천문학용어집 E	한국천문학회
1514	2003	언어평가의 이해	이영식, 이완기, 신동일, 최인철

NO	발행	도서명	저자/역자/편자명
1515	2003	한국법사상사(전정재판)	최종고
1516	2004	TEPS 기출문제집 I E	서울대학교 언어교육원
1517	2004	Willkommen! Deutsch für Anfänger	서울대학교 교양독일어교재 편찬위원회
1518	2004	임상심전도학(제4판)	최윤식
1519	2004	사할린 귀환자 E	이순형
1520	2004	다섯 수레의 책 E	서울대학교출판부
1521	2004	끝나지 않은 강의 E	서울대학교출판부
1522	2004	내 마음의 등불 E	서울대학교출판부
1523	2004	한국현대문학대사전 E	권영민
1524	2004	대학국어	서울대학교 대학국어편찬위원회
1525	2004	프랑스 사회와 문화 1	김정곤, 김지은, 김미현
1526	2004	프랑스 사회와 문화 2	김재협, 김형길, 박균성
1527	2004	마약 이야기	이창기
1528	2004	홍길동전의 비밀	설성경
1529	2004	수학교육학개론(제2증보판)	김응태, 박한식, 우정호
1530	2004	아동·청소년복지론(제2개정)	오정수, 장인협
1531	2004	Economic Crisis and Dual Transition in Korea	Sunhyuk Kim, Doh Chull Shin
1532	2004	21세기 미국의 거버넌스 E	서울대학교 미국학연구소, 미래인력연구원
1533	2004	현상학과 해석학	이남인
1534	2004	서울대학교 대학신문사 1: 1952-1961 E	서울대학교 대학신문사
1535	2004	노인의 건강과 임상검사 E	김기웅, 김진규, 우종인, 최윤식
1536	2004	조선시대 간척지 개발	박영한, 오상학
1537	2004	소설신론	조남현
1538	2004	SNULT 일본어	서울대학교 언어교육원
1539	2004	강용흘 E	김욱동
1540	2004	사회체육개론(개정판)	임번장
1541	2004	한국사회의 연결망 연구	송호근, 김우식, 이재열
1542	2004	운동발달의 이해(개정판)	김선진
1543	2004	한국 생태학 100년 E	김준호
1544	2004	일본고중세 고려자료연구	장동익
1545	2004	일본군 성 노예제	정진성
1546	2004	동아시아적 시각으로 보는 중국문학	전형준
1547	2004	목석의 울음 E	조두영
1548	2004	현대 한국사회의 철학적 문제: 사회운영원리	백종현
1549	2004	방송의 언어문화와 미디어 교육 E	김대행, 윤여탁, 윤태진 외 4인
1550	2004	구어 한국어의 의향법 실현방법 E	권재일

NO	발행	도서명	저자/역자/편자명
1551	2004	한국 구비문학에 수용된 재담 연구 E	서대석
1552	2004	과학은 얼마나	홍성욱
1553	2004	SNULT 러시아어	서울대학교 언어교육원
1554	2004	통일한국의 농업 E	김완배 외
1555	2004	에다	임한순, 최윤영, 김길웅
1556	2004	『자본론』의 현대적 해석(제1개정판)	김수행
1557	2004	역주 증수무원록언해	황문환, 송철의, 이현희, 장윤희
1558	2004	정본완역 두보전집 제3권	김만원, 김성곤, 박홍준 외 3인
1559	2004	지눌연구 E	심재룡
1560	2004	이익사상의 구조와 사회 개혁론	김용걸
1561	2004	수량경제사로 다시 본 조선후기	이영훈
1562	2004	대학에서의 효과적인 교수법 가이드	나승일
1563	2004	모발생물학 E	은희철 외
1564	2004	중도파의 민족주의운동과 분단국가	윤민재
1565	2004	근대도시 목포의 역사·공간·문화	고석규
1566	2004	인구·보건·환경 E	권이혁
1567	2004	한글을 읽는 시선의 움직임 E	이춘길
1568	2004	축제의 역동성과 현대일본사회	김양주
1569	2004	현대시와 전통주의의 수사학	박현수
1570	2004	고구려 고분벽화의 세계	전호태
1571	2004	20세기 한국작가론 E	김윤식
1572	2004	한국 고소설에 나타난 오이디푸스 콤플렉스 E	류인균
1573	2004	음운론 E	전상범
1574	2004	SNULT 프랑스어	서울대학교 언어교육원
1575	2004	한국자본자유화와 금융자유화의 근년변화	이천표
1576	2004	농촌사회의 환경과 기능	이성우, 임형백
1577	2004	International Law in Korean Perspective	Choong-Hyun Paik
1578	2004	한국에서 마르크스주의 경제학의 도입과 전개과정 E	김수행
1579	2004	Cultural Studies in Asia	Seong-Kon Kim, Alec Gordon
1580	2004	시간을 찾아서 E	최덕근
1581	2004	한국유교의 과제 E	금장태
1582	2004	영화 속의 문화 E	김성곤
1583	2004	스포츠 손자병법 E	나영일, 이동철
1584	2004	역사 속의 의인들 E	황상익
1585	2004	중국소설사	서경호
1586	2004	A Changing Korea in Regional and Global Contexts E	Lee-Jay Cho, Chung-Si Ahn, Choong Nam Kim
1587	2004	돈황사문학논고 E	차주환

NO	발행	도서명	저자/역자/편자명
1588	2004	삼국사기의 현대적 이해	정구복
1589	2004	비정형 항정신병제의 임상 E	김용식 외
1590	2004	한국 근대과학 형성과정 자료	문만용, 김영식
1591	2004	근사록 E	이범학
1592	2004	목재와 인류생활 E	정희석
1593	2004	전통마을 경관요소들의 생태적 의미 E	이도원
1594	2004	몽테뉴의 〈엣세〉 E	이환
1595	2004	비평판 소송	박환덕
1596	2004	남북한 경제의 이질성 E	이지순
1597	2004	경제개방이 우리나라 노동시장에 미친 효과 E	김대일
1598	2004	고대국어 어휘 표기 한자의 자별 용례 연구	송기중
1599	2005	한국근대지성사 연구	신용하
1600	2005	SNULT 독일어	서울대학교 언어교육원
1601	2005	임상윤리학(개정판)	서울대학교 의학교육연수원
1602	2005	재벌체제와 다국적기업 E	이승훈
1603	2005	Bildung und Humanität	서울대학교 독어독문학과 교양독일어교재 편찬위원회
1604	2005	반추동물영양생리학	김창현, 문양수, 이성실, 하종규
1605	2005	생활과학의 이해(개정판)	서울대학교 생활과학대학 교재개발위원회
1606	2005	선형대수와 군	이인석
1607	2005	경관분석론	임승빈
1608	2005	한국의 중산층	홍두승
1609	2005	성공적인 삶을 위한 건강관리 E	김화중
1610	2005	새로 쓴 응급처치	서울대학교 의학교육연수원
1611	2005	인간생명과학개론 E	박재갑
1612	2005	사회·경제공간으로서 접경지역 E	박삼옥, 이원호, 이현주 외 2인
1613	2005	한국어의 부사	서정수
1614	2005	효당 엄상섭 형사소송법논집 E	신동운
1615	2005	사회복지실천론(하)	장인협
1616	2005	Looking into the Structure of English E	Nahm-Sheik Park
1617	2005	경제학의 기본원리	박우희
1618	2005	조선시대 복식에 나타난 적색계 색명의 의미 E	남윤자, 김순영, 박성실
1619	2005	TEPS 기출문제집 II	서울대학교 언어교육원
1620	2005	『무과총요』 연구	나영일
1621	2005	한·러관계사료집 1990-2003	한정숙, 홍현익, 강윤희, 최우익
1622	2005	Bioethics, Research Ethics and Regulation	Un Jong Pak
1623	2005	21세기 통일한국을 향한 모색	임현진, 정영철

NO	발행	도서명	저자/역자/편자명
1624	2005	한국 고대·중세초기 토지제도사	이경식
1625	2005	사회과학의 고급계량분석	이재열 외
1626	2005	알기 쉬운 정치경제학(제1개정판)	김수행
1627	2005	내분비학(전정판)	서울대학교 의과대학
1628	2005	러시아 외교정책 E	최종기
1629	2005	20세기 초기 국어의 문법 E	권재일
1630	2005	한국어 문법	이익섭
1631	2005	인과성 분석 E	안건훈
1632	2005	조선시대 궁중의 식생활문화	한복진
1633	2005	Law and Justice in Korea	Chongko Choi
1634	2005	우리나라 인체기생충 및 의용절지동물의 동물상과 개요 E	채종일
1635	2005	최신 목재건조학	정희석, 강호양, 박정환 외 4인
1636	2005	Lectures de poemes français modernes	Jean Bellemin-Noël
1637	2005	웃음으로 눈물 닦기	김대행
1638	2005	해외법률문헌 조사방법(개정판)	정인섭 외
1639	2005	국어교육과 한국어교육의 성찰	박갑수
1640	2005	한국의 역사	서울대학교 한국학교재편찬위원회 (한국학교재총서-베트남어)
1641	2005	고급 한국어 강독	
1642	2005	고급 한국어 회화	
1643	2005	신장요로학(전정판)	서울대학교 의과대학
1644	2005	곤충의 호르몬과 생리학 E	김용균, 박계청, 부경생, 최만연
1645	2005	붉은악마와 월드컵	이순형
1646	2005	SNULT 중국어	서울대학교 언어교육원
1647	2005	중국 조선족사회의 변화	권태환
1648	2005	틱장애 E	조수철 외
1649	2005	세계문화사(개정판)	나종일, 민석홍, 윤세철
1650	2005	한국 장수인의 개체적 특성과 사회환경적 요인 E	박상철, 이미숙, 이정재, 한경혜
1651	2005	역학의 원리와 응용	안윤옥, 유근영, 박병주 외 5인
1652	2005	셰익스피어 연구	이경식
1653	2005	New Development in Local Democracy and Decentralization in East Asia	Chung-Si Ahn
1654	2005	목재용어사전 E	정희석
1655	2005	호흡기학(전정판)	서울대학교 의과대학
1656	2005	토목전산설계모델링 E	정하우, 김대식, 최진용 외 2인
1657	2005	한국 근대의 사회복지	안상훈, 조성은, 길현종
1658	2005	괴테 그리고 그의 영원한 여성들	안삼환
1659	2005	사회과학 글쓰기	정병기

NO	발행	도서명	저자/역자/편자명
1660	2005	경제위기의 사회학	김은미, 장덕진, Mark Granovetter
1661	2005	상생 노사관계와 공정보상시스템	최종태
1662	2005	토지·자원·환경경제학 개론(증보판) E	주봉규
1663	2005	한국 근대사회와 문화 II E	권태억 외
1664	2005	권장도서 해제집 E	서울대학교 기초교육원
1665	2005	아편을 재배하는 사람들	임봉길
1666	2005	『조선왕조실록』 보존을 위한 기초 조사연구(1)	송기중, 신병주, 박지선, 이인성
1667	2005	신경학(전정판) E	서울대학교 의과대학
1668	2005	완역 소식시집 1	류종목
1669	2005	학문과 교육(중1)	장상호
1670	2005	Academic Genealogy of Physicists	Sooyoung Chang
1671	2005	고려의 국가 불교의례와 문화	안지원
1672	2005	한국의 좌파 경제학자들	김수행, 김공회
1673	2005	학습 능력 향상을 위한 조창섭 독서법	조창섭
1674	2005	한 단계 높은 러시아어	니나 바스코, 박종소
1675	2005	心과 性: 다산의 『맹자』 해석 E	금장태
1676	2005	한국 여성의 건강증진행위	윤순녕, 김숙영, 이지윤
1677	2005	한국 근대 초기의 언어와 문학	이병근, 송철의, 정승철 외 2인
1678	2005	민주주의와 권위	박효종
1679	2005	한국철학자료집: 불교편 1	허남진 외
1680	2005	1930년대 중국의 중앙·지방·상인 E	김진아
1681	2005	종교사회학 E	김종서
1682	2005	한국기업 배당정책의 변화	김성민, 최도성
1683	2005	북한 주요 산업지역의 토지이용 변화와 개방지역에 관한 연구	황만익, 이기석
1684	2005	한국 전통음악의 악조	황준연
1685	2006	한국 고대의 온돌	송기호
1686	2006	일본의 지역문화	김문환
1687	2006	역주 오륜행실도	송철의, 이현희, 장윤희, 황문환
1688	2006	서양문화사(개정판) E	나종일, 민석홍
1689	2006	사회복지행정론(증보·개정판)	이정호, 장인협
1690	2006	인터넷 시대의 글쓰기와 표현교육	우한용, 김정자, 김성진 외 3인
1691	2006	임상약리학(전정판)	서울대학교 의과대학
1692	2006	예브게니 오네긴	최선
1693	2006	논문작성법(개정판)	김신영, 임인재
1694	2006	중급한문	서울대학교 중어중문학과
1695	2006	브레히트 희곡선집 1	임한순
1696	2006	브레히트 희곡선집 2	임한순

NO	발행	도서명	저자/역자/편자명
1697	2006	노인복지학(제2개정판)	최성재, 장인협
1698	2006	고전역학(개정판)	문희태
1699	2006	대통령과 국가경영	김충남
1700	2006	산에 미래를 심다	이경준
1701	2006	영락에서 탕평까지 E	심재기
1702	2006	한국정치의 분석과 이해(개정증보판)	이정복
1703	2006	한국의 경제성장 1910-1945	김낙년
1704	2006	한국의 고령노동	이철희
1705	2006	실험동물의 질병관리 E	박재학
1706	2006	인더스 강을 따라 히말라야까지	서울대학교 교수산악회
1707	2006	3칸×3칸: 한국 건축의 유형학적 접근 E	이강민, 전봉희
1708	2006	독일 현대문학의 이해 E	조창섭, 강태호, 권오현 외 10인
1709	2006	법치주의의 기초	김도균, 최병조, 최종고
1710	2006	한국기업의 서비스 품질 평가제도 변천과정	라선아, 이유재
1711	2006	제3의 길과 신자유주의(제1개정판)	김수행, 정병기, 홍태영
1712	2006	한국철학자료집: 불교편 2	심재룡 외
1713	2006	후발 산업화와 국가의 동학	하용출
1714	2006	과학고전선집: 코페르니쿠스에서 뉴턴까지 E	홍성욱
1715	2006	한국 중세 토지제도사 E	이경식
1716	2006	정약용 사상 속의 과학기술	김영식
1717	2006	해방공간 한국작가의 민족문학 글쓰기론 E	김윤식
1718	2006	한국 브랜드의 진화 및 발전	김재일
1719	2006	조선초기 고문서 이두문 역주	박성종
1720	2006	전략적 인적자원관리	김성수
1721	2006	한국 백화점 역사	김병도, 주영혁
1722	2006	중세 미술과 도상	임영방
1723	2006	세계외교사 E	김용구
1724	2006	광복 60년: 우리는 어디에 와 있는가	김광억, 황익주
1725	2006	체제전환국 법제정비지원	구대환, 권오승, 김유환 외
1726	2006	대통령과 국가경영	김충남
1727	2006	한국문화를 쓴다	최윤영
1728	2006	서양인의 한국 종교 연구 E	김종서
1729	2006	한국 시민단체의 내부의사결정과정에 관한 연구 E	김준기
1730	2006	한국 인터넷 기업의 변천사	안중호, 양희동, 오상조, 김은진
1731	2006	우리나라의 기업공시제도	윤계섭, 허희영
1732	2006	전통과 사람관리	신유근
1733	2006	미국학의 이론과 실제	김성곤, 김용권, 정연선 외 3인
1734	2006	한국유학의 『노자』 이해 E	금장태

NO	발행	도서명	저자/역자/편자명
1735	2006	대학(개정판)	김학주
1736	2006	중용(개정판)	김학주
1737	2006	영국 산업혁명의 재조명	김종현
1738	2006	전통 구비문학과 근대 공연예술 I	서대석, 손태도, 정충권
1739	2006	전통 구비문학과 근대 공연예술 II	서대석, 손태도, 정충권
1740	2006	전통 구비문학과 근대 공연예술 III	서대석, 손태도, 정충권
1741	2006	상해시기 대한민국임시정부 연구	윤대원
1742	2006	영화 속의 청소년	신민섭, 한수정
1743	2006	국어교육 100년사 I	윤여탁 외
1744	2006	국어교육 100년사 II E	윤여탁 외
1745	2006	남북 언어의 문법 표준화 E	권재일
1746	2006	1950년대 사회주의 건설기의 북한 보건의료	황상익
1747	2006	핵심 병원미생물학 E	서울대학교 의대 미생물학교실
1748	2006	중국의 전통 잡기 E	안상복
1749	2006	지역사회복지론(제2개정판)	최일섭, 이현주
1750	2006	미국 흑인문학과 그 전통 E	천승걸
1751	2006	한국 금융감독 개편론	김홍범
1752	2006	Radiation Technology	Andrzej G. Chmielewski 외 3인
1753	2006	종교와 역사	서울대학교 종교문제연구소
1754	2006	한국시화에 보이는 두시 E	이영주
1755	2006	하이퍼텍스트의 언어문화 이해교육	김대행, 윤여탁, 권순희 외 5인
1756	2006	시장경제와 법	권오승
1757	2006	IT는 한국을 어떻게 변화시키는가	이지순, 김문조, 임혁백, 최양수
1758	2006	국문 글쓰기의 재탄생	권영민
1759	2006	자본주의 경제의 위기와 공황	김수행
1760	2006	세계문화사(제2개정판)	민석홍, 나종일, 윤세철
1761	2006	조선 중기 무예서 연구	나영일, 노영구, 양정호, 최복규
1762	2006	수학의 세계(개정판) E	박세희
1763	2006	한국 PC산업의 발전과정	김상훈, 오정석
1764	2006	한국 전통음악의 악조	황준연
1765	2006	신간호학개론(제2개정판)	김매자, 박정호, 이선옥
1766	2006	북한체제의 형성과 한반도 국제정치	김세균, 유홍림, 임경훈 외 5인
1767	2006	한국사회의 변동과 연결망	김우식, 송호근, 이재열
1768	2006	플라톤(개정·증보판)	박종현
1769	2006	러시아의 선택	하용출 외
1770	2006	팀웍의 개념, 측정 및 증진방법	박원우
1771	2006	한국의 소득불평등과 빈곤 E	구인회
1772	2006	한국기업 해외직접투자전략의 변천	이동기, 박남규, 조영곤, 김동희

NO	발행	도서명	저자/역자/편자명
1773	2006	한국 사회복지 네트워크의 구성과 효과성	김준기
1774	2006	그 해 여름 안에서의 이별	서울대학교 대학신문사
1775	2006	옛 일을 돌아보고 쓰다	서울대학교 대학신문사
1776	2006	한국 기업의 ERP 도입과 운영의 변천사	안상형, 이창희, 최강화
1777	2006	불교의 유교경전 해석 E	금장태
1778	2006	한국사회의 정체성과 글로벌 표준의 수용	김광렬, 김정오, 이천표, 하용출
1779	2006	한국의 의료체제	송호근
1780	2006	한국 팀제의 역사, 현황과 발전방향	박원우
1781	2006	50권본『화엄경』연구 E	이승재
1782	2006	한국인 치매환자의 행동 및 심리 증상의 횡문화적 특성	조맹제, 김진영
1783	2006	기업세무전략에 대한 실증	박종일, 박찬웅, 정운오
1784	2006	신민족주의의 세기	이광규
1785	2006	근대한국의 국제관념에 나타난 도덕과 권력 E	장인성
1786	2006	한국 가족 및 친족제도의 이해	최홍기
1787	2006	TEPS 기출문제집 III	서울대학교 언어교육원
1788	2006	한국기업의 특허전략 변화	송재용, 신현한
1789	2007	한국어 체언의 음변화 연구 E	이상억
1790	2007	수학교육학개론(제3증보판)	김응태, 박한식, 우정호
1791	2007	차이를 넘어 공존으로	서울대학교 서어서문학과
1792	2007	우리말 활용사전	박용수
1793	2007	참살이 의학 E	정희순 외
1794	2007	The Dreams of the Living and Hopes of the Dead	Ho-Tae Jeon
1795	2007	한국기업 성과급제도의 변천	김성수, 박찬희, 김태호
1796	2007	한국 이동통신 서비스 및 단말기 산업의 변천과 발전방향	박철순, 김성훈
1797	2007	한국 온라인게임산업의 발전과정과 향후 과제	노상규, 위정현
1798	2007	예금보험론(전정판)	송홍선, 정운찬
1799	2007	서울대학교 중앙도서관 고문헌자료실 소장『경제문고』해제집	권태억, 김대호, 김제정, 염복규, 장용경, 정미성, 정상우, 최병택
1800	2007	논어(제2전정판)	김학주
1801	2007	우리나라의 회계감리제도	이창우, 유재규, 고종권
1802	2007	사마천 사기(수정판)	이성규
1803	2007	The Foreign Destruction of Korean Independence	Carole Cameron Shaw
1804	2007	미학대계 제1권: 미학의 역사	미학대계간행회
1805	2007	미학대계 제2권: 미학의 문제와 방법	미학대계간행회
1806	2007	미학대계 제3권: 현대의 예술과 미학 E	미학대계간행회
1807	2007	한국의 장수인과 장수지역	박삼옥, 박상철, 최성재 외 6인

NO	발행	도서명	저자/역자/편자명
1808	2007	몽골제국과 고려	김호동
1809	2007	맹호연시 연구 E	이남종
1810	2007	인격 E	진교훈 외
1811	2007	일제말기 한국인 학병세대의 체험적 글쓰기론 E	김윤식
1812	2007	개성상인의 현대경영학적 재조명	주우진
1813	2007	원문 교주 구운몽	김병국
1814	2007	세계화의 역사와 패권 경쟁	서울대학교 미국학연구소
1815	2007	현대역 구운몽	김병국
1816	2007	두 개의 예외적인 복지체제 비교연구	김태성
1817	2007	원형과 변용	박태균
1818	2007	Judicial System Transformation in the Globalizing World: Korea and Japan	Dai-Kwon Choi, Kahei Rokumoto
1819	2007	네트워크 사회의 구조와 쟁점 E	송호근, 이재열, 안정옥
1820	2007	괴테와 발라데	전영애
1821	2007	박정희 체제의 성립과 전개 및 몰락	김수행, 박승호
1822	2007	옛날의 실크로드 오늘의 우즈베키스탄	박삼옥, 권석만
1823	2007	사회복지학(제2개정판)	오정수, 이혜경, 장인협
1824	2007	한·중 소화의 비교 E	서대석
1825	2007	프리즘	김영식, 박민아
1826	2007	고려전기의 전시과 E	이경식
1827	2007	경제학의 기본원리(전정판)	박우희
1828	2007	불교의 주역·노장 해석 E	금장태
1829	2007	한국의 하구역	유근배, 김성환, 신영호
1830	2007	현대 교육의 이해	나일주
1831	2007	설문해자주 부수자 역해	염정삼
1832	2007	북한의 사회경제적 변화	이승훈, 홍두승
1833	2007	농업교육학 개론(개정판)	이용환 외
1834	2007	한국의 신용평가제도	이인호
1835	2007	우리 몸의 노화	박상철
1836	2007	제3기 인생, 디지털 날개를 달자	김성준
1837	2007	아름다운 노후를 위한 정신건강	조맹제
1838	2007	활기찬 노년을 위한 여가활동	김동진
1839	2007	새로 시작하는 제3기 인생	최성재
1840	2007	장수를 위한 구강관리	고홍섭, 곽재영, 명훈, 박덕영
1841	2007	루시퍼의 항변 E	이형식
1842	2007	북한 산업개발 및 남북협력방안	박삼옥, 허우긍, 박기호, 박수진
1843	2007	학교수학의 교육적 기초(제2증보판)	우정호
1844	2007	한국어 술어의 사건 구조와 논항 구조	남승호

NO	발행	도서명	저자/역자/편자명
1845	2007	『기우제등록』과 기후의례	최종성
1846	2007	현대유럽정치론	김계동
1847	2007	훈민정음연구	안병희
1848	2007	두보진주동곡시기시역해	김만원, 김성곤, 박홍준 외 4인
1849	2007	개항기 전후 경상도의 육상교통	도도로키 히로시, 허우긍
1850	2007	한국의 법률가	최종고
1851	2007	탈북가족의 적응과 심리적 통합	이순형, 조수철, 김창대, 진미정
1852	2007	래스키(수정증보판)	김학준
1853	2007	한국의 법학자	최종고
1854	2007	자본주의 이후의 새로운 사회	김수행, 신정완
1855	2007	일제 식민지 시기 한국의 언어와 문학	이병근, 송철의, 정승철 외 3인
1856	2007	일제 식민지 시기의 어휘 E	송철의, 이현희, 이용 외 3인
1857	2007	사랑의 의미	김중술
1858	2007	해방 이후 한국기업의 진화 I	이근 외 7인
1859	2007	온돌과 한국인의 수면 생활	최정화, 김문숙
1860	2007	한국 근대소설에 나타난 오이디푸스 콤플렉스의 이해	류인균
1861	2007	독일 명작의 이해	이재원, 임홍배, 전영애, 황승환
1862	2007	한국 기업의 임금관리	최종태, 박준성, 이준우
1863	2007	베토벤, 그 거룩한 울림에 대하여	조수철
1864	2007	한국서해안의 해안사구	유근배, 류호상
1865	2007	김은국 그의 삶과 문학	김욱동
1866	2007	한국무협소설의 작가와 작품	전형준
1867	2007	한국어의 주제와 통사 분석 E	임홍빈
1868	2007	세계화의 역사적 조망	양동휴
1869	2007	매혹과 저항 E	장경렬
1870	2007	외환위기 10년, 한국사회 얼마나 달라졌나	정운찬, 조흥식
1871	2007	전통 마을숲의 생태계 서비스	이도원, 고인수, 박찬열
1872	2007	한국 장수기업의 성공사례	신유근
1873	2007	미래를 여는 국어교육사 I	민현식, 윤여탁, 김종철, 신현숙, 서혁 외
1874	2007	미래를 여는 국어교육사 II	
1875	2007	조선 후기의 기술도	정형민, 김영식
1876	2007	한국 근대사회와 문화 III	권태억 외
1877	2007	산성비 E	김준호
1878	2008	외환위기 10년, 한국금융의 변화와 전망	김인준, 이창용
1879	2008	운명을 읽는 코드 열두 동물 E	천진기
1880	2008	천문학의 이해(개정판)	최승언

NO	발행	도서명	저자/역자/편자명
1881	2008	Willkommen! Neu: Lehrbuch für Deutsch	서울대학교 독어독문학과, 교양독일어교재 편찬위원회
1882	2008	세상 읽기와 세상 만들기: 사회과학의 이해 E	김광억
1883	2008	한국현대문학사	김윤식
1884	2008	대수학	이인석
1885	2008	한글본 이언 연구	민현식
1886	2008	한국정치의 분석과 이해(개정증보2판)	이정복
1887	2008	새로 쓴 목재건조학	정희석, 강호양, 박정환 외 4인
1888	2008	사회체육개론(제2개정판)	임번장
1889	2008	대항해시대: 해상 팽창과 근대 세계의 형성 E	주경철
1890	2008	TEPS 기출문제집 IV	서울대학교 언어교육원
1891	2008	알기 쉬운 정치경제학(제2개정판)	김수행
1892	2008	한국의 건축(최신증보판)	윤장섭
1893	2008	통일 이후의 문학교육	김대행
1894	2008	여운형 E	이정식
1895	2008	구한말의 한독 외교문서 덕안(德案) 연구	권오현
1896	2008	경영사례연구	서울대학교 경영대학 경영연구소
1897	2008	조경수 식재관리기술(2차 수정판)	이경준, 이승제
1898	2008	위장질환 다스리기	김우겸
1899	2008	하늘에서 떨어진 돌, 운석	최변각
1900	2008	한국의 현대미술: 창작·비평·교육	안휘준
1901	2008	미술사로 본 한국의 현대미술	안휘준
1902	2008	보안 경제학	서승우
1903	2008	조선왕조실록의 여진족 족명과 인명	김주원
1904	2008	제3기 인생, 운동으로 지키는 건강	김선진, 김연수, 송욱, 전태원
1905	2008	북한의 역사 1	김학준
1906	2008	북한의 역사 2	김학준
1907	2008	교양교육60년사	서울대학교 기초교육원
1908	2008	세월과 마음	김민희, 민경환
1909	2008	교통망분석론(개정판)	임강원, 임용택
1910	2008	(교육·심리·사회 연구를 위한) 논문작성법	김신영, 임인재
1911	2008	사람과 물 E	권순국 외 11인
1912	2008	한국의 자연지리	김종욱, 이민부, 공우석, 김태호 외
1913	2008	고구려 고분벽화 읽기 E	전호태
1914	2008	한국의 야생화와 자원식물(전집)	김태정
1915	2008	해방 이후 한국기업의 진화 II	이근 외 7인
1916	2008	A Study of the Middle Chulym Dialect of the Chulym Language	Li Yong-Sŏng 외

NO	발행	도서명	저자/역자/편자명
1917	2008	A Study of the Tacheng Dialect of the Dagur Language	Yu Wonsoo 외
1918	2008	Materials of Spoken Manchu	Kim Juwon 외
1919	2008	자본론의 현대적 해석(제2개정판)	김수행
1920	2008	서울대학교박물관 소장 식민지시기 유리건판	이문웅, 강정원, 선일
1921	2008	교양프랑스어(개정판)	서울대학교 불어불문학과
1922	2008	한국사 특강(개정신판) E	한국사특강편찬위원회
1923	2008	과학기술글쓰기 E	강명구, 김희준, 정윤석 외
1924	2008	스페인어 회화작문	신자영, 조은영, 김은경 외
1925	2008	매체언어와 국어교육 E	윤여탁
1926	2008	소비자와 법의 지배 E	여정성, 최종원, 장승화
1927	2008	한국 양명학의 쟁점	금장태
1928	2008	사회과학논문작성법 E	정병기
1929	2008	한국전자산업의 마케팅 발전과정	임종원, 이한석, 송상연
1930	2008	알고 보면 재미있는 경제원리	홍기현
1931	2008	세월을 새긴 글, 자서전	한경혜
1932	2008	한국채소종자산업발달사	한국채소종자산업발달사 편찬위원회
1933	2008	서울대학교-겨레와 함께 미래로	서울대학교출판부
1934	2008	Banning Tobacco	Jae-Gahb Park 외
1935	2008	세월의 흐름과 신체건강	김철호
1936	2008	건강장수를 위한 식생활	이연숙
1937	2008	푸슈킨	김진영
1938	2008	한국 국제정치학의 발전과 전망	하용출
1939	2008	인간의 얼굴을 한 과학 E	홍성욱
1940	2008	현대 한국어의 공시 형태론	최명옥
1941	2008	중국근대언론발달사 1815-1945	차배근
1942	2008	한국 근대초기의 어휘	차배근
1943	2008	40일간의 독일어산책	이소영
1944	2008	풍자 우화 그리고 계몽담론	권영민
1945	2008	북한의 가뭄 특성 분석 및 가뭄우심지도 작성	이정재, 장민원, 최진용
1946	2008	두보성도시기시역해	김만원, 김성곤, 박홍준 외 4인
1947	2008	한국 기업의 인사평가 변천사	박오수, 김기태, 전병준
1948	2008	남북한 환경정책 비교연구 1	윤여창 외
1949	2008	남북한 환경정책 비교연구 2	김정욱 외
1950	2008	효과적인 프레젠테이션 스킬	김진모, 이용환
1951	2008	북한의 체제전환과 사회정책의 과제	임현진, 정영철
1952	2009	알의 혁명	송계원, 이무하, 한재용 외 2인

NO	발행	도서명	저자/역자/편자명
1953	2009	미적분학(1)	김홍종
1954	2009	미적분학(2)	김홍종
1955	2009	당시선(개정판)	이병한, 이영주
1956	2009	한국 아동의 일상생활문화	이순형
1957	2009	세계를 이끄는 한국의 최고 과학자들	오헌석
1958	2009	세계를 이끄는 한국의 창조적 공학자들	오헌석
1959	2009	한국 근대문학교육사 연구	우한용
1960	2009	삼국통일전쟁사 E	노태돈
1961	2009	독일청소년문학의 이해	한기상
1962	2009	한국 음악의 뿌리, 팔도 굿음악	이용식
1963	2009	유교와 종교학 E	김종서 외
1964	2009	대학국어 글읽기와 글쓰기	서울대학교 대학국어편찬위원회
1965	2009	석유공학개론(개정판)	강주명
1966	2009	수학학습-지도원리와 방법(개정판)	우정호
1967	2009	경관분석론(개정판)	임승빈
1968	2009	21세기 한국정치의 발전방향 E	이정복
1969	2009	한국기업의 경영사례	이동기, 김수욱
1970	2009	한국기업의 경영정보 시스템 변천사	장정주, 권순동
1971	2009	사원만족도 관리전략	김성수
1972	2009	한국 자동차 산업의 제품혁신 역사와 애프터마켓	김수욱
1973	2009	역사영웅서사문학의 세계	이민희
1974	2009	한국제약기업의 변화와 도전	김성수
1975	2009	구북시화	송용준
1976	2009	자본, 시간 그리고 기대	김신행
1977	2009	한국사회의 트렌드를 읽는다	정진성, 이재열, 박경숙 외 3인
1978	2009	한국의 사회운동과 진보정당 E	임현진
1979	2009	중용(제2개정판)	김학주
1980	2009	클로자핀 임상사용의 실제	김용식, 신영민, 안용민, 정성훈
1981	2009	참살이 의학(증보판)	정희순
1982	2009	개정판 예브게니 오네긴	최선
1983	2009	고전과 놀이	김월회
1984	2009	서양문화를 쓴다	최윤영
1985	2009	반실재론을 넘어서서	배식한
1986	2009	TEPS 기출문제 800 별책문제집	서울대학교 언어교육원
1987	2009	TEPS 기출문제 800 문제+해설	서울대학교 언어교육원
1988	2009	한국 행락문화의 변천과정	황기원
1989	2009	대학(제2개정판)	김학주
1990	2009	인문학 글쓰기를 위하여	김동식

NO	발행	도서명	저자/역자/편자명
1991	2009	한국적 패션 디자인의 제다움 찾기 E	김민자
1992	2009	지속 가능한 한국발전모델과 성장동력	박삼옥, 양승목, 윤영관 외 2인
1993	2009	논어(개정판)	김학주
1994	2009	조경수 병해충도감	나용준, 우건석, 이경준
1995	2009	Collaborative Governance in the United States and Korea	Yong-Duck Jung 외
1996	2009	우리 음식의 맛을 만나다	한복진
1997	2009	남북통합지수, 1989-2007	김병연, 박명규, 김병로, 정은미
1998	2009	한반도 경제공동체, 그 비전과 전략	박상인, 정형곤, 이석, 박진
1999	2009	학문과 교육(중 II)	장상호
2000	2009	East Asian Jurisprudence	Chongko Choi
2001	2009	임상심전도학(제5판)	최윤식
2002	2009	정부조직과 시간관리	임도빈
2003	2009	규장각, 그 역사와 문화의 재발견	김문식, 연갑수, 김태웅 외 2인
2004	2009	사회복지행정론(개정판)	이정호, 장인협
2005	2009	언어학과 통계모델	신효필
2006	2009	한 단계 높은 러시아어 2	박종소
2007	2009	스페인어 초급 회화	이만기
2008	2009	송시선(개정판)	류종목, 송용준
2009	2009	Financial Sector Reform in Transition Economies	Byung-Yeon Kim 외
2010	2009	하이브리드시대의 문학 E	김성곤
2011	2009	현대 사회과학 명저의 재발견 E	김세균
2012	2009	구운몽(개정판)	김병국
2013	2009	한국의 갯벌(수정보완판)	고철환
2014	2009	시장발전과 경제개발	이승훈
2015	2009	고려국가와 집단의식	노명호
2016	2009	한국근현대문학의 프랑스문학수용	이건우, 이규현, 김용기 외 3인
2017	2009	탈북민의 가족 해체와 재구성	김창대, 이순형, 진미정
2018	2009	킬리만자로 하쿠나 마타타	서울대학교 교수산악회
2019	2009	Globalization and the Rural-Urban Divide E	Munisamy Gopinath 외
2020	2009	음악을 본다	서우석
2021	2009	Korea Through Western Eyes	Robert D. Neff, Sunghwa Cheong
2022	2009	우리역사읽기 1: 이 땅에 태어나서	송기호
2023	2009	우리역사읽기 2: 시집가고 장가가고 E	송기호
2024	2009	우리역사읽기 3: 말 타고 종 부리고	송기호
2025	2009	인류학도가 본 베이징 일주일	김광억
2026	2009	다시, 역사란 무엇인가? E	허승일
2027	2009	전통의 삶에서 찾는 환경의 지혜	정회성, 김혜천, 조순철 외 2인

NO	발행	도서명	저자/역자/편자명
2028	2009	유원총보역주 1 E	허성도, 김창환, 강성위
2029	2009	학문과 교육(중 III)	장상호
2030	2009	조선조 정간보 연구	황준연
2031	2009	논문작성을 위한 스터디 독서	정병기
2032	2009	전달체를 중심으로 한 유전자 치료	조종수 외
2033	2009	한일관계의 근대적 개편 과정	김흥수
2034	2009	젖산균의 과학	김현욱
2035	2010	한유산문선	오수형
2036	2010	창조적 세계화론	박세일
2037	2010	위험사회, 위험정치	정진성, 이재열, 조병희 외 5인
2038	2010	수학학습-지도원리와 방법(제2개정판)	우정호
2039	2010	판례소법전(2010)	박우동 외 7인
2040	2010	네오위즈의 인사관리	김성수
2041	2010	농촌사회변화의 인식론적 이해	이성우, 최은영
2042	2010	한국 기업의 성과주의 인사시스템 변천	김성수
2043	2010	관악의 웅지 하늘을 날다	서울대학교 명예교수협의회 편집위원회
2044	2010	CALCULUS 1	Hong-Jong Kim, Heaseung Kwon
2045	2010	CALCULUS 2	Hong-Jong Kim, Heaseung Kwon
2046	2010	Terribly at the Mercy of His Mind: Henry James in the 1890s	Marcus Klein
2047	2010	한국인의 자아정체 형성과 변화 E	이순형
2048	2010	전후 일본의 보수와 표상	장인성
2049	2010	한국의 소수자 정책	전영평
2050	2010	리스페리돈 장기지속형 주사제 임상사용의 실제	김용식, 안용민, 정성훈
2051	2010	통일한국의 어린이영양	이연숙, 윤지현, 심재은, 장수정
2052	2010	태아 심초음파	최정연
2053	2010	Design Revolution, Design Management E	Dong Sung Cho
2054	2010	해럴드 핀터의 정치성과 성정치성	정문영
2055	2010	The Foreign Destruction of Korean Independence	Carole Cameron Shaw
2056	2010	테미스 1 E	박문서
2057	2010	남극 세종기지의 자연환경 E	장순근
2058	2010	해양환경의 이해 E	이창복
2059	2010	벽을 넘는다	이장무
2060	2010	생활과학의 이해(개정판)	서울대학교 생활과학대학 교재개발위원회
2061	2010	걸리버 여행기(개정판)	송낙헌
2062	2010	미국의 자연관 변천과 생태의식	신문수

NO	발행	도서명	저자/역자/편자명
2063	2010	조선 후기 재정과 시장	이헌창
2064	2010	영어과학논문 100% 쉽게 쓰기	김형순
2065	2010	음악, 인간을 연주하다	조수철
2066	2010	중앙아시아 고려말의 문법	권재일
2067	2010	한국정치의 분석과 이해(개정증보3판)	이정복
2068	2010	고령화사회의 노인복지학	장인협, 최성재
2069	2010	다문화사회 일본과 정체성 정치 E	권숙인
2070	2010	소동파사	류종목
2071	2010	농촌활력론	김태명, 박은병, 황정임 외 4인
2072	2010	일제강점기의 철도 수송	허우긍
2073	2010	New Asias: Global Futures of World Regions E	Hyun-Chin Lim 외
2074	2010	서양인의 한국 종교 연구	김종서
2075	2010	청년기 생애설계 심리학: 흔들리는 20대	곽금주
2076	2010	Emotions in Literature	Francis K. H. So
2077	2010	한국의 언어 민속지: 전라남북도편 E	왕한석
2078	2010	법학평론 창간호	김재형
2079	2010	자유기업경제하에서의 한국사회의 통합	곽금주, 김대일, 이봉주 외 2인
2080	2010	팡세(전정판)	김형길
2081	2010	플랑크톤 생태학	심재형
2082	2010	문명화, 문화주의, 기업문화	김정희
2083	2010	중국연구방법론	정재호
2084	2010	Development and Education E	Bom Mo Chung
2085	2010	한국기업의 서비스 품질 평가제도 변천과정	라선아, 이유재
2086	2010	김일성사회주의청년동맹과 조선민주녀성 동맹	이온죽, 이인정
2087	2010	건강검진이 기다려지는 식사이야기 E	서울대학교병원 강남센터
2088	2010	나는 격류였다 E	고은
2089	2010	춤은 말한다: 기호의 세계와 춤의 언어들 E	김지원
2090	2010	범한대역 바가바드기타	길희성
2091	2010	네트워크 세계정치	하영선, 김상배
2092	2010	순응과 저항을 넘어서	신욱희
2093	2010	주시경의 언어이론과 표기법	송철의
2094	2010	유원총보역주 2 E	허성도, 김창환, 강성위
2095	2010	Decentralization and Development	Tobin Im
2096	2010	고은: 나의 삶, 나의 시 - 백 년이 담긴 오십 년	서울대학교 기초교육원, 고은
2097	2010	신영복: 여럿이 함께 숲으로 가는 길	서울대학교 기초교육원, 신영복
2098	2010	사회의 질 동향 2009	정진성
2099	2010	윤석철: 문학에서 경영을 배우다 E	서울대학교 기초교육원, 윤석철
2100	2010	이순재: 나는 왜 아직도 연기하는가	서울대학교 기초교육원, 이순재

NO	발행	도서명	저자/역자/편자명
2101	2010	현대 한국복지국가의 제도적 전환	안상훈
2102	2010	한국교육 60년: 접근과 성취	이종재, 김성열, 돈 애덤스
2103	2010	패션과 권력 E	박종성
2104	2010	헬스케어의류	최정화
2105	2010	인권으로 읽는 동아시아	정진성, 공석기, 구정우
2106	2010	정본완역 두보전집 제6권 E	김만원, 김성곤, 박홍준 외 4인
2107	2010	Sixty Years of Korean Education E	Chong Jae Lee 외 2인
2108	2010	붓다와 다윈이 만난다면 E	안성두, 우희종, 이한구 외 2인
2109	2010	노동법 제정과 전진한의 역할	이흥재
2110	2010	행정과정의 법적 통제	홍준형
2111	2011	원림, 경계 없는 자연	박희성
2112	2011	The Novels of Park Jiwon E	Emanuel Pastreich
2113	2011	SNULT 중국어(2011)	서울대학교 언어교육원
2114	2011	SNULT 일본어(2011)	서울대학교 언어교육원
2115	2011	SNULT 독일어(2011)	서울대학교 언어교육원
2116	2011	SNULT 영어(2011)	서울대학교 언어교육원
2117	2011	임상 기생충학 E	채종일
2118	2011	갑상선·부갑상선 외과학	윤여규
2119	2011	역주 증수무원록언해	송철의, 이현희, 장윤희, 황문환
2120	2011	판례소법전(2011)	박우동 외 7인
2121	2011	다음커뮤니케이션의 전략적 인사관리	김성수
2122	2011	수학학습-지도원리와 방법(제2개정판 수정판)	우정호
2123	2011	현대카드 현대캐피탈의 변화와 혁신	김성수
2124	2011	현대 가야금 기보법	이지영
2125	2011	고등학교 독일어권 문화 II	김정용
2126	2011	고등학교 독일어 회화 II	이광숙
2127	2011	고등학교 독일어 문법	권오현
2128	2011	고등학교 독일어 작문	성상환
2129	2011	한국정치의 분석과 이해(개정증보4판)	이정복
2130	2011	알기 쉬운 정치경제학(제3개정판)	김수행
2131	2011	더버빌 가의 테스(개정판)	김보원
2132	2011	나노기술의 이해	서갑양
2133	2011	수목생리학(3차수정판)	이경준
2134	2011	북미대립: 탈냉전 속의 냉전대립	장달중, 이정철, 임수호
2135	2011	정조와 정조시대	김인걸 외
2136	2011	자본론의 현대적 해석(제2개정판 수정판)	김수행
2137	2011	물 흐르고 꽃 피네	김명렬
2138	2011	군주론	박상섭

NO	발행	도서명	저자/역자/편자명
2139	2011	약물역학	대한약물역학위해관리학회
2140	2011	한국의 성씨와 족보	이수건
2141	2011	SNULT 스페인어(2011)	서울대학교 언어교육원
2142	2011	SNULT 프랑스어(2011)	서울대학교 언어교육원
2143	2011	SNULT 러시아어(2011)	서울대학교 언어교육원
2144	2011	시와 산문의 의미장	서우석
2145	2011	박완서: 문학의 뿌리를 말하다 E	서울대학교 기초교육원, 박완서
2146	2011	고려의 불교의례와 문화(개정판)	안지원
2147	2011	백낙청: 주체적 인문학을 위하여	서울대학교 기초교육원, 백낙청
2148	2011	Hallyu	Do Kyun Kim, Min-Sun Kim
2149	2011	의약용어사전	백우현
2150	2011	근현대 한국미술과 '동양' 개념	정형민
2151	2011	경관의 해석	황기원
2152	2011	Design Management, Management Design	Dong Sung Cho
2153	2011	발해 사회문화사 연구	송기호
2154	2011	The Observable Mundane E	Emanuel Pastreich
2155	2011	중세미술과 도상(수정판)	임영방
2156	2011	소설장르의 역동학	우한용
2157	2011	A Study of Mongol Khamnigan Spoken in Northeastern Mongolia	Yu Wonsoo
2158	2011	A Study of Dolgan	Li Yong-Sŏng
2159	2011	A Description of Najkhin Nanai	Ko Dongho, Yurn Gyudong
2160	2011	A Grammar of Ewen	Kim Juwon
2161	2011	소아당뇨병, 올바로 알고 관리하기	양세원
2162	2011	내 글살이의 뒤안길	천승걸
2163	2011	학문간 경계를 넘어 E	김세균
2164	2011	관광으로 읽는 홋카이도	조아라
2165	2011	한국회사의 탄생	전우용
2166	2011	직업대표제, 근대 중국의 민주 유산 E	유용태
2167	2011	젊은 히포크라테스를 위하여	정준기
2168	2011	자민당 정권과 전후 체제의 변용	박철희
2169	2011	중국의 부상과 한반도의 미래	정재호
2170	2011	녹색도시 만들기	양병이
2171	2011	빌라다르와 예술가들	오귀원
2172	2011	독도영유권에 대한 일본 주장 비판(개정증보판)	신용하
2173	2011	양돈과 영양	김유용, 장영달, 주원석
2174	2011	해석개론(제2개정판)	계승혁, 김도한, 김성기
2175	2011	문화인류학(개정판) E	김광억, 이문웅, 한상복

NO	발행	도서명	저자/역자/편자명
2176	2011	다플랫폼 다채널 시대의 통일 방송	윤석민, 배진아, 곽정래 외 2인
2177	2011	신은 어디에 있는가 E	신영호
2178	2011	친화력	오순희
2179	2011	Handaxes in the Imjin Basin E	Seonbok Yi
2180	2011	한국 중세 토지제도사: 고려	이경식
2181	2011	서양철학의 이해	이남인
2182	2011	유전성 망막질환	유형곤 외
2183	2011	Understanding of Stroke Mechanisms	Jae-Kyu Roh
2184	2011	유럽연합의 보건의료 지속가능성을 위한 정책과 평가	신기철
2185	2011	사회과학 명저 재발견 2 E	김세균
2186	2011	간호과정 실무지침: 간호진단과 계획(개정판)	서울대학교병원 간호본부
2187	2011	식민권력과 근대지식: 경성제국대학 연구	정근식, 정진성, 박명규 외 3인
2188	2011	Proceedings of the First Summit of Honor on Atoms for Peace and Environment	J. S. Huh, I. S. Hwang, P. E. Juhn 외 2인
2189	2011	유럽의 대학: 어디로 갈 것인가	윤희원
2190	2011	한국고대중세고문서연구(상)	노명호, 박영제, 박재우 외 5인
2191	2011	기초자료로 본 독일통일 20년	임홍배, 송태수, 정병기
2192	2011	공감적 상상력에서 생명의 시학으로	김영무
2193	2011	Managing and Developing Core Competences in a Learning Society E	Soonghee Han
2194	2011	안철수: 경영의 원칙	서울대학교 기초교육원, 안철수
2195	2011	유럽의 정체	이옥연, 요하네스 헬름라트 외 6인
2196	2011	암 올바로 알고 제대로 예방하기	유근영
2197	2011	한운성	정영목
2198	2011	한국 신경외과의 개척자 심보성	김옥주
2199	2011	토마스 만	안삼환
2200	2011	바다의 과학(개정판)	박용안
2201	2011	융합학문, 어디로 가고 있나?	김광웅
2202	2011	한국 기업과 사회의 경쟁력 E	김광억, 김병연, 이재열 외 2인
2203	2011	노래의 상상계	신범순
2204	2011	Korean Families: Continuity and Change	Korean Family Studies Association
2205	2011	탈북인의 공·사적 관계와 의사소통	이순형, 김창대, 진미정
2206	2011	북위황제 순행과 호한사회	최진열
2207	2012	북한의 『조선어학전서』 연구	권재일
2208	2012	도제식 교육으로 본 성악 레슨 E	김한미
2209	2012	미국의 지성, 통합을 말하다 E	이형대
2210	2012	Nonkilling Korea E	Glenn D. Paige, Chung-Si Ahn

NO	발행	도서명	저자/역자/편자명
2211	2012	항정신병 약물 장기지속형 주사제 사용의 이론과 실제(개정증보판)	김용식, 안용민, 정성훈
2212	2012	독도영유의 진실 이해 E	신용하
2213	2012	여러 나라 곤충의 자원화와 그 이용	남중희, 마영일
2214	2012	구한말의 서양정치학 수용연구(개정증보판)	김학준
2215	2012	모든 세대와 함께하는 고령화사회 E	최성재
2216	2012	숲의 생태적 관리	이돈구 외
2217	2012	법치주의와 민주주의 E	최대권
2218	2012	기업의 인재관리전략 E	김성수
2219	2012	양손잡이 조직 웅진 씽크빅의 혁신	김성수
2220	2012	판례소법전(2012)	박우동 외 7인
2221	2012	최신동물영양학	하종규, 한인규, 백인기 외
2222	2012	조선시대 도자기	김영원
2223	2012	세포부착물질과 구강점막질환, 그리고 구강암	김성민, 이종호, 김명진, 명훈
2224	2012	우리 시대의 신화 E	유요한
2225	2012	새로운 약은 어떻게 창조되나	심창구
2226	2012	판례로 보는 남북한관계	이효원
2227	2012	법, 셰익스피어를 입다 E	안경환
2228	2012	세계화의 역사적 조망(개정판)	양동휴
2229	2012	괴테 서·동 시집 E	전영애, 헨드릭 비루스
2230	2012	한국 전통사회의 유아교육	유안진
2231	2012	Happy Shoulder: 행복한 어깨를 위한 지침서	오주한
2232	2012	정본완역 소동파시집 1	류종목
2233	2012	정본완역 소동파시집 2	류종목
2234	2012	식탁에서 나누는 바이오이야기: 효소와 건강	양철학
2235	2012	강한 자에는 호랑이처럼 약한 자에는 비둘기처럼: 스코필드 박사 자료집 E	김승태, 유진, 이항
2236	2012	북한 경제에서의 시장과 정부	김병연, 양문수
2237	2012	The Crisis of Civilization and Asian Response	Ynhui Park
2238	2012	통일농업 성장보고서(1991-2009)	최정남, 김완배, 리금, 최장호
2239	2012	우리 활터 석호정	나영일
2240	2012	답을 주는 경제학(제2경제원론) E	박우희
2241	2012	근대적 자아의 이해: 홉스와 헤겔	김용찬
2242	2012	(이념논쟁의 극복을 위한) 경제발전의 철학적 기초	좌승희
2243	2012	자크 브렐	장승일
2244	2012	구운몽의 비밀 E	설성경
2245	2012	사회과학 명저 재발견 3 E	전재성 외 9인
2246	2012	오페라 보다가 앙코르 외쳐도 되나요? E	이장직

NO	발행	도서명	저자/역자/편자명
2247	2012	음악회 가려면 정장 입어야 하나요? E	이장직
2248	2012	소아 심초음파 E	최정연, 유정진, 권보상
2249	2012	생각의 힘 E	강석훈
2250	2012	마음과 철학 서양편 상 E	서울대학교 철학사상연구소
2251	2012	마음과 철학 서양편 하 E	서울대학교 철학사상연구소
2252	2012	문화의 정치와 지역사회의 권력구조	김광억
2253	2012	텃밭정원 도시미학 E	안명준
2254	2012	아프레게르와 손장순 문학	방민호
2255	2012	한국 중세토지제도사: 조선전기(증보판)	이경식
2256	2012	한국 고대의 금속공예(개정판)	이난영
2257	2012	안도라	김정용
2258	2012	지구온난화	김준호
2259	2012	언더독의 글쓰기	윤성호
2260	2012	인과 예: 다산의 『논어』 해석 E	금장태
2261	2012	의학 논문, 매력 있게 쓰자	홍성태
2262	2012	새로 쓴 응급처치(개정판)	서울대학교 의학교육연수원
2263	2012	남북한 교류협력 거버넌스의 구조와 동학	정근식, 정은미, 강동완
2264	2012	의약용어사전(개정판)	백우현
2265	2012	근대한국 국제정치관 자료집 제1권 E	장인성, 김현철, 김종학
2266	2012	한국 근대 연극 비평사 연구	양승국
2267	2012	양심 E	진교훈 외
2268	2012	다이제스트 치의학 연구윤리	진보형
2269	2012	정본완역 두보전집 제5권	김만원, 김성곤, 박홍준 외 4인
2270	2012	우리나라의 기업공시제도(개정판)	윤계섭, 허희영
2271	2012	언어학과 통계모델(제2판)	신효필
2272	2012	플루타르코스의 모랄리아: 교육윤리편	허승일
2273	2012	한국의 장기통계: 국민계정 1911-2010	김낙년
2274	2012	음악과 천재	오희숙
2275	2012	오다·도요토미 정권의 사사지배와 천황	박수철
2276	2012	한국 근대도면의 원점	전봉희, 이규철, 서영희
2277	2012	약물역학(제2판)	대한약물역학위해관리학회
2278	2012	신경학(제4판)	서울대학교 의과대학
2279	2012	기초 포르투갈어	임은숙
2280	2012	사불휴(死不休): 두보의 삶과 문학	이영주 외
2281	2012	중국의 법원개혁	조영남
2282	2012	New Initiatives on International Cooperation in Criminal Justice E	Joon Gyu Kim, Cheol-Kyu Hwang
2283	2012	완역 설도시집	류창교

NO	발행	도서명	저자/역자/편자명
2284	2012	한국의 노숙인: 그 삶을 이해한다는 것 E	구인회, 정근식, 신명호
2285	2012	한국의 언어 민속지: 경상남북도 편 E	왕한석
2286	2012	Culture and Politics	Seongmin Hong
2287	2012	중국의 법률 보급 운동	조영남
2288	2012	국부의 조건 E	김태유, 장문석
2289	2012	동북아 문화 공동체론	이광규
2290	2012	진화 고생물학	양승영
2291	2012	인도의 종교와 종교문화 E	류경희
2292	2012	조장희: 과학자 조장희의 불꽃 같은 삶 E	서울대학교 기초교육원, 조장희
2293	2012	서울대학교학술림 식물도감(상)	서울대학교 학술림
2294	2012	서울대학교학술림 식물도감(하)	서울대학교 학술림
2295	2012	한국의 국제정치학도, 일본 근대화를 만나다	서울대학교 정치외교학부 외교학전공
2296	2012	신경외과 중환자 관리(개정판)	정천기, 김용휘
2297	2012	독일 통일과 여성 E	한정숙, 홍찬숙, 이재원
2298	2012	대학(개정3판) E	김학주
2299	2012	한국의 자연지리(개정판) E	김종욱, 이민부, 공우석, 김태호 외
2300	2012	한국 문학잡지사상사	조남현
2301	2012	개정판 잃어버린 환상	이철
2302	2012	두만강 하구 녹둔도 연구	이기석, 이옥희, 최한성 외 2인
2303	2012	Entre littérature et philosophie	Myong-Hwan Jung
2304	2012	연주가와 작곡가를 위한 현대가야금기보법(2판) E	이지영
2305	2013	중학교 생활독일어	권오현
2306	2013	중학교 생활독일어(지도서)	권오현
2307	2013	한국 조선산업의 성공요인 E	이경묵, 박승엽
2308	2013	반추동물영양생리학(개정판)	김창현, 문양수, 백명기 외 8인
2309	2013	대림의 조직문화와 인사시스템 E	김성수
2310	2013	KT의 인사시스템과 기업문화 E	김성수
2311	2013	공삼 민병태 교수의 정치학 E	김학준
2312	2013	Herzlich Willkommen! Deutsch für Anfänger	서울대학교 독어독문학과, 교양독일어교재 편찬위원회
2313	2013	서울법대시대: 내가 본 서울대 반세기	최종고
2314	2013	젊은 예술가의 초상(개정판)	나영균
2315	2013	미학개론	김문환
2316	2013	클로자핀 임상사용의 실제(2판)	김용식, 신영민, 안용민, 정성훈
2317	2013	한국 정신보건서비스의 전개과정 E	강상경
2318	2013	북한사회와 굴절된 근대: 인구, 국가, 주민의 삶	박경숙
2319	2013	Natural Derivational Phonology E	Byung-Gun Lee

NO	발행	도서명	저자/역자/편자명
2320	2013	의료관리	신영수, 김용익 외
2321	2013	시선에 갇힀 진실: 조선을 찾은 서양의 세 여인 E	정영목
2322	2013	맹자 E	김학주
2323	2013	세계문학공간의 조이스와 한국문학	오길영
2324	2013	개인건강기록 E	김정은
2325	2013	사회과학 명저 재발견 4 E	윤영관
2326	2013	분류의 원시적 형태들	김현자
2327	2013	시간성의 시학	장경렬
2328	2013	Overcoming Financial Crises E	In June Kim, Yeongseop Rhee
2329	2013	미국·프랑스·영국 교육제도 E	정일용
2330	2013	초급 프랑스어	서울대학교 프랑스어 교재편찬위원회
2331	2013	의학연구방법론	안윤옥, 신영수
2332	2013	스페인어 중급 회화	끌라우디아 마시아스, 윤봉서
2333	2013	월경의 아방가르드 E	최호영, 나카지마 켄지
2334	2013	이제는 한 걸음 물러서서 E	이상옥
2335	2013	국가의 추격, 추월, 추락 E	이근 외
2336	2013	초급 스페인어 1	신자영, 이만기, 김은경, 라이몬 블랑카포르트
2337	2013	초급 스페인어 2	
2338	2013	중급 스페인어	끌라우디아 마시아스 외 3인
2339	2013	다문화 교육의 이해 E	권오현
2340	2013	스페인 문화 순례	김창민
2341	2013	금융공학 II E	최병선
2342	2013	유방암 E	노동영
2343	2013	간암 E	서경석
2344	2013	운동발달의 이해(제2개정판)	김선진
2345	2013	췌장암 E	김선회
2346	2013	사회과학연구방법	차배근, 차경욱
2347	2013	농업교육학개론(제2개정판)	정철영 외 6인
2348	2013	에로스와 죽음: 실재의 정신시학	박찬부
2349	2013	내러티브	윤혜준
2350	2013	한국어 명사구의 의미론 E	전영철
2351	2013	Bridging the Technology Gap E	Youngsoo Bae, Buhm Soon Park
2352	2013	괴테 서·동 시집(제2판)	전영애, 헨드릭 비루스
2353	2013	위암 E	양한광
2354	2013	기관지 천식의 체계적 이해 E	고영률
2355	2013	요통과 디스크	정선근
2356	2013	심장	구본권
2357	2013	interRAI 장기요양시설 평가도구 및 매뉴얼	김홍수

NO	발행	도서명	저자/역자/편자명
2358	2013	interRAI 홈케어 평가도구 및 매뉴얼	김홍수
2359	2013	마음과 철학 불교편 E	서울대학교 철학사상연구소
2360	2013	마음과 철학 유학편 E	서울대학교 철학사상연구소
2361	2013	일기: 흰 구름 길게 드리운 나라에서 E	최권행
2362	2013	완역 어현기 시집	류창교
2363	2013	사회복지학(제3개정판)	오정수, 이혜경, 장인협
2364	2013	크리스토퍼 콜럼버스, 종말론적 신비주의자 E	주경철
2365	2013	막힌 길 돌아서 가기 E	한신갑
2366	2013	금융백서: 한국 금융의 변화와 전망 E	김상조, 김영식, 박창균 외 2인
2367	2013	넘다, 보다, 듣다, 읽다 E	조영복
2368	2013	근대한국외교문서 제6권: 임오군란 I E	근대한국외교문서 편찬위원회
2369	2013	근대한국외교문서 제7권: 임오군란 II E	근대한국외교문서 편찬위원회
2370	2013	스페인어 고급 회화	끌라우디아 마시아스, 윤봉서
2371	2013	천식과 알레르기 비염 E	조상헌
2372	2013	국제환경의 변화와 한국의 미래 E	백창재, 신욱희, 유근배 외 2인
2373	2013	게임이론으로 푸는 한국의 민주주의 E	김희민
2374	2013	An Asia Internet History: Fist Decade (1980-1990) E	Kilnam Chon
2375	2013	서양문학에 나타난 죽음	황훈성
2376	2013	직장여성의 삶과 건강 E	윤순녕
2377	2013	음운론의 원리 E	한문희
2378	2013	생태서식처로서의 한국 서해안의 해안사구	유근배, 신영호, 김대현, 김성환
2379	2013	타인에게로: 이타 행동의 진화와 심리학	설선혜, 김민우
2380	2013	베트남의 체제전환과 법	권오승
2381	2013	예술과 지식	오종환
2382	2013	한국 고대 대외교역의 형성과 전개 E	김창석
2383	2013	범죄소설	나영균, 전수용
2384	2014	전략적 농촌지도론	김진모, 주대진
2385	2014	The Korean State, Public Administration, and Development E	Yong-Duck Jung
2386	2014	Contemporary Music in East Asia E	Hee Sook Oh
2387	2014	예이츠 서정시 전집 1: 아일랜드 E	김상무
2388	2014	예이츠 서정시 전집 2: 사랑 E	김상무
2389	2014	예이츠 서정시 전집 3: 상상력 E	김상무
2390	2014	국제투자중재와 공공정책 E	신희택, 김세진
2391	2014	신영훈: 한국의 살림집 한옥	서울대학교 기초교육원, 신영훈
2392	2014	Global Challenges in Asia E	Hyun-Chin Lim 외 2인
2393	2014	북한이탈청소년과 남한청소년의 도덕성, 법의식, 권위 인식	이순형, 김창대, 진미정

NO	발행	도서명	저자/역자/편자명
2394	2014	사진으로 보는 암 예방	유근영
2395	2014	경제원리, 물처럼 흐른다 [E]	박우희
2396	2014	신은 어디에 있는가	신영호
2397	2014	세계현대사 [E]	오인석
2398	2014	도전과 변화의 한미정치: 과정과 이슈 [E]	이재묵, 서정건, 유성진 외 2인
2399	2014	도시와 장소 기억 [E]	한지은
2400	2014	일본 민주당 정권의 성공과 실패 [E]	박철희
2401	2014	미국과 유럽연합(EU)의 관계	안병억
2402	2014	개인의식의 성장과 중국소설 [E]	최형섭
2403	2014	이슈를 통해 본 미국정치 [E]	서현진, 이소영, 김준석 외 5인
2404	2014	개화기의 외국어교육 [E]	이광숙
2405	2014	두보 배율 연구 [E]	강민호
2406	2014	Menschen Leben Wege	Hee Hyun, Harald Gärber 외
2407	2014	일제의 한국 식민지화와 문명화(1904-1919) [E]	권태억
2408	2014	한반도 형성사 [E]	최덕근
2409	2014	대학이 희망이다 [E]	오연천
2410	2014	격동기에 겪은 사상들 [E]	정범모
2411	2014	식민권력과 한국 농업	정연태
2412	2014	존재와 예술 [E]	염재철
2413	2014	치체로네 [E]	박지형
2414	2014	Fundamentals of Fluid Dynamics with an Introduction to Vector Calculus and Curvilinear Coordinate System [E]	Kwang-Yul Kim
2415	2014	구강악안면재건을 위한 미세혈관피판	김성민, 명훈, 이종호
2416	2014	바이오 열역학	정종훈, 조성인, 송대빈, 이중용
2417	2014	현대 영어교육학 연구의 지평 [E]	권오량
2418	2014	사회약료와 보건의료체계 [E]	한병현
2419	2014	미-중 관계 연구론	정재호
2420	2014	영어교육의 인문적 전망 [E]	김길중 외
2421	2014	신경학(제5판)	서울대학교 의과대학
2422	2014	중급 프랑스어	서울대학교 프랑스어 교재편찬위원회
2423	2014	유럽의 발흥: 비교경제사 연구 [E]	양동휴
2424	2014	신민설	이혜경
2425	2014	성호와 성호학파	금장태
2426	2014	한국의 지속가능한 발전전략과 정책 대안 [E]	조흥식, 유홍림, 이지순 외 2인
2427	2014	커뮤니케이션: 인간, 동물, 인공지능 [E]	최윤영, 장병탁
2428	2014	The Social and Psychological Acculturation of North Korean Refugees [E]	Soon-Hyung Yi 외 3인

NO	발행	도서명	저자/역자/편자명
2429	2014	파리의 풍경 1 E	이영림 외
2430	2014	파리의 풍경 2 E	이영림 외
2431	2014	파리의 풍경 3 E	이영림 외
2432	2014	파리의 풍경 4 E	이영림 외
2433	2014	파리의 풍경 5 E	이영림 외
2434	2014	파리의 풍경 6 E	이영림 외
2435	2014	남북 언어의 어휘 단일화 E	권재일
2436	2014	A Quest for East Asian Sociologies E	Seung Kuk Kim 외
2437	2014	중국 한시: 한대부터 청대까지 E	송용준
2438	2014	겐지 모노가타리 1 E	이미숙
2439	2014	조선실학의 경전이해 E	금장태
2440	2014	우리역사읽기 4: 농사짓고 장사하고 E	송기호
2441	2014	우리역사읽기 5: 과거보고 벼슬하고 E	송기호
2442	2014	우리역사읽기 6: 임금되고 신하되고 E	송기호
2443	2014	우리 그림, 그려볼까요?	신하순
2444	2014	헤겔 미학 개요 E	박배형
2445	2014	임상윤리학(제3판)	서울대학교 의과대학 인문의학교실
2446	2014	1880년대 조선-청 국경회담 관련 자료 선역 E	김형종
2447	2014	사랑	주경철, 정재승, 박지현
2448	2014	생명	장대익, 우희종, 김형숙
2449	2014	생태비평	강규한
2450	2014	노숙 문제의 현실과 대응 E	구인회, 정근식
2451	2014	창구객일연구 E	이병갑
2452	2014	한약재 편람 E	한약재평가기술과학화 연구사업단
2453	2014	한국형 시장경제체제 E	이영훈
2454	2014	동아시아의 농지개혁과 토지혁명 E	유용태
2455	2014	한국계급문학운동연구 E	권영민
2456	2014	미국신문발달사	차배근
2457	2014	학제적 학문 연구	장경렬
2458	2014	서양건축문화의 이해(개정판) E	윤장섭
2459	2014	문명 속의 불만	성해영
2460	2014	독일전설 1 E	임한순, 홍진호, 윤순식
2461	2014	독일전설 2 E	임한순, 홍진호, 윤순식
2462	2014	근대한국 국제정치관 자료집 제2권 E	장인성, 김태진, 이경미
2463	2015	스무 개의 연필로 그린 생명이야기	권영걸
2464	2015	녹내장 E	박기호
2465	2015	한국 서지학의 선편 E	한재영, 이현희, 가와사키 케이고
2466	2015	예술기호론	황유경

NO	발행	도서명	저자/역자/편자명
2467	2015	유원총보역주 4 E	이영주, 허성도, 김창환
2468	2015	An Asia Internet History: Second Decade (1991-2000) E	Kilnam Chon
2469	2015	보건학개론(개정판)	백도명, 이승욱, 조병희
2470	2015	형벌을 그리다 E	박종성
2471	2015	글쓰기의 기초	서울대학교 글쓰기의기초 편찬위원회
2472	2015	집중일본어	서울대학교 아시아언어문명학부 일본언어문명전공
2473	2015	의학논문 작성 10계	홍성태
2474	2015	농산업법 E	이정재
2475	2015	역사용어사전 E	서울대학교 역사연구소
2476	2015	이즈미 세이이치와 군속인류학 E	전경수
2477	2015	한국건설의 가치를 말하다 E	이복남
2478	2015	(컴퓨터보조 항법시스템을 이용한) 악교정 및 임플란트 수술	김명진, 김성민
2479	2015	공간, 장소, 젠더	정현주
2480	2015	The Life and Rituals of the Nanai People E	Kim Juwon 외
2481	2015	쫓겨난 신선 이백의 눈물 E	임도현
2482	2015	선형대수와 군(개정판)	이인석
2483	2015	괴테 서·동 시집(제3판) E	전영애, 헨드릭 비루스
2484	2015	괴테 서·동 시집 연구(제3판)	전영애, 헨드릭 비루스
2485	2015	근대한국외교문서 제8권: 갑신정변 I E	근대한국외교문서 편찬위원회
2486	2015	근대한국외교문서 제9권: 갑신정변 II E	근대한국외교문서 편찬위원회
2487	2015	근대한국외교문서 제10권: 갑신정변 III E	근대한국외교문서 편찬위원회
2488	2015	근대한국외교문서 제11권: 갑신정변 IV E	근대한국외교문서 편찬위원회
2489	2015	에다: 북유럽 신화(개정판)	임한순, 최윤영, 김길웅
2490	2015	글로벌 사회와 종교 E	김성건
2491	2015	CERAD-K(제2판) E	서울대학교 의과대학 우종인·이동영 외
2492	2015	CERAD-K(신경심리평가집)(제2판) E	
2493	2015	CERAD-K(임상평가집)(제2판) E	
2494	2015	주체·언어·총체성 E	신광현
2495	2015	우울증 E	안용민
2496	2015	경영사 E	김종현
2497	2015	당뇨병	박경수
2498	2015	목재사전	정희석
2499	2015	과학학습 개념변화 E	이선경
2500	2015	전립선암 E	김현회, 곽철, 정창욱
2501	2015	테미스 2 E	박문서, 신동숙

NO	발행	도서명	저자/역자/편자명
2502	2015	남북한 젊은 세대의 통일관 E	강원택, 이재철, 조진만 외 2인
2503	2015	2차전지 E	선우 준
2504	2015	수목의학	이경준
2505	2015	우리역사읽기 1: 이 땅에 태어나서(개정판)	송기호
2506	2015	우리역사읽기 2: 시집가고 장가가고(개정판)	송기호
2507	2015	우리역사읽기 3: 말 타고 종 부리고(개정판)	송기호
2508	2015	오차분석입문	김재관
2509	2015	법의 도덕성	
2510	2015	대항해시대의 국가지도자 이순신 E	김병섭
2511	2015	한국의 건강 불평등 E	김창엽, 김명희, 이태진, 손정인
2512	2015	우리 복지국가의 역사적 변화와 전망	김병섭, 강인철, 김수현 외 11인
2513	2015	풀어쓴 대학 한문(개정판)	이강재, 강민호
2514	2015	통섭을 넘어서 E	이남인
2515	2015	한국어 사건과 시간 표현 E	신효필, 유현조
2516	2015	북한이탈주민의 종교경험	이순형, 최연실, 진미정
2517	2015	한국어 화자를 위한 초급 러시아어	송은지, 정하경
2518	2015	두보 고체시 명편 E	이영주, 이남종, 이석형 외 6인
2519	2015	사회조사 자료의 질	한신갑
2520	2015	대학에서의 효과적인 교수법 가이드(개정판) E	나승일
2521	2015	알타이학의 어제와 오늘	김주원
2522	2015	interRAI 임상평가지침서	김홍수
2523	2015	독일, 민족 그리고 신화 E	최윤영, 이재원, 황승환, 권혁준
2524	2015	중용(제3개정판) E	김학주
2525	2015	한국어의 발상 영어의 발상(개정판) E	문용
2526	2015	사도세자의 죽음과 그 후의 기억	김용흠, 원재린, 김정신 외 2인
2527	2015	소동파 문학의 현장 속으로 1	류종목
2528	2015	소동파 문학의 현장 속으로 2	류종목
2529	2015	I Love Korean 5 SB E	서울대학교 언어교육원
2530	2015	I Love Korean 5 WB E	서울대학교 언어교육원
2531	2015	간염	김윤준
2532	2015	손와만록	이대형, 이미라, 박상석
2533	2015	골다공증	신찬수
2534	2015	일본 국가기구의 변화와 연속성 E	엄석진
2535	2015	여성 북한이탈주민의 경제적 적응 E	정진화, 손상희
2536	2015	북한주민의 질병관과 질병행태	김석주, 이왕재, 박상민 외 2인
2537	2015	서양 근대 건축	윤장섭
2538	2015	중국의 대북 무역과 투자 E	김병연, 정승호
2539	2015	개인화: 해방과 위험의 양면성 E	홍찬숙

NO	발행	도서명	저자/역자/편자명
2540	2016	갑상선암	이규언, 김수진
2541	2016	미적분학 1+(제2개정판)	김홍종
2542	2016	미적분학 2+(제2개정판)	김홍종
2543	2016	인도 힌두신화와 문화 E	류경희
2544	2016	북한의 체육과 여가	나영일, 현주, 안지호 외 3인
2545	2016	이것은 글쓰기가 아니다 E	조영복
2546	2016	글로벌 패러독스: 아시아의 도전과 과제 E	임현진, 서문기, 윤상우
2547	2016	I Love Korean 6 SB E	서울대학교 언어교육원
2548	2016	I Love Korean 6 WB E	서울대학교 언어교육원
2549	2016	평화적 세력전이의 국제정치 E	정재호
2550	2016	북한의 수학 연구 현황 분석	김도한, 신정선
2551	2016	한국의 언어 민속지: 충청남북도 편 E	왕한석
2552	2016	문학이론 입문: 해석학에서 문화과학으로	박배형, 신혜정, 안성찬
2553	2016	독일 근현대 주거건축 E	전남일
2554	2016	포스트모던 시대의 한국 전통과 퍼포먼스 E	이미원
2555	2016	북한, 조선으로 다시 읽다	김병로
2556	2016	통계적 기계 학습 E	노영균, 김은솔, 남현하
2557	2016	아시아, 이주의 중심을 가다: 베트남 편	오명석
2558	2016	동아시아 역사분쟁 E	안청시, 최종호
2559	2016	아시아의 부상, 문명의 전환인가	임현진
2560	2016	베이징 스모겟돈	김성일
2561	2016	Health Politics in Korea E	Soon-Yang Kim
2562	2016	'기지국가'의 탄생: 일본이 치른 한국전쟁 E	남기정
2563	2016	한국전쟁 사진의 역사사회학 E	정근식, 강성현
2564	2016	유원총보역주 5 E	이영주, 김창환, 이남종
2565	2016	우리역사읽기 7: 강 넘고 바다 건너	송기호
2566	2016	민족의 통일과 다문화사회의 갈등	최윤영
2567	2016	《금오헌록》 역주 E	김영석
2568	2016	조선시대 소설의 생산과 유통 E	정병설
2569	2016	영어음운론	이재영
2570	2016	아시아의 혁신·창조활동과 세계경제질서	박지형, 안덕근, 이석배, 이지홍
2571	2016	일본의 집단적 자위권 도입과 한반도 E	박철희
2572	2016	정본완역 소동파시집 3	류종목
2573	2016	충역의 시비를 정하다: 『정변록』 역주 E	김용흠, 원재린, 김정신, 정두영
2574	2016	베토벤 32 피아노소나타(1)	최희연, 김진선, 전지훈 외
2575	2016	암에 대해 알아야 할 모든 것	서울대학교암병원
2576	2016	서울대 컬러링북	서울대학교출판문화원
2577	2016	현대 일본의 분권개혁과 민관협동 E	이정환

NO	발행	도서명	저자/역자/편자명
2578	2016	한국의 도시 지역공동체는 어떻게 형성되는가 E	황익주, 정규호, 신명호 외 2인
2579	2016	이효석 전집 1 E	이효석문학재단
2580	2016	이효석 전집 2 E	이효석문학재단
2581	2016	이효석 전집 3 E	이효석문학재단
2582	2016	이효석 전집 4 E	이효석문학재단
2583	2016	이효석 전집 5 E	이효석문학재단
2584	2016	이효석 전집 6 E	이효석문학재단
2585	2016	고구려 생활문화사 연구 E	전호태
2586	2016	장가르 2 E	유원수
2587	2016	The Road to the TOP Secondary Batteries E	Jun Sonu
2588	2016	나는 뭐란 말인가: 『가게로 일기』의 세계 E	이미숙
2589	2016	마음과 시간: 불교 견성론의 현상학적 해명 E	정은해
2590	2016	중세 아랍시로 본 이슬람 진영의 대(對)십자군 전쟁 E	김능우
2591	2016	한국 근대문학의 러시아 문학 수용 E	권영민, 박종소, 오원교, 이지연
2592	2016	정본완역 두보전집 제7권 E	김만원, 김성곤, 김준연 외 5인
2593	2016	불통의 아이콘 서울대생들이 소통을 한다?	윤석민, 한수연
2594	2016	그리스 문학의 신화적 상상력 E	김헌
2595	2016	춘향전: 남원고사 E	설성경
2596	2016	일본군 성노예제(개정판) E	정진성
2597	2016	독일적 특성과 예술에 대하여 E	안성찬
2598	2016	1905년 러시아혁명과 동아시아 3국의 반응 E	이혜경, 고영란, 김수연 외 7인
2599	2016	중국 근대 미디어와 소설의 시대 E	김수연
2600	2017	정당의 생명력: 영국 보수당 E	박지향
2601	2017	Cyclostationary EOF Analysis	Kwang-Yul Kim
2602	2017	한국민족의 기원과 형성 연구 E	신용하
2603	2017	크리스티안 볼프 E	안성찬
2604	2017	민주사회와 시민을 위한 역사교육	김한종
2605	2017	역사 인식의 논리와 역사교육 E	송상헌
2606	2017	결혼이민여성과 다문화가족의 생활문화	서울대학교생활과학연구소 다문화생활교육센터
2607	2017	고려시기 지방제도 연구 E	박종진
2608	2017	통일 의료: 남북한 보건의료 협력과 통합 E	신희영, 이혜원, 안경수 외 4인
2609	2017	겐지 모노가타리 2 E	이미숙
2610	2017	인구학 방법: 인구동태의 측정과 모형 E	박경숙
2611	2017	이란 도시 젊은이, 그들만의 세상 만들기 E	구기연
2612	2017	헤겔과 시민사회 E	박배형
2613	2017	재난과 살다 E	이강원
2614	2017	읽기: 서울대 학문 목적 한국어+ E	서울대학교 언어교육원

NO	발행	도서명	저자/역자/편자명
2615	2017	쓰기: 서울대 학문 목적 한국어+ E	서울대학교 언어교육원
2616	2017	강유전체: 물성과 응용(개정판)	권숙일, 김종진, 장민수 외 2인
2617	2017	수운 최제우의 종교 체험과 신비주의	성해영
2618	2017	덕의 귀환(서양편) E	송유레
2619	2017	덕의 귀환(동양편) E	이혜경
2620	2017	공원휴양학 E	김성일
2621	2017	의료, 아시아의 근대성을 읽는 창 E	이현정, 김태우
2622	2017	고용노동정책의 역사적 변화와 전망 E	금현섭
2623	2017	삼각관계의 국제정치: 중국, 일본과 한반도	신욱희
2624	2017	교점역해(校點譯解) 정원고사(政院故事) E	김태웅, 이강욱 외
2625	2017	Beyond Risk Society E	Sang-Jin Han
2626	2017	정보의 역할을 고려한 거시경제모형 E	윤택
2627	2017	The Possibility of Peace in the Korean Peninsula E	Hyug Baeg Im
2628	2017	황종희가 꿈꾸는 도덕정치 E	이혜경
2629	2017	돌봄의 철학과 미학적 실천 E	공병혜
2630	2017	아동 청소년 문학과 상호문화교육	김정용
2631	2017	교육정책의 역사적 변동과 전망 E	김신복
2632	2017	한국정치의 분석과 이해(개정증보5판) E	이정복
2633	2017	한국커뮤니케이션학사 E	차배근
2634	2017	조선후기 공론정치의 새로운 전개 E	김인걸
2635	2017	한국 사회와 종교학 E	서울대학교 종교문제연구소
2636	2017	인공물의 진화 E	이정동, 장대익, 김홍기 외 6인
2637	2017	우리 집에 멍이가 들어왔어요 E	신남식, 김선아
2638	2017	동아시아사를 보는 눈 E	유용태
2639	2017	패권의 비밀 E	김태유
2640	2017	의료관리(개정판)	신영수, 김용익
2641	2017	아비뇽의 여인들 또는 폭력의 두 얼굴	정항균
2642	2017	조선시대어 형태 사전 E	이상억, 서승완
2643	2017	논어(개정4판) E	김학주
2644	2017	문명과 전쟁	박배형
2645	2017	커뮤니케이션학이란 무엇인가 E	차배근
2646	2017	동서양의 접점: 이스탄불과 아나톨리아 E	고일홍, 곽문석, 김기영 외 12인
2647	2017	The Jesuits, Images, and Devotional Practices E	Junhyoung Michael Shin
2648	2017	대학(개정4판) E	김학주
2649	2017	학교수학의 교육적 기초-상(개정판)	우정호
2650	2017	학교수학의 교육적 기초-중(개정판)	우정호
2651	2017	학교수학의 교육적 기초-하(개정판)	우정호
2652	2017	국가와 좋은 행정 E	임도빈

NO	발행	도서명	저자/역자/편자명
2653	2017	동아시아 국제사회와 동아시아 상상 E	장인성
2654	2017	소통으로 만드는 역사교육	강선주
2655	2017	감사정책의 역사적 변동과 전망 E	문호승, 심호, 임보영, 신민철
2656	2017	정본완역 두보전집 제8권 E	강민호, 김성곤, 김준연 외 5인
2657	2017	노화의 심리학 E	이동영, 서은현, 우종인
2658	2017	메세나와 상상력	나주리, 손수연, 신정환 외 2인
2659	2017	몸으로 세계를 보다	김성수, 신규환
2660	2017	그리스 지도자들에게 고함 E	김헌
2661	2017	멍이가 임신을 했어요	장구
2662	2017	식민지 지식인의 근대 초극론	홍종욱
2663	2018	수목의학(1차 수정판)	이경준
2664	2018	1880년대 조선·청 공동감계와 국경회담의 연구	김형종
2665	2018	말하기: 서울대 학문 목적 한국어+ E	서울대학교 언어교육원
2666	2018	스페인어권 명작의 이해	서울대학교 라틴아메리카연구소
2667	2018	포스트모던 시대의 정신	신정현
2668	2018	장가르 3 E	유원수
2669	2018	NEW TEPS	서울대학교 TEPS관리위원회
2670	2018	우리 집에 냥이가 들어왔어요 E	신남식, 신윤주
2671	2018	탈사회주의 체제전환과 발트3국의 길	정근식, 김병로, 김성철 외 5인
2672	2018	멍이 배가 왜 아플까요? E	한호재
2673	2018	천체물리학: 복사와 기체역학	구본철, 김웅태
2674	2018	레온 바티스타 알베르티의 『건축론』(1·2·3권) E	서정일
2675	2018	한국 복지자본주의의 역사 E	김도균
2676	2018	근대한국외교문서 제12권: 거문도 사건 I	근대한국외교문서 편찬위원회
2677	2018	근대한국외교문서 제13권: 거문도 사건 II	근대한국외교문서 편찬위원회
2678	2018	Dynamics of a Rice Cultivating Village in Korea, 1977-2015	Joo-hee Kim
2679	2018	선사시대 사회들의 과거 인식	고일홍
2680	2018	제국, 문명의 거울	김능우, 김수연, 김헌 외 9인
2681	2018	매체이론의 지형도 I	안성찬, 박배형, 윤미애, 황승환
2682	2018	라틴아메리카의 신화, 전설, 민담	서울대학교 라틴아메리카연구소
2683	2018	마음의 새로운 과학	장병탁 외 7인
2684	2018	네트워크로 바라본 아시아	박경숙, 손정렬, 김상배, 권규상
2685	2018	대학연의(상)	김병섭 외
2686	2018	대학연의(중)	김병섭 외
2687	2018	대학연의(하)	김병섭 외
2688	2018	한국어의 재구조화 1	임홍빈
2689	2018	한국어의 재구조화 2	임홍빈

NO	발행	도서명	저자/역자/편자명
2690	2018	근대전환기 토지정책과 토지조사	이영호
2691	2018	Mobile Asia	Joonkoo Lee, Hyun-Chin Lim
2692	2018	죽음과 내셔널리즘 E	이영진
2693	2018	Capitalism and Capitalisms in Asia	임현진
2694	2018	재일동포 E	정진성
2695	2018	일본 내셔널리즘의 사상사	조관자
2696	2018	황국의 발견: 일본 국학의 자국 표상 담론	배관문
2697	2018	역사교육 목적의 인식과 실제 E	백은진
2698	2018	성찰(省察)의 서(書) E	김능우
2699	2018	재현 분열 시대의 건축	서정일
2700	2018	중국문학 50년(1872-1922)	김수연
2701	2018	동아시아 발전국가모델의 재구성	임혜란
2702	2018	학교수학의 역사-발생적 접근	우정호
2703	2018	두보 근체시 명편	이영주, 이남종, 이석형 외 6인
2704	2018	아베 시대 일본의 국가전략	박철희
2705	2018	SNULT 중국어 vol. 2	서울대학교 언어교육원
2706	2018	SNULT 일본어 vol. 2	서울대학교 언어교육원
2707	2018	대항적 공존	김태균
2708	2018	교황 칼릭스투스의『산티아고 순례 안내서』	박용진
2709	2018	스탠퍼드가 하버드에 간 이유	김화진
2710	2018	한국 가족과 친속의 인류학 E	정향진
2711	2018	공손룡자	염정삼
2712	2018	한국행정법의 쟁점	홍준형
2713	2018	해운항만정책의 역사적 변동과 전망	이재균, 주성호, 강범구 외 2인
2714	2019	미학이 재현을 논하다	오종환 외
2715	2019	전기경련치료 이론과 실제	김용식, 정인원, 강웅구 외 2인
2716	2019	화성이론과 분석	서정은
2717	2019	사랑해요 한국어: I Love Korean 1 SB E	서울대학교 언어교육원
2718	2019	사랑해요 한국어: I Love Korean 1 WB E	서울대학교 언어교육원
2719	2019	사랑해요 한국어: I Love Korean 2 SB E	서울대학교 언어교육원
2720	2019	사랑해요 한국어: I Love Korean 2 WB E	서울대학교 언어교육원
2721	2019	사랑해요 한국어: I Love Korean 3 SB E	서울대학교 언어교육원
2722	2019	사랑해요 한국어: I Love Korean 3 WB E	서울대학교 언어교육원
2723	2019	사랑해요 한국어: I Love Korean 4 SB E	서울대학교 언어교육원
2724	2019	사랑해요 한국어: I Love Korean 4 WB E	서울대학교 언어교육원
2725	2019	화가 김병기, 현대회화의 달인	정영목
2726	2019	지각의 기술	오성주
2727	2019	호류와 한중 두 나라의 전통 연희	안상복

NO	발행	도서명	저자/역자/편자명
2728	2019	바로 쓰는 파이썬(기초편) E	박진수
2729	2019	듣기: 서울대 학문 목적 한국어+ E	서울대학교 언어교육원
2730	2019	대학글쓰기 1	서울대학교 대학글쓰기 1 교재편찬위원회
2731	2019	경제 원리의 두 길	박우희
2732	2019	만문노당 태조 1	김주원
2733	2019	만문노당 태조 2	김주원
2734	2019	중국역사연구법	유용태
2735	2019	이야기가 있는 나무백과 1 E	임경빈
2736	2019	이야기가 있는 나무백과 2 E	임경빈
2737	2019	이야기가 있는 나무백과 3 E	임경빈
2738	2019	서브컬처로 읽는 일본현대미술	정신영
2739	2019	유가 전통에서의 자연세계와 과학	김영식
2740	2019	SNULT 러시아어 vol.2	서울대학교 언어교육원
2741	2019	통일 연구자의 눈에 비친 사회주의 베트남의 역사와 정치	채수홍, 김병로, 김성철 외 7인
2742	2019	국제투자중재와 공공정책 II	신희택, 임아영, 정교화
2743	2019	글로벌 냉전과 동아시아	신욱희, 권헌익
2744	2019	증상별 치과진료	백승호 외
2745	2019	평등, 차이, 정의를 그리다	양현아
2746	2019	바리공주/바리데기	이경하
2747	2019	중국 중세도성 제1권	박한제
2748	2019	중국 중세도성 제2권	박한제
2749	2019	문학작품 감상문 및 보고서 쓰기	홍진호
2750	2019	서론과 결론 쓰기 노하우	조은주
2751	2019	정치사상사 속 제국	박성우 외 7인
2752	2019	대학행정영어	조문주
2753	2019	북한을 파견하다	이철수, 이다혜
2754	2019	한국 온돌의 역사	송기호
2755	2019	한국의 동남아시아 연구	안청시, 전제성
2756	2019	사회과학 글쓰기	강원택
2757	2019	영화평 어떻게 쓸 것인가	김지미
2758	2019	유전성 망막질환(개정판)	유형곤 외
2759	2019	한국언론학선구자: 김동성과 김현준	차배근
2760	2019	『노걸대』와 『박통사』 언해서의 중국어음 연구	신용권
2761	2019	지형학의 기초	김종욱
2762	2019	'어떤 철학'의 변명	김헌
2763	2019	Machine Gun Voices: Favelas and Utopia in Brazilian Gangster E	Paul Sneed

NO	발행	도서명	저자/역자/편자명
2764	2019	18세기 통신사 필담 1	박희병, 이효원 외
2765	2019	정본완역 소동파시집 4	류종목
2766	2019	사랑해요 한국어 1 SB 일본어	서울대학교 언어교육원
2767	2019	사랑해요 한국어 1 WB 일본어	서울대학교 언어교육원
2768	2019	WTO 무역기술장벽 대응체제와 표준정책	안덕근, 김민정
2769	2019	정본완역 두보전집 제9권	강민호, 김성곤, 김준연 외 5인
2770	2019	사랑해요 한국어 1 SB 중국어	서울대학교 언어교육원
2771	2019	사랑해요 한국어 1 WB 중국어	서울대학교 언어교육원
2772	2019	주권과 국제정치	전재성
2773	2019	우리 멍이 사춘기일까요?	신남식, 신윤주
2774	2019	한국고전문학 수업 E	정병설
2775	2019	SNULT 독일어 vol.2	서울대학교 언어교육원
2776	2019	SNULT 프랑스어 vol.2	서울대학교 언어교육원
2777	2019	SNULT 스페인어 vol.2	서울대학교 언어교육원
2778	2019	Seventy Years of Reforestation in the Republic of Korea E	Lee Kyung Joon
2779	2019	메이지유신과 사대부적 정치문화	박훈
2780	2020	수목의학(2차 수정판)	이경준
2781	2020	혜빈궁일기: 현전 유일의 궁궐 여성처소 일지	정병설
2782	2020	중국 고도(古都)를 거닐다	박정희
2783	2020	신기한 것에 관한 서술	박용진
2784	2020	The Evolution of Modern English Drama	Hoon-sung Hwang
2785	2020	사랑: 고대로부터 현대에 이르기까지의 사랑의 의미	진교훈, 박찬구 외
2786	2020	사랑해요 한국어 2 SB 일본어	서울대학교 언어교육원
2787	2020	사랑해요 한국어 2 WB 일본어	서울대학교 언어교육원
2788	2020	사랑해요 한국어 3 SB 일본어	서울대학교 언어교육원
2789	2020	사랑해요 한국어 3 WB 일본어	서울대학교 언어교육원
2790	2020	사랑해요 한국어 4 SB 일본어	서울대학교 언어교육원
2791	2020	사랑해요 한국어 4 WB 일본어	서울대학교 언어교육원
2792	2020	인문사회치의학 개론	김현덕
2793	2020	Synergy: Essentials of Scientific Research Writing	Nick Clements 외 3인
2794	2020	위험한 위험	석승훈
2795	2020	아시아 생산네트워크의 진화	박순찬
2796	2020	글로벌 미디어와 아시아 정체성	윤선희
2797	2020	냥이가 임신을 했어요	장구
2798	2020	토양-기계 시스템공학	김경욱
2799	2020	과학, 세상을 보는 눈	최무영
2800	2020	생애설계와 시간관리	최성재

NO	발행	도서명	저자/역자/편자명
2801	2020	정본완역 두보전집 제1권	강민호, 김만원, 김성곤 외 6인
2802	2020	사랑해요 한국어 2 SB 중국어	서울대학교 언어교육원
2803	2020	사랑해요 한국어 2 WB 중국어	서울대학교 언어교육원
2804	2020	인간을 다시 묻는다	서울대학교 인문대학
2805	2020	옐로우 퍼시픽	조영한, 조영헌
2806	2020	아세안의 WTO 무역분쟁 연구	나희량
2807	2020	지구를 위한 법학	강금실 외 7인
2808	2020	과학의 씨앗	조형택
2809	2020	육주약선·육고수권	당윤희, 오수형, 장유승
2810	2020	복혜전서 1	김홍종
2811	2020	복혜전서 2	김홍종
2812	2020	복혜전서 3	김홍종
2813	2020	평화의 여러 가지 얼굴	김성철, 이찬수
2814	2020	기독교인이 본 십자군, 무슬림이 본 십자군	김능우, 박용진
2815	2020	중급 스페인어(개정판)	끌라우디아 마시아스 외 3인
2816	2020	아랍인의 희로애락	김능우
2817	2020	사랑해요 한국어 3 SB 중국어	서울대학교 언어교육원
2818	2020	사랑해요 한국어 3 WB 중국어	서울대학교 언어교육원
2819	2020	사랑해요 한국어 4 SB 중국어	서울대학교 언어교육원
2820	2020	사랑해요 한국어 4 WB 중국어	서울대학교 언어교육원
2821	2020	집중 스페인어 회화	끌라우디아 마시아스 외
2822	2020	Metele	Andrej L. Malchukov
2823	2020	발해사학사 연구	송기호
2824	2020	베토벤과 바그너 그 치유력에 대하여	조수철

부록 8

제작·유통 협력업체

▶ 제작 협력업체

제지소	한솔PNS
제작처(인쇄, 제본)	교학사, 네오프린텍, 삼화인쇄, 수이북스, 영신사, 한영문화사
출력소	애니프린팅
제본소	한반도
DM업체	나래DM

▶ 위탁 판매 협력업체

거래처명	
공앤박 주식회사(해외)	상록서점(舊 송강문고/경상대학교)
(주)누리미디어	숙명도서
(주)랭스토어	안동대학교 구내서점
(주)알라딘커뮤니케이션	영광도서
(주)인터파크	예스이십사(주)
강원대학교 생활협동조합	울산대학교 구내서점
경대서점(주)	전남대학교 소비자생활협동조합
경희대학교 구내서점	조선대학교 생활협동조합(사)
고려대학교 유니스토어	(주)교보문고-B2B사업본부
교보문고	주식회사 범문에듀케이션

거래처명	
대전서점	주식회사 인터파크송인서적
대학출판유통	중앙대학교 구내서점
동아대학교 햇불서림	직매서점
목포대학교 구내서점	플라톤서점
문학사	한솔문고
문화서림(舊 교원대학교 구내)	홍지서점
부산도서	

부록 9

편집 매뉴얼

편집 원칙

• 출판문화원 편집 매뉴얼에 제시된 기준은 출판문화원에서 진행되는 모든 원고에 적용하는 것을 원칙으로 하되, 해당 학계나 학과에서 관례적으로 적용해 오는 표기나 원칙이 있을 경우에는 이를 허용한다.

• 한글맞춤법, 외래어 표기법, 표준어 규정, 『표준국어대사전』 등을 기준으로 하며, 세부 지침은 다음과 같다.

1) 띄어쓰기

① 각 단어는 띄어쓰기 적용을 원칙으로 하며, 『표준국어대사전』을 기준으로 한다. 다만 협회나 단체의 명칭 등은 붙여 쓴다.

② 보조용언은 띄어 쓰는 것을 원칙으로 하며(예: 보여 주다, 살아 있다, 해야 한다 등), 한 글자로 된 본용언 뒤에서는 붙여 쓴다(예: 해주다, 해오다, 사주다 등).

• 저자 요청이 있거나 방대한 분량의 원고가 전체적으로 보조용언을 붙이는 것으로 통일되어 있는 경우에는 예외로 한다.

• 반드시 띄어쓰기를 적용해야 하는 보조용언도 있으며(예: 있다, 척하다, 듯하다, 만하다, 법하다 등), 보조용언으로 오인하기 쉬운 합성어도 있으므로 주의를 요한다(예: 도와주다, 물어보다, 잃어버리다, 쌓아올리다 등).

③ 지명, 어군, 인족 등의 띄어쓰기

- 산맥, 반도, 시, 주, 궁, 성, 현, 섬, 강, 해 등은 앞말에 붙여 쓴다.

  예: 히말라야산맥, 에베레스트산, 뉴욕시, 라인강, 카리브해

- 접미사 '-인, -어, -족' 등은 앞말에 붙여 쓴다.

  예: 프랑스인, 프랑스어, 우랄어족

④ 국어사전에 등재되어 있지 않더라도 항상 붙여 쓰는 말에는 다음과 같은 것들이 있으니 주의하여 사용한다.

예: 먹잇감, 놀잇감, 신붓감, 빨랫감 / 골칫거리, 안줏거리, 기삿거리

구름양, 알칼리양, 인용례 / 가짓수, 개수(個數), 햇수, 인구수 / 비상시, 유사시

2) 주의해야 할 맞춤법

한글맞춤법은 문화체육관광부 고시(2017)를 기준으로 한다.

① 두음법칙에 따라 주의해야 할 표기

요(尿), 연(年) 몇 회, 낙원(樂園) - 실낙원(失樂園)

② 사이시옷 적용에 주의해야 할 표기

횟수(回數), 가윗일, 예삿일, 훗일(뒷일), 베갯잇, 전셋집, 자릿세, 제삿날,

예삿일, 하굣길, 초하룻날, 최댓값

③ 숫자와 단위 표기

- 인문 분야 도서와 교양서에서 단위는 가능하면 한글로 쓴다.
- 숫자와 단위는 붙여 쓰는 것을 원칙으로 한다(예: 2킬로미터, 33퍼센트, 100m^2).
- 연도를 표기할 때는 아라비아 숫자로 쓴다(예: 1999년).
- 기간을 숫자로 쓸 때는 천 단위 뒤에 쉼표를 넣는다(예: 1만 3천 년 동안 / 13,000년 동안).

3) 외래어 표기

외래어 표기는 문화체육관광부 고시(2017), 『표준국어대사전』을 기준으로 하되, 해당 학계에서 관례적으로 사용되는 굳어진 표현은 존중한다.

외래어 표기 용례 검색 ☞ http://kornorms.korean.go.kr/example/exampleList.do

① 장음 표기는 하지 않는다.

예: 오오사카 → 오사카, 스포오츠 → 스포츠, 윈도우 10 → 윈도 10,

스노우타이어 → 스노타이어 (예외: 알코올, 아밀라아제)

② 이중모음과 된소리는 사용하지 않는다.

예: 까페 → 카페, 까뮈 → 카뮈, 싸르트르 → 사르트르

챠트 → 차트, 레져 → 레저

③ 고유명사를 적을 때는 가능하면 현지어 발음을 따르고, 인명은 국적과 언어권을 고려하여 표기한다.

예: 'Daniel'이 미국인이나 영국인이면 '대니얼'로, 독일인이면 '다니엘'로 적어야 한다. 'Bernard'도 미국인이나 영국인이면 '버나드', 프랑스인이면 '베르나르', 독일인이면 '베르나르트'가 된다.

④ 중국 인명은 '외래어 표기법'에 따라 신해혁명을 기준으로 하여 그 이전은 한자음대로 표기하고, 그 이후는 원칙적으로 중국어 표기법에 따라 표기하되 한자를 병기한다.

예: 공자, 제갈량, 왕안석 / 후진타오(胡錦濤)

⑤ 지명 표기

- 한자로 된 중국과 일본의 지명 표기는 상하이, 오사카, 규슈, 시모노세키, 산둥, 톈진, 옌볜 등 해당 지역의 발음으로 표기한다. 글의 성격에 따라 옛 지명으로 표기하는 것이 적절할 때도 있으니 유연하게 판단하도록 한다.
- 영어식 지명은 현지 표기에 맞게 적는다.

예: Wien 빈 (비엔나 ×)

⑥ 상호 / 브랜드 표기

외국계 회사가 사용하는 상호 또는 브랜드는 외래어 표기법에 따르지 않고 그 표기대로 적용한다.

예: Chevrolet 셰보레 → 쉐보레, GUCCI 구치 → 구찌, Bayer 바이어 → 바이엘

⑦ 신문, 저널명 표기

외국 신문과 잡지는 해당 매체에서 공식 사용하는 제명을 그대로 표기하는 것을 원칙으로 한다. 다만 영어권 신문과 잡지 제명에는 관사 the를 표기하지 않는다.

4) 각주/본문주

인용은 본문주와 각주 모두 가능하며, 책 전체적으로 통일되게 적용한다.

① 본문주(내주) 형식

저자 3인까지는 모두 표기하며, 영문명은 성만 표기한다.

저자 1인인 경우	(임현진, 1995: 152) / (Cabaj, 2004)
저자 3인인 경우	(임현진 · 박상섭 · 홍길동, 2020: 157-160)
저자가 3인이 넘는 경우	(임현진 외, 2019: 52) / (Wirth et al., 1938)
여러 저서를 참고한 경우	(김선기, 2011a; 김기봉, 1998; 이종수, 2008)

② 각주 형식

[단행본]

송기호, 『발해 사학사 연구』(서울대교출판문화원, 2020), 305-310쪽.

M. Clarke and J. Stewart, *Community Governance, Community Leadership and the New Local Governmen* (New York: Joseph Rowntree Foundation, 1998), pp. 90-98.

[학회지 수록 논문]

홍길동, 「한국사회 갈등 해소 방안」, 『한국학회지』 2권 4호(2020), 11-40쪽.

Mark Cabaj, "CED and Social Economy in Canada: A People's History," *Making Waves*, vol. 15, no. 1 (2004), pp. 29-68.

5) 참고문헌

① 한글 문헌: 논문(학위논문 포함)인 경우는 홋낱표(「 」)로 표기하고, 학술지나 단행본은 겹낫표(『 』)로 표기

② 서양 문헌: 논문은 큰따옴표(" ")로 표기하고, 영문 학술지나 단행본은 이탤릭체로 표기

③ 학술지에 수록된 논문은 **저자명, 발행 연도, 논문 제목, 학술지명, 권(호)수, 수록 페이지** 순서로 표기한다. 수록 페이지는 넣는 것을 원칙으로 하나 생략하고자 하는 경우에는 전체 통일되게 적용한다.

④ (김기봉, 1998)과 같이 본문이 내주로 되어 있는 경우에는 참고문헌에서 연도를 반드시 저자명 뒤에 넣는다.

⑤ 저자 3인까지는 모두 명기하고, 4인부터는 한글 문헌은 '**김학순(제1저자) 외**'로, 영문 문헌은 '필자명 et al.'로 표기한다.

⑥ 동일인의 저작은 연도순으로 배열한다.

>> 참고문헌 작성 예시 참고.

참고문헌 작성 예시

(쉼표 또는 마침표로 정리하는 것 모두 가능,
본문주인 경우에는 연도를 저자명 뒤에 표기)

김기봉, 1998, 「원주지역 시민사회운동의 역사와 전망」, 『평론원주』 1: 80-89.

김선기, 2011a, 「대안사회를 위한 원주협동사회경제네트워크」, 『시민교육』 5: 33-37.

_____, 2011b, 「생명운동 및 협동조합운동과 원주지역사회」, 『평론원주』 8: 145-156.

박재규, 1985, 「도시 빈민지역 이주자들의 이주 및 적응과정에 관한 사례 연구」, 성균관대학교 석사학위논문.

이종수, 2008, 「공동체와 마을만들기」, 이종수 편, 『한국사회와 공동체』 (pp. 1-35), 서울: 다산출판사.

한국도시연구소, 2020, 『도시공동체론』, 서울: 한울.

Cabaj, M., 2004, "CED and Social Economy in Canada: A People's History," *Making Waves* 15(1): 113-120.

Clarke, M. and J. Stewart, 1998, *Community Governance, Community Leadership and the New Local Government*, New York: Joseph Rowntree Foundation.

Nadeau, E., C. Wilson, and A. Hoyt, 2001, "New Generation Cooperatives and Cooperative Community Development," in C. Nerrett (ed.), *A Cooperative Approach to Local Economic Development* (pp. 155-233), Westport, CT: Quorum Books.

Wirth, L. et al., 1938, "Urbanism As a Way of Life," *American Journal of Sociology* 44: 8-20.

6) 찾아보기

① 찾아보기는 교정을 모두 마친 다음에 진행하며, 가나다순으로 정렬하고 페이지를 표시한다.

② 찾아보기 항목에서 서양 인명은 '성, 이름'과 같이 표기하는 것을 원칙으로 하고, 성만 표시하는 것도 허용한다.

예: 트럼프, 도널드(Trump, Donald) / 트럼프(Trump, Donald) / 트럼프(Donald Trump)

- '도널드 트럼프(Donald Trump)'와 같이 '이름 성'으로 쓰는 것은 허용하지 않는다.
- 서양 인명에서 '성'의 표기가 같은 경우에는 '이름'의 가나다순으로 정렬한다.

  트럼프, 도널드(Trump, Donald)

  트럼프, 에릭(Trump, Eric)
- 하나의 이름으로 봐야 하는 것들에 주의한다(예: 토마스 아퀴나스 등).

7) 문장부호

① 대화나 직접 인용은 큰따옴표(" ")로 표시하고, 직접 인용 중의 인용과 문장 중간의 강조 표시, 마음속으로 한 말 등은 작은따옴표(' ')로 표시한다.

② 문장 끝에 부연설명이나 인용문의 출전이 괄호 안에 들어가면 마침표는 괄호 밖에 찍는다.

③ 대괄호는 고유어에 해당하는 한자를 함께 보일 때, 괄호 안에 다시 괄호를 쓸 때 바깥쪽 괄호에 사용한다.

예: 나이[年歲] / 강력한 자치조직[종족(宗族)]을 바탕으로 한 것에

④ 물결표(~)는 기간이나 거리, 범위를 나타낼 때 사용하며, 같은 용도로 붙임표(-)를 사용할 수 있다.

예: 10월 9일~11월 10일 / 마오쩌둥(1893-1976)

⑤ 홑화살괄호(〈 〉)는 예술작품이나 영화, TV 프로그램, 법령 등을 나타낼 때 쓰며, 홑화살괄호 대신에 작은따옴표를 사용할 수 있다.

서울대학교출판문화원73년사 편찬위원

위원장: 곽진희
위원: 정승아, 장혜원, 조응제, 이춘화

서울대학교출판문화원73년사
1947-2020

초판 1쇄 발행 2020년 12월 15일

지은이 서울대학교출판문화원73년사 편찬위원회
펴낸이 오세정
인쇄 상지사

펴낸곳 서울대학교출판문화원
주소 08826 서울 관악구 관악로 1
도서주문 02-889-4424, 02-880-7995
홈페이지 www.snupress.com
페이스북 @snupress1947
인스타그램 @snupress
출판등록 제15-3호

ISBN 978-89-521-3008-2 03070